社外取締役の新たな役割

ビジネスモデル改革を推進する社外取締役を求めて

Koji Hasegawa

長谷川 浩司 ［著］

文眞堂

はじめに

—コーポレート・ガバナンスと社外取締役の新たな役割を考えていく上での道標—

本書の狙い

　コーポレート・ガバナンスの本質は何か。コーポレート・ガバナンスの本質を踏まえて，これからの社外取締役にはどのような役割が求められるのであろうか。

　本書で解明していくコーポレート・ガバナンスや社外取締役の役割は，一般に言われてきたものとは大きく異なる。本書は，コーポレート・ガバナンスの本来の意味から，社外取締役の新たな役割を「考える道標」である。また本書は，読者が株式会社の中で各々の役割を果たしていくために，コーポレート・ガバナンスの"本質を知りたい"というニーズに応える書である。

コーポレート・ガバナンスの本質

　早速，コーポレート・ガバナンスの本質を考えてみたい。

　コーポレート・ガバナンスの本質は，古代ギリシャの哲学者プラトン（紀元前427年 - 同347年）の次のような言葉に凝縮されている。

　"ほんとうの舵取り人というものは，いやしくも真の意味でひとつの船を支配するだけの資格を身につけようとするならば，年や季節のこと，空や星々や風のこと，この技術に本来的に関りのあるすべてのことを注意深く研究しなければならない"

プラトン『国家（下）』（藤沢令夫訳，岩波文庫，1979，p.29）

　コーポレート・ガバナンスの本質は，船の舵を取ることである。したがって，社外取締役とは本来，舵取りの能力や専門性を備えて，株式会社に長期的成功をもたらす存在である。このような視座で本書は，生き残り策が喫緊の課題となっている地域銀行を題材にして，ビジネスモデルの舵取りという面からコーポレート・ガバナンスおよび社外取締役の新たな役割を問う。

複眼的な視点でのコーポレート・ガバナンスの解明

　本書は，コーポレート・ガバナンスがどのように生まれてきたのかを歴史的な視点とグローバルな視点で複眼的に解明していく。英国では，1980年代に"英国ドリーム"を夢見た企業家の野心によって操舵された船の不祥事がきっかけとなった。たとえば，Maxwell社の経営者は，クルーズ船から転落死して不正が発覚し，「海に消えた怪物」と呼ばれた。米国では，1970年代に世界最大の鉄道会社の不祥事がコーポレート・ガバナンスのきっかけになった。これは，船の舵を取締役が奪い合ったことが原因である。

　わが国では，1990年代のバブル崩壊後に相次いだ金融機関の不祥事や破綻が原因である。これは，社会が信頼していた金融機関が舵取りを失敗したのである。本書は，このような事例を踏まえて，コーポレート・ガバナンスのあり方を複眼的に解明していく。

取締役会と社外取締役の新たな役割

　本書は，社外取締役に求められる新たな役割を歴史的な視点とグローバルな視座で明らかにする。

　1990年代に英国でコーポレートガバナンス・コードが生まれた。このコードは，わが国と決定的に異なる点がある。それは，企業経営のあり方，つまり自分たちの船の舵取りのあり方を企業家たちが議論して定めたことである。すなわち，英国の企業家たちは，コードの目的を以下のように示し，社外取締役にもこの内容の実践を求めている。

　「会社の長期的な成功をもたらすような効果的で，企業家精神に富み，注意深い経営を促進すること」

本書の概要

　本書の概要は，次のとおりである。第Ⅰ部コーポレート・ガバナンス議論発展編の第1章は，コーポレート・ガバナンスおよび社外取締役に関する現状と課題を概観する。第2章は，1990代に相次いだ地域銀行の破綻の原因やわが国のコーポレート・ガバナンス議論の発展過程をレビューする。その中で大和銀行のニューヨーク支店巨額損失事件の背景にあるビジネスモデル面での課題

の考察を行う。さらに，法学研究アプローチから取締役会と社外取締役制度の発展過程を明らかにし，わが国の成長戦略から社外取締役への要請を考察する。

　第II部英米コーポレート・ガバナンス編では，第3章で，英国および米国におけるコーポレート・ガバナンスの発展過程を探求する。英国における1990年代のコーポレート・ガバナンスの発展は不祥事に起因し，その背景にはビジネスモデル改革に対するコーポレート・ガバナンスの不全があったことを明らかにする。また，米国のコーポレート・ガバナンスが1930年代，1970年代および2000年代の3段階で不祥事と関係して発展を遂げてきた過程を探求する。さらに，エンロン社破綻の事例研究を行う。米国では，同社の取締役機能不全の問題が，どのように取締役の専門性開示制度改革に繋がったのかを解明する。

　第4章は，米国地域銀行における取締役の専門性調査である。米国取締役の専門性に関する開示制度改革の経緯を概観する。その上で，開示された情報を基に米国地域銀行の取締役会は，どのような専門性を持った取締役で構成されているかを調査し分析する。

　第III部社外取締役の新たな役割実証研究編の第5章は，銀行経営史研究のアプローチから地域銀行の事例研究を行う。事例研究の対象は，第四銀行とスルガ銀行である。第四銀行は，明治初期に誕生し，今日まで150年にわたって発展を続けている銀行である。スルガ銀行は，明治期に誕生した多くの銀行から遅れて大正期に誕生し，その後に飛躍的に発展した銀行である。ところが2018年には重大な不正融資事件が判明した。同行のコーポレート・ガバナンスの課題と第四銀行の堅実経営とを比較し，地域銀行のコーポレート・ガバナンスの機能のあり方及び社外取締役に求められる役割を探求する。

　第6章は，アンケートおよびインタビュー調査による実証研究である。アンケートでは，地域銀行のビジネスモデル改革の状況とコーポレート・ガバナンスの実態および取締役会と社外取締役が果たすべき役割を調査した。また，アンケート調査で発見された課題を踏まえて，地域銀行の関係者にインタビューで追加的な調査を行って検証する。これらの実証研究結果を基にして，わが国のコーポレート・ガバナンスおよび社外取締役に関する制度の改善を提言す

る。

本書の活用

　本書は，研究書の形式で説明している。研究の裏付けに基づくことで，読者
の本質的な理解に繋がることを望んでいる。実務家は，それぞれの立場で本質
的な理解に基づいた発言になり，研究者は更なる研究の土台になることを望
む。なお本書は，事例を多く含めるよう心掛けており，関心のあるところや直
面する課題に関連する箇所から参照して頂いて構わない。最終的には少し時間
をかけ通読されたい。コーポレート・ガバナンスや社外取締役が果たすべき役
割の本質が，一本の道標として見えてくる瞬間があるかもしれない。それによ
り，"自身の考えるコーポレート・ガバナンス"の姿が明らかになる。そし
て，自分の言葉となったコーポレート・ガバナンスを取締役会や経営会議の場
で語れるようになる。そのような価値を読者に提供したい。本書は，このよう
な想いで10年の歳月を費やした成果である。

本書の構成図

第Ⅰ部コーポレート・ガバナンス議論発展編	
第1章	
コーポレート・ガバナンスの課題	社外取締役の課題
第2章	
1990年代のコーポレート・ガバナンス議論の発展	取締役会と社外取締役制度の発展
大和銀行事件からの課題	成長戦略から社外取締役への要請
第Ⅱ部日英米コーポレート・ガバナンス編	
第3章	
英国コーポレート・ガバナンス議論 米国コーポレート・ガバナンス議論	
エンロン事件からの課題	社外取締役専門性への要請
第4章	
	社外取締役専門性の日米比較
第Ⅲ部社外取締役の新たな役割実証編	
第5章	
第四／駿河銀行ビジネスモデル	
スルガ銀行事件からの課題	社外取締役専門性への要請
第6章	
アンケート調査／インタビュー調査	
補論	
スキル・マトリックスの最新動向調査	
終章	
結論と制度改善の提言	

目　次

第Ⅲ部　社外取締役の新たな役割実証編

序　章

本書の概要

1　本書の目的

　わが国の株式会社は，明治初期に株式会社組織として設立された国立銀行に始まる。その国立銀行を継承する地域銀行[1]は，株式会社制度の先駆者であり，地域に根差した経営を続けてきた。現在も地域銀行は，地域経済の活性化と安全・安心な社会構築のために重要な役割を果たしている[2]。その地域銀行は，1990年代のバブル崩壊後に不祥事や破綻が相次いでコーポレート・ガバナンスの問題が指摘されてきた。しかし，これまでは大きな進展がなかった。

　ところが，この地域銀行は今，大きな転機を迎え，コーポレート・ガバナンス改革を促進する動きが強まっている。金融庁は，2020年3月31日に「地域金融機関の経営とガバナンスの向上に資する主要論点」を公表し，持続的なビジネスモデルへの改革を求めた[3]。これは，コーポレート・ガバナンスが，ビジネスモデルと深く関わるという視点で捉え直されたと思われる。金融庁は収益性が低下しながら[4]，ビジネスモデル改革が進まない地域銀行のコーポレート・ガバナンスに強い危機感を抱いているのである。

　したがって地域銀行は，ビジネスモデルそのものを見直さざるを得ない局面に直面している。

　元来，コーポレート・ガバナンスとは，経営環境の変化に適応する組織の自己統治システムであるから，金融庁もこのような機能を地域銀行に求めている。また社外取締役に対しても，このような役割を果たすよう求める[5]。すなわち，地域銀行の社外取締役には，取締役会が的確な意思決定を図ることでビ

ジネスモデル改革に貢献する新たな役割が期待されている。

　これを踏まえて，本書は，地域銀行のビジネスモデル改革を推進する上での価値創造と経営監視の両面でのコーポレート・ガバナンスに関して，取締役会と社外取締役が果たすべき新たな役割を探求する。

2　主な定義

　本書におけるコーポレート・ガバナンス，ビジネスモデルおよびビジネスモデル改革の用語を定義する。コーポレート・ガバナンスは，大規模公開会社を統治する仕組みや制度のあり方と多義的に捉えられてきたが本質的な理解に乏しい。ガバナンスという言葉の語源は，船の舵を取る機能に対する表現から始まる[6]。すなわちコーポレート・ガバナンスとは，経営環境の変化に応じて，株式会社という船の舵取りをしていく経営機能を表している。

　このガバナンスという概念を株式会社組織に初めて適用した R. イールズ（1960）は，コーポレートをガバナンスする理論体系の確立には会社と経営環境との関係の研究が必要とした。それは，会社が自然人よりも長く存続する組織だからである。長く存続していくためには，どのような航路を選んでいくのかという経営判断が重要になり，コーポレート・ガバナンスとは，この役割を担うものである[7]。現代でも，英国のコーポレートガバナンス・コードの目的は，「会社の長期的な成功をもたらすことができるような効果的で，企業家精神に富み，注意深い経営を促進すること[8]」と示している。つまり，コーポレート・ガバナンスが果たすべき役割は，株式会社を長期的な成功に導く経営である。ところが近年の議論は，コーポレート・ガバナンスを会社の規律づけとし，取締役会および社外取締役に関する制度改革論に重きを置いて，経営のあり方という議論が不足してしまっている。本来のコーポレート・ガバナンスは，株式会社の進むべき方向を決定し，経営環境に応じてビジネスモデルを改革し，持続的な価値を創造していく取締役の役割である。したがって地域銀行は，このコーポレート・ガバナンスという本来の取締役の経営機能に問題があることから，ビジネスモデル改革が求められているのである。

　以上を踏まえて，本書でのコーポレート・ガバナンスは，会社の経営監視を

制度的にどう確保していくか[9]という規律面に加えて，経営学の視座から，価値創造のために取締役会および取締役が果たすべき経営機能と定義する。

　次に，ビジネスモデルという用語であるが，この定義も確立されていない[10]。実務上は，「儲けの仕組み」や「価値創造の仕組み」と解されている[11]。銀行は受益者保護を前提とする競争政策の下にあることから[12]，そのビジネスモデルは，競争に打ち勝って競争優位を築くことが必要になる。J. バーニー，W. ヘスタリー（2019）は，競争優位を競合企業よりも多くの経済価値を創出することと定義し，その優位性は模倣困難性に応じて，一時的競争優位もあれば，持続的競争優位もあるとする。すなわち，事業活動の場となるポジションのあり方を重視している[13]。一方で M. ポーター（2018）は，多くの競争戦略の失敗は，競争優位を確保するアクションを見直さなかったことに原因があるとする[14]。その上で競争優位は，「製品を設計して製造し，マーケティングし，流通網に乗せてサービス提供する活動から生まれてくるもの[15]」と定義している。また三谷（2014）は，「持続的競争優位を築くための解答[16]」がビジネスモデルであるとする。これらを踏まえて，本書でビジネスモデルとは，「持続的な競争優位を築くための価値創造の仕組み」と定義する。そして，その改革をビジネスモデル改革と定義する。ゆえに，本書の目的は，経営組織が競争優位を築き，競争優位性を高めるビジネスモデルの創造を推進する経営機構の組織的な取組みや役割を探究することである。

　ところで R. アミット，C. ラファエル（2001）は，ビジネスモデルは「価値創造のためにビジネスや構造およびガバナンスをデザインすること[17]」と述べている。つまり，価値創造にはコーポレート・ガバナンスの機能が重要な要素であることを示している。したがって本書は，ビジネスモデル自体を探求するのではなく，改革議論を推進し，改革に伴うリスクをコントロールする経営機能という価値創造の仕組みを担うコーポレート・ガバナンスのあり方を問う。

3　リサーチ・デザイン

⑴　ビジネスモデル改革とコーポレート・ガバナンスの関係

　本書は，３つの課題（リサーチ・クエスチョン）を設定して探求する。第１

4

は，ビジネスモデル改革とコーポレート・ガバナンスの関係の考察である。

　近年の地域銀行は，収益性が低下し，不祥事も続いている。これに対して日本銀行は，ビジネスモデルの行き詰まりが原因にあると指摘する[18]。また金融庁は，不祥事の発生がビジネスモデルと不可分の関係にあり，ビジネスモデルは経営の根幹を成すことから，地域銀行に収益性を改善するビジネスモデル改革を求めている[19]。すなわち，今日の地域銀行の問題は，ビジネスモデル改革を先送りしてきた結果が顕在化しているものと捉えられる。

　これに対して，わが国でのコーポレート・ガバナンスは，不祥事という現象面の防止のみに着目した議論に終始してきた。ところが英国や米国に目を転じれば，不祥事の背景にあるビジネスモデル改革を捉えたコーポレート・ガバナンスの議論に発展している。これを踏まえて地域銀行は，コーポレート・ガバナンスの本質的な問題であるビジネスモデル改革面の検討が求められている。すなわち，不祥事にはビジネスモデルの行き詰まりがあること，またコーポレート・ガバナンスがビジネスモデルに内在して経営の根幹を成すこと，さらに英米の議論の発展を踏まえて，コーポレート・ガバナンスがビジネスモデルに関係し，重要な機能を果たす関係にあることを考察する。

(2)　ビジネスモデル改革推進に取締役会および社外取締役が果たす役割

　第2の課題は，ビジネスモデル改革を推進するために取締役会および社外取締役が果たすべき役割の考察である。第1の研究課題を踏まえて，ビジネスモデル改革という本質的なコーポレート・ガバナンスの機能を担う取締役会および社外取締役の役割を問う。

　それは，ビジネスモデルにはガバナンスのデザインが必要であり，また，ビジネスモデルのフレームワークがチームの協業によって作られるからである[20]。すなわち，ビジネスモデル改革には，取締役会の協業によるコーポレート・ガバナンスの構築が求められる。特に，経営環境の変化に適応が進んでいない地域銀行の取締役会がビジネスモデル改革を推進するためには，社外取締役の役割がとても重要になる。たとえば，地域銀行社外役員からは，「社外取締役だからこそ，環境の変化に合わせてビジネスモデルを変革するようにアドバイスできる[21]」と述べられている。また石川（2001）は，わが国では不祥事

防止の観点から法制度を中心に論じてきたが，欧米は利益や価値の最大化が
コーポレート・ガバナンスの目的と述べている[22]。つまり，取締役会および社
外取締役が株式会社の進むべき方向を決定し，持続的な企業価値を創造する役
割を担う。このようなコーポレート・ガバナンスの本質を踏まえて，地域銀行
のビジネスモデル改革に果たすべき取締役会と社外取締役の役割を考察する。

(3)　社外取締役に求められる専門性

　第3の課題は，社外取締役に求められる専門性の考察である。第2の研究課
題を踏まえて，社外取締役は，その役割を果たすために，どのような専門性が
必要になるのかを問う。

　具体的な専門性を挙げると，社外取締役には，ビジネスモデルとそのリスク
を理解する専門性が必要となる。このような専門性が欠けることが不祥事や破
綻の一因になっており，その改善策を考察する。たとえば，2018年3月16日
に判明したスルガ銀行における投資用不動産のオーナーへの不正融資問題（以
下「スルガ銀行事件」という）の第三者委員会は，社外取締役の発言に効果が
なく議案の否決等に繋がらなかったと判断し，原因の一端が社外取締役にある
と指摘した[23]。この指摘を受けて，同行の社外取締役の経歴を見れば，不正が
発生した投資用不動産融資に関する専門性は窺えない。

　同様に米国でも2001年12月2日のエンロン社の破綻（以下「エンロン事
件」という）は，不透明なビジネスモデルへの改革を許した取締役会の機能不
全に原因の一端があると指摘されている[24]。しかし，だからこそ米国は，この
問題を受けていち早く制度改革を行った。この改革は，取締役候補者が的確な
経営の意思決定を担うことが可能な専門性を有しているか株主に開示を義務化
するものである。これに対してわが国では，スルガ銀行事件を踏まえた金融庁
が，リスクに対する十分な議論や反対意見を表明するよう社外取締役に求めて
いる[25]。しかしながら，これは，単に金融庁から社外取締役への期待の表明と
いう行政対応にすぎない。それゆえ，残念ながら，わが国は，米国のような制
度改革には繋がっていない。このような問題意識から，米国の制度改革の内容
をレビューしてわが国への示唆を考察する。

　英国でも近年，社外取締役は，新たな役割として，ビジョンを創造し，戦略

を示し，経営方針を促進することが求められている[26]。このような動きや米国の制度改革を踏まえて，わが国でも価値創造プロセスに関与し，ビジネスモデル改革に伴うリスクのコントロールが可能な社外取締役を選任する制度が必要なのではなかろうか。第3の課題で社外取締役の専門性と開示制度のあり方を考察し，改善提言を行う。

4 研究の特徴

(1) 取締役候補者の専門性開示に関する日米比較研究

　第4章は，米国の制度改革の動向と地域銀行の開示内容の調査研究を行っている。また，わが国地域銀行の開示内容と対比させた日米比較研究を行う。具体的に第1節は，エンロン事件を踏まえて取締役に関する法定開示制度の改革に発展した経緯をレビューする。次に第2節では，制度改革によって開示された資料に基づいた調査研究を行う。さらに，開示資料に基づいて，米国地域銀行取締役会は，どのような専門性を持った取締役で構成されているのかを分析する。第3節は，わが国地域銀行の社外取締役の専門性を調査して，わが国の課題を検討する。そして第4節では，社外取締役の専門性開示制度の日米比較研究を行っている。

(2) 銀行経営史の事例研究

　第5章は，銀行経営史研究のアプローチから地域銀行の事例研究を行う。地域銀行のビジネスモデル改革に対する取締役会の監視および価値創造のための意思決定への関与のあり方を，事例研究で考察する。事例研究の対象は，第四銀行とスルガ銀行の2行である。この2行を選定した理由は，取締役会による経営監視のあり方および価値創造のための意思決定への関与が対照的だからである。堅実経営の成功事例である第四銀行と不祥事が生じるに至ったスルガ銀行の両行のコーポレート・ガバナンスを考察している。具体的に第1節は，第四銀行の堅実経営のビジネスモデルを維持してきたコーポレート・ガバナンスの強みを探求する。続いて第2節では，スルガ銀行のコーポレート・ガバナンス機能がどのように失われて不祥事に至ったのかを分析している。

(3)　アンケートおよびインタビューによる実証研究

　第6章は，アンケートとインタビュー調査による実証研究である。まず第1節では，地域銀行に対して実施したアンケートを基にして実証研究を行う。アンケートの目的は，地域銀行のビジネスモデル改革の状況とコーポレート・ガバナンスの実態を把握することである。その上で，ビジネスモデル改革を進めるために取締役会および社外取締役が果たすべき役割を考察し，提言に繋げる。

　続いて第2節は，地域銀行の関係者に対するインタビュー調査による実証研究を行う。インタビューは，地域銀行の元頭取，外資系大手のコンサルタント，地域銀行の社外取締役に就いている弁護士および金融庁の地域金融企画担当官に行った。このインタビューは，R. イン（1994）による複数の情報ソースを利用する三角測量的インタビュー手法[27]と位置づけられる研究手法である。インタビューで検討する課題は，次の3点である。第1に地域銀行取締役会の実態，第2に地域銀行取締役会のビジネスモデル改革の機能，第3に地域銀行の社外取締役に求められる専門性である。これらの点をインタビュー結果によって考察し，提言に繋げている。

5　提言および本書の特徴

(1)　制度改善への提言

　本書は，研究課題の理論的な考察の果実から，具体的な制度改善策を導き出している。具体的な制度改善策として，2つの提言を行う。第2の研究課題の取締役会の役割に関しては，アンケートおよびインタビューを踏まえて，取締役会を経営戦略議論の場とするための提言を行う。また，第3の研究課題の社外取締役の専門性に関しては，日米社外取締役の専門性開示制度の比較研究を踏まえて，社外取締役を選任するあり方を提言する。このように，本書は，単なる課題や問題点の指摘に留まらず，制度改善提案を行うことで，企業価値向上に繋がるコーポレート・ガバナンスや社外取締役の新たな役割を明らかにする。

(2) **本書の特徴**

　本書の特徴は，ビジネスモデル改革をコーポレート・ガバナンスの問題と位置づけたことである。

　そして，法学研究の視座からは，コーポレート・ガバナンスのクロノロジー研究および英米比較法研究によって，わが国の取締役会制度および社外取締役の役割の発展を捉えた探求を試みている。また，法学研究アプローチに留まらずに，経営学の視点を加えた多角的アプローチから解決策の探求を行っていることにも特徴がある。経営学研究の視座からは，ビジネスモデル改革という経営戦略に対して，地域銀行経営史による事例研究およびアンケート・インタビューによる実証研究によって，地域銀行の経営実態に接近した。これらにより，本書は，取締役会という法制度が，実態として抱えている経営課題を抽出し，経営の近代化ならびに発展に資する法制度改革への提言という特徴がある。

　以上の多角的アプローチから，本書は，ビジネスモデル改革を推進することが可能な専門性を有する社外取締役を選任し，専門性のある社外取締役を中心とした取締役会が，活発な経営戦略の議論を行うコーポレート・ガバナンスのあり方を示す。

(3) **事業会社への応用**

　わが国の株式会社は，多くの業界で収益性低下が問題となり，収益力向上が喫緊の課題となっている。この課題の本質は，各業界でもビジネスモデル自体の見直しが必要になっていることにある。ゆえに，本書の中心課題であるビジネスモデル改革とコーポレート・ガバナンスの関係性は，業種を問わない。

　本書は，わが国全体の課題を捉えた上で，ビジネスモデル改革とコーポレート・ガバナンスの関係性を具体的に考察するため，その課題が切迫している地域銀行[28]を中心とする。これは，地域銀行が，株式会社組織[29]の銀行で，わが国の株式会社組織の先駆けだからでもある。

　したがって，本書の成果は，収益性が低下して，ビジネスモデル改革に迫られている他の産業のコーポレート・ガバナンスにも有益な示唆を与えるものと思料する。

[注]

1　地域銀行は 2022 年 4 月 1 日時点で地方銀行 62 行，第二地方銀行 37 行で構成される。本書は地域銀行および地域銀行を傘下とする銀行持株会社を対象とし，「地域銀行」には銀行持株会社を含める。

2　自由民主党・日本経済再生本部（2014）『日本再生ビジョン』2014 年 5 月 23 日，pp. 34-38。

3　金融庁（2020）「地域金融機関の経営とガバナンスの向上に資する主要論点」2020 年 3 月 31 日，p. 3。

4　地方銀行協会 2021 年度決算で資金利回りは 0.27％であり，2012 年度を 100 とし 60 に低下した。

5　金融庁（2020），p. 3。

6　詳細は，長谷川浩司（2019）「ESG 及び SDGs 時代の経営者に求められるガバナンス概念の研究」『サステナブルマネジメント』第 18 巻，環境経営学会，pp. 98-117。

7　Eells, Richard (1960), *The Meaning of Modern Business: An Introduction to the Philosophy of Large Corporate Enterprise*, New York: Columbia University Press.（企業制度研究会訳［1974］『ビジネスの未来像―協和的企業の構想』雄松堂書店，pp. 118-119）。

8　Financial Reporting Council (2018), "The UK Corporate Governance Code 2018".

9　髙野一彦（2008）『情報法コンプライアンスと内部統制　第 2 版』ファーストプレス，p. 32。

10　Zotta, C., Amit, R., & Massa, L. (2011), "The Business Model: Recent development and future research," *Journal of Management*, 37 (4), pp. 1019-1042.

11　姚俊（2016）「ビジネスモデルと企業報告」『同志社商学』第 67 巻第 4 号，p. 155。

12　村本孜（2018）「地域金融の現状と課題」『金融構造研究』第 41 号，p. 64。

13　Barney, Jay B., & Hesterly, William S. (2019), *Strategic Management and Competitive Advantage*, 6th ed., Peason Education, Inc., pp. 30-44.

14　Porter, Michael E. (1985), *Competitive Advantage: Creating and Sustaining Superior Performance*, First Free Press, p. xxi.

15　Porter (1985), *op.cit.*, p. 33.

16　三谷宏治（2014）「イノベーションと持続的競争優位のための戦略コンセプト　ビジネスモデル全史」『Diamond Harvard Business Review』April 2014，p. 36。

17　Amit, Raphael, & Zott, Christoph (2001), "Value creation in E-business," *Strategic Management Journal*, Vol. 22, p. 511.

18　日本銀行金融機構局金融高度化センター（2020）「経営改革を支えるガバナンス」p. 6。

19　金融庁（2018a）「コンプライアンス・リスク管理に関する検査・監督の考え方と進め方（コンプライアンス・リスク管理基本方針）」2018 年 10 月公表，p. 3。

20　三谷（2014），p. 48。

21　門多丈（2019）「経営における『社外の目』の活用　貢献を促すために必要な視点」『金融ジャーナル』2019 年 12 月，p. 28。

22　石山琢磨（2001）「英国の株式会社をめぐるコーポレート・ガバナンス論の展開」『現代企業法の新展開―小島康裕教授退官記念―』信山社出版，pp. 31-32。

23　スルガ銀行株式会社第三者委員会（2018）「調査報告書（公表版）」pp. 216-217。

24　Fusaro, Peter C., & Miller, Ross M. (2002), *What Whent Wrong at Enron*, Wiley.（橋本硯也訳［2002］『エンロン崩壊の真実』税務経理協会，p. 138）。

25　金融庁（2018b）「平成 29 事務年度　地域銀行モニタリング結果とりまとめ」2018 年 7 月 13 日，pp. 1-7。

26　Clutterbuck, David, & Waine, Peter (1994), *The Independent Board Director Selecting and Using the Best Non-Executive Directors to Benefit Your Business*, McGraw-Hill, pp. 71-79.

10

27　Yin, Robert K. (1994), *Case Study Research*, 2nd ed., Sage Publication, Inc.（近藤公彦訳［1996］『ケース・スタディの方法〔第2版〕』千倉書房，pp. 121-126）。

28　現在の法令上で明確な定義はされておらず，1942年4月17日金融統制団体例（勅令第440号）により普通銀行統制会（現在ではみずほ銀行，三井住友銀行，三菱UFJ銀行，りそな銀行が残る）に該当しない銀行を地方銀行統制会に統一したことが分類の起源となっている。

29　銀行は銀行法（昭和56年6月1日法律第59号）第4条の2で株式会社であることが求められている。

第Ⅰ部

コーポレート・ガバナンス議論発展編

社外取締役は，どちらに着目すべきなのであろうか。

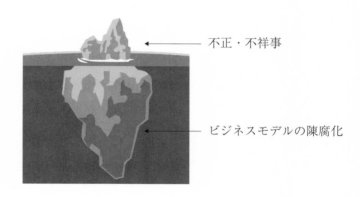

不正・不祥事

ビジネスモデルの陳腐化

第 1 章

ビジネスモデル改革と社外取締役の課題

　わが国は，1980 年代まで土地や株式時価が高騰してバブル経済と言われる好景気が続いたが，1989 年 12 月 29 日の株価をピークに急落してバブル経済は崩壊した。バブル経済崩壊後の 1990 年代には，金融機関を中心に経営破綻や不祥事が相次ぎ社会問題となった。これが，今日のコーポレート・ガバナンスや社外取締役の議論に繋がっている。

　このような経営破綻や不祥事は，どのような原因で生じたのであろうか。そして，問題への対処から生まれた社外取締役は，今日，どのように評価され，社外取締役の何が問題となっているのであろうか。

　本書でコーポレート・ガバナンスや社外取締役の検討を進めるにあたり，ま

見取図

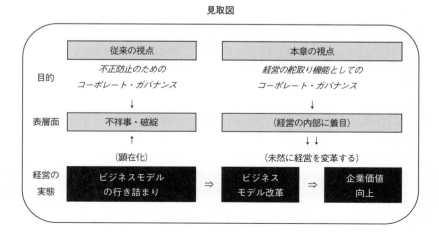

ずは基点となった金融機関の経営破綻や不祥事の原因を把握する。

　第1章は，地域銀行がビジネスモデル改革を推進するコーポレート・ガバナンスに関して，取締役会と社外取締役が果たすべき役割を考察する上での現状と課題をレビューする。

第1節　今，なぜ地域銀行のビジネスモデルを問うのか

1　本節の課題：地域銀行ビジネスモデルの課題

　わが国の地域銀行は，1990年代のバブル経済崩壊後に，経営破綻や不祥事が相次いだ。この地域銀行の破綻や不祥事は，地域銀行のビジネスモデルが抱えていた3つの問題が顕在化したことである。それは，第1に不動産担保融資への偏重，第2にリスクコントロール機能の不全，第3に経営理念からの逸脱である。本節は，地域銀行がビジネスモデル改革の失敗によって，ふたたび破綻を招くことがないように，改革を進める上で求められるコーポレート・ガバナンスを検討する。

2　地域銀行ビジネスモデル改革の失敗

⑴　不動産担保融資の偏重による破綻

　1990年代のバブル崩壊後に地域銀行の破綻が相次いだ。1995年8月に兵庫銀行が戦後における初めての銀行破綻となった。その後の1996年3月に太平洋銀行が破綻した。同年11月には，戦後の国内銀行で初めて銀行法第26条に基づいた業務停止命令を受けた阪和銀行が破綻した。1997年10月に京都共栄銀行が自主再建を断念し解散した。1999年4月には国民銀行が金融再生法に基づく管理を命ずる処分に基づく申出をして破綻した。また2001年12月に石川銀行は，預金保険法に基づく金融整理管財人による業務および財産の管理を命ずる処分を受けて破綻した。さらに2002年3月に中部銀行は預金保険法第74条第5項の規定による申出をして破綻した。このような相次ぐ破綻の原因

は，どこにあったのであろうか。これに関して，金融庁が 2007 年 3 月 30 日に公表した「金融機関の破綻事例に関する調査報告書」を基にして，破綻に至った問題点を分析し表 1-1 にまとめた[1]。

　この分析の結果，破綻した銀行には，不動産担保融資への偏重という問題点があることが分かった。これらの銀行は，バブル経済により不動産等の資産価格が高騰する中で，不動産を担保に貸出を増やすビジネスモデルを展開していた。ところが，1990 年 3 月 27 日に大蔵省銀行局長の「土地関連融資の抑制について」と題する通達により，不動産，建設，ノンバンクの 3 業種に対する貸出総量が規制された。加えて，1985 年 5 月からの公定歩合の引き上げが続いたことでバブル経済が崩壊した。バブル経済崩壊により，不動産価値が急落し，不動産を担保にした融資の多くが回収困難となり不良債権化した。朝倉（1994）は，わが国の銀行は，経済成長期に不動産担保融資の病が発症すると述べている[2]。すなわち，地域銀行は，かねてから不動産担保融資に偏重するビジネスモデルが問題となっていた。このビジネスモデルは，経済成長による地価高騰に伴って資産を拡大させ，バブルの崩壊により破綻を招く構造的な問題を抱えていた。このように，地域銀行のビジネスモデルは行き詰まり，これを改善させる機能が働いていなかった。ここに，コーポレート・ガバナンスから解決すべき課題が見出されるのである。

表 1-1　地域銀行の破綻の事例

銀行名	破綻年月	破綻に至った主な要因
兵庫銀行	1995 年 8 月	不動産融資への偏重経営・取締役らによる放漫経営
太平洋銀行	1996 年 3 月	不動産融資への偏重経営
阪和銀行	1996 年 11 月	1980 年頃から不動産融資積極化
京都共栄銀行	1997 年 10 月	バブル期に業容拡大のために不動産関連融資に偏重
国民銀行	1999 年 4 月	不動産・建設・サービス・ノンバンク融資偏重
石川銀行	2001 年 12 月	大都市圏での不動産・サービス業への融資偏重・オーナー経営
中部銀行	2002 年 3 月	不動産・建設・サービス業への偏重融資・40 年間オーナー支配

出所：三井情報開発（2007）「金融機関の破綻事例に関する調査報告書」金融庁委託調査参考資料 1
　　　破綻金融機関個票を基に筆者作成

(2)　リスクコントロール機能の不全による破綻

　次に，破綻した地域銀行の問題点には，リスクコントロールの機能不全があった。この問題を1999年5月の幸福銀行，1999年10月新潟中央銀行，1999年6月東京相和銀行および1999年8月なみはや銀行の破綻事例から考察する。その方法は，金融整理管財人[3]の報告を基に4行の破綻原因を経営体制，経営戦略および目標，業種戦略，営業エリア戦略ならびにリスク管理体制の5項目での分析である。その概要を表1-2にまとめる。

　分析の結果，4行に共通する課題が浮かび上がった。4行の経営はワンマン経営であったことである。経営戦略は，資産の拡大や店舗網拡大等量的拡大を追い求める経営であった。また業種戦略は，不動産や建設，金融およびゴルフ場等特定の業種や首都圏の大口融資に集中していた。すなわち，ビジネスモデルの行き詰まりから，不動産担保融資や大口融資への偏重を招いた。さらに営業エリア戦略は，東京地区等首都圏への進出による融資の拡大であった。そしてリスク管理体制は，銀行のビジネスモデルの重要な機能である審査機能を敢えて弱体化させ，審査機能が形骸化していたと思われる。すなわち4行は，ワンマン経営に陥り，特定業種に融資を偏重させ，大都市圏に進出して量的拡大に傾斜し，リスクをコントロールする機能が失われていた。このような病に対して，行き詰まったビジネスモデルやリスクの拡大を見直して，リスクをコン

表1-2　地域銀行の破綻の原因分析

	銀行名	幸福銀行	新潟中央銀行	東京相和銀行	なみはや銀行
	破綻年月	1999年5月	1999年10月	1999年6月	1999年8月
1	経営管理体制	リスク管理体制不備	ワンマン経営	ワンマン経営	ワンマン体制
2	経営戦略	店舗網拡大	無謀な収益計画	過度な目標	多店舗コスト増加
3	業種戦略	不動産・建設・金融	ゴルフ場・レジャー	ホテル・ゴルフ場	不動産・建設・金融
4	エリア戦略	東京地区融資拡大	首都圏融資拡大	ファミリー企業	東京・大阪大型店舗
5	リスク管理	審査機能低下	審査体制形骸化	審査能力低下	審査体制脆弱化

出所：各銀行の金融庁「金融整理管財人による金融機能の再生のための緊急措置に関する法律第13条に基づく報告書」を基に筆者作成

トロールする治療機能の不全が地域銀行の破綻を招いたのである。

(3)　経営理念からの逸脱による不祥事

　さらに，破綻した地域銀行の問題点には，経営理念からの逸脱があった。この問題を，大阪から発祥した大和銀行と北海道から発祥した北海道拓殖銀行の事例で検証する[4]。

　大和銀行は，大阪の中小企業への支援を理念に1918年（大正7年）5月15日に大阪野村銀行という名で創業した銀行である。したがって同行は，地域銀行たる性格を持つ銀行であった。ところが，同行は，経営理念から逸脱して海外展開を進めた結果，ニューヨーク支店で巨額損失事件を発生させた。事件の直接的な原因は，ニューヨーク支店の現地嘱託行員のディーリング取引における権限逸脱行為である。しかし，米国監督当局は，この事件に対して，大和銀行の組織ぐるみの犯罪行為という側面を問題視した。米国当局は，同行の検査妨害，損失の隠蔽および報告遅延等組織ぐるみの犯罪を認定して巨額の罰金を科し，銀行免許を剥奪した。このように，大阪という地域に根差した銀行であるはずの同行は，米国に進出し，現地嘱託行員を採用し，巨額のリスクを伴うディーリング取引を拡大し，経営層は取引の実態把握ができずにリスクを膨張させた。その結果，同行は，組織ぐるみの犯罪と指摘されるに至ったのである。事件後に同行元頭取は，「大和銀行は大口貸出しで失敗してきた銀行であり，永大産業や三光汽船に加えてニューヨーク支店における多額の損失は，地域性を持った銀行がやっては駄目であった[5]」と証言した。つまり，大和銀行事件は，経営理念から逸脱したビジネスモデルに原因があると述べている。その後の再建計画の中で，同行は，中小企業の支援を経営の基本精神とするビジネスモデルへの回帰を期したのである[6]。

　続いて，北海道拓殖銀行は，北海道拓殖銀行法（明治33年法律第七十六号）第1条で「北海道ノ拓殖事業ニ資本ヲ供給スル」ことを目的に設立された銀行である。ところが，同行は，1990年9月7日に設立目的からかけ離れた長期経営ビジョンを発表した[7]。これが，同行のビジネスモデルからの逸脱の起点になったと考えられる。その内容は，北海道から本州に進出しての大規模なリテールビジネスの展開，アジア地区を中心とした海外事業展開，新興企業

や不動産開発への融資であった[8]。特に，この中で掲げられた新興企業や不動産開発への融資が，膨大な不良債権を生じさせた結果，同行は 1998 年 11 月17 日に経営破綻に至ったのである。その後，この不良債権を生じさせた融資判断に対する責任追及がなされた。元頭取は，回収見込みのない不動産開発資金を発生させた経営判断が特別背任罪にあたると認定されて実刑判決を受けた[9]。このような同行の破綻は，経営理念からの逸脱が招いたと言える。たとえば，井上（2008）は，北海道経済の牽引役を担う地元に根差した道民のための銀行が道民の期待であったが，道外や海外へ無謀に拡大し，経営理念から逸脱したことが破綻を招いたと述べている[10]。

　以上の大和銀行と北海道拓殖銀行の 2 つの事例から分かるように，地域性を持った地域銀行は，ビジネスモデルが経営理念から逸脱すると，本来の事業基盤から乖離して，管理体制も脆弱化して，事件や破綻を招くことに繋がる。したがって，ビジネスモデルとは，経営理念を実現し，事業を持続的に発展させていく仕組みとなるべき機能である。

3　地域銀行の課題とビジネスモデル改革の方向性

　地域銀行は，収益性の低下が指摘され，ビジネスモデル改革が求められているが，ビジネスモデルやコーポレート・ガバナンスに関する本質的な議論は行われてこなかった。戦術的なレベルでは，以下のような多種多様な意見が地域銀行に示されてきた。

　第 1 は，金融サービスの高度化が必要という提言である。2000 年に大蔵省（現財務省）の財政金融研究所から示された方向性は，金を貸すことだけが仕事と考えている金融機関の役割は低下し，今後は金融サービスの高度化への改革が必要であると述べている[11]。

　第 2 は，リレーションシップバンキングが必要という見解である。2003 年，金融審議会金融分科会第二部会は，「リレーションシップバンキングのあり方に関するワーキンググループ」を設置して，リレーションシップバンキングの機能強化を答申した。このリレーションシップバンキングとは，「金融機関が顧客との間で親密な関係を長く維持することにより顧客に関する情報を蓄積

し，この情報を基に貸出等の金融サービスの提供を行うことで展開するビジネスモデル[12]」と定義される。このように，2000年の時点では金融の高度化が必要とし，数年足らずの2003年には地域との密着が重要であるという提言がされている。

第3は，ハイテク型のビジネスとすべきとの見解である。近年では，AI（人工知能）技術が発達し，各産業に応用されて実用化されている。地域銀行でも，ロボットアドバイザー（AIを活用した投資運用助言サービス）などのフィンテック（金融分野でのシステム技術の活用）を積極的に取り入れて，低コストで業務運営を行うビジネスが重要であるという見解が示されている[13]。

第4は，高付加価値の財務アドバイザリーの提案である。冨山（2018）は，前述のハイテク型のビジネスを提案すると同時に，地域密着型となる高付加価値の財務アドバイザリー業務や取引先に対するコンサルティング業務に注力すべしと提案している。

これらの他にも地域銀行の収益性低下を捉えて，各々の視点から具体的な施策を述べる論述は多い。しかし，このような個々の施策ではなく，ビジネスモデル改革の基盤となる地域銀行のコーポレート・ガバナンスのあり方に関する議論が大きく不足している。地域銀行にとっては，どのような会議体や経営組織でビジネスモデル改革を検討し意思決定を行うべきかというコーポレート・ガバナンスの議論が何よりも重要なのではなかろうか。ゆえに金融庁も，このような視点で地域銀行に対して，ビジネスモデル改革を促進するコーポレート・ガバナンス構築を求めるべきであろう。なぜなら，前項で確認したとおり，地域銀行の破綻や不祥事の原因にはビジネスモデルの失敗や行き詰まりがあるからである。すなわち，不祥事とビジネスモデルは密接な関係があり，コーポレート・ガバナンスとはビジネスモデルに内在して経営の根幹を成す。それゆえ，取締役会に求められる機能，その中での社外取締役の役割に関する考察が重要になるのである。

4　小括：地域銀行コーポレート・ガバナンスの課題

地域銀行の破綻には，不動産担保融資への偏重，リスクコントロールの機能

不全，経営理念からの逸脱という問題があった。地域銀行がビジネスモデル改革を成功させるカギは，これらの課題を改善して，持続的企業価値向上を推進するコーポレート・ガバナンスを構築することである。地域銀行のコーポレート・ガバナンスに関して，具体的に以下のような検討課題がある。

　第1は，地域銀行の主体的なコーポレート・ガバナンスの構築である。地域銀行の不動産担保融資への偏重には，経営の監視機能が機能不全であった。地域銀行の最大の債権者である預金者には監視能力がないことから，これを金融監督当局が担ってきた。ところが，2020年3月に金融庁は，「地域金融機関の経営とガバナンスの向上に資する主要論点」によって，地域銀行にビジネスモデル改革を求めた。この本質は，行政主導から脱却して地域銀行が主体的なコーポレート・ガバナンスを構築するという政策の大転換である。しかし現状は，残念ながら宍戸（1998）が述べるように，地域銀行の経営を監視する構造は一般の株式会社と変わらない状況にある[14]。つまり，地域銀行の経営を監視する主体的なコーポレート・ガバナンスの構築が課題となっている。

　第2は，取締役会の機能強化である。ビジネスモデルが経営理念から逸脱し破綻や不祥事を招いた地域銀行には，取締役会の機能強化が必要になっている。ところで，銀行法（昭和56年法律第59号）第4条の2は，「取締役会」，「監査役会，監査等委員会または指名委員会等」「会計監査人」の各機関の設置を求めている。そして取締役会は，会社法第362条2項1号に基づき「取締役会設置会社の業務執行の決定」を行うことから，地域銀行の取締役は，経営戦略や業種別融資戦略，営業戦略などの経営上の重要事項の決定，および内部統制システム構築義務におけるリスク管理体制の整備などの役割が求められている。これを踏まえれば，1990年代の破綻銀行のワンマン経営の問題は，それを許した取締役にこそ問題があったと解釈できる。つまり，経営者が推進した融資や営業戦略に対して，取締役は自身の専門性に基づいた意見，代替案等を示してワンマン経営者と議論を戦わせることが求められていた。今後，地域銀行がビジネスモデル改革を推進した場合，経営者の推進するビジネスモデルに対する牽制機能が働かないと再び同じような破綻を招く。したがって，ビジネスモデル改革を推進する上で，社外取締役は，戦略議論を経営者と戦わせることが可能となる機能や専門性が大きな課題となる。

　第3は，取締役選任方法の充実である。地域銀行が主体的なコーポレート・ガバナンスを構築するためには，株主が最適な候補者であるかを審議した上で取締役を選任する必要がある。ワンマン経営者の暴走を牽制し，このような経営者と向き合って議論を戦わせることが可能な専門性を有する取締役を，どのように選任するかという課題がある。

　以上，本節は，1990年代の地域銀行の破綻がビジネスモデル改革の失敗であることを踏まえて，ビジネスモデル改革とコーポレート・ガバナンスが関係するという第1の研究課題を検討した。破綻銀行のビジネスモデルには，不動産担保融資への偏重，リスクコントロールの機能不全，経営理念からの逸脱があった。これを踏まえて，地域銀行がビジネスモデル改革を推進する上での課題は，主体的なコーポレート・ガバナンスの構築，取締役会の機能強化，取締役会を構成する取締役選任方法の充実にあることが確認された。

　また，ビジネスモデル改革を推進するために取締役会および社外取締役が果たすべき役割という第2の研究課題に関しては，取締役会の機能強化策という目的を捉えた検討が必要になる。さらに，社外取締役に求められる専門性という第3の研究課題に関しては，求められる専門性を有する社外取締役の選任のあり方という面も踏まえた検討が必要となることを確認した。

第2節　社外取締役の何が問題になっているのか

1　本節の課題：社外取締役は有効に機能しているのか

　地域銀行のビジネスモデル改革は，社外取締役が，その改革の一翼を担うことを期待している。地域銀行が主体的コーポレート・ガバナンスを構築する上で，取締役会に新たな視点や価値観を持込む社外取締役への期待は大きい。しかしながら，社外取締役の現状および投資家からの評価を見ると，そこには課題も多い。本節は，地域銀行がビジネスモデル改革の推進を社外取締役に期待する上で，社外取締役にはどのような課題があるのかを確認する。

2　わが国社外取締役の現状と課題

(1)　社外取締役に対する投資家の評価

　近年，わが国では，社外取締役の設置が促進されている。しかし，期待したような役割を果たしているのであろうか。残念ながら，機関投資家に対する調査の結果，わが国の社外取締役は，その役割を果たしていないと評価されている。図 1-1 のとおり，企業側は，50％が社外取締役は期待どおりの役割を果たしているとするが，投資家の評価では，64％が不十分としている。

　また，欧米の機関投資家からは，「多くの日本企業は，おそらくコードを遵守しているといいながら，実態に大きな変化はない。今後，どうガバナンスを進化させていくのかに期待するが，このまま何も変わらないようなら，投資家は投資対象から外すような意思決定が必要になるかもしれない[15]」と指摘されている。このように，わが国の社外取締役は，投資家から厳しい評価を受けているのが実態である。その理由を，たとえば太田（2013）は，「外形的形式を整えただけで実態の改善を繕う企業は持続しない。戦略に見合った企業統治を実行し，長期的な成長を目指す企業にしか光は届かない[16]」と指摘している。すなわち，機関投資家は，社外取締役設置という形式的な遵守を求めているのではなく，実質的な効果を生み出すコーポレート・ガバナンスの構築を求めているのである。したがって，取締役会が持続的な価値を創造していくために，社外取締役をどのように活用して実質的な効果を得るのかという研究が重要と

図 1-1 社外取締役の評価

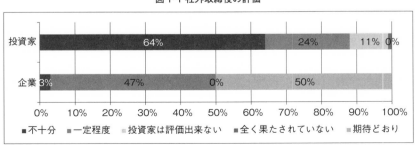

出所：生命保険協会（2019）「生命保険会社の資産運用を通じた「株式市場の活性化」と「持続可能な社会の実現」に向けた取組について」2019 年 4 月生命保険協会 p.31

なっている。

(2)　社外取締役の設置の効果に関する議論

　次に，社外取締役の設置の効果に関する先行研究を確認する。実証研究からも，社外取締役の形式的な設置のみでは効果は生まないとされる。たとえば，社外取締役を導入しても業績パフォーマンスの改善効果が認められないという研究結果がある[17]。また，社外取締役の増員要請を受け入れて，社外取締役の人数を増加させた会社の業績が向上する可能性は低いとされる[18]。さらに社外取締役の人数に着目し，企業価値との相関関係を検証したが，相関関係は見出せなかったとする研究もある[19]。これらの先行研究を踏まえて，社外取締役の設置が効果を生み出していくためには，設置することや人数という形式面ではなく，社外取締役の役割という実質面に踏み込んで考察する必要がある。

　加えて，資金に余裕がある会社と社外取締役に期待される役割の関係の分析もある。この分析は，資金に余裕がある会社は，余裕があることで投資判断が甘くなるので，甘い投資判断を行うことがないような社外取締役の役割が重要になると指摘した。すなわち，社外取締役に求められる役割は，会社が置かれた状況によって異なることである。また，社外取締役の設置が企業業績を向上させる結果にならなかった要因は，社外取締役活用のノウハウが不足しているからとの指摘もある[20]。

　以上を踏まえて，今後の課題は，置かれた状況に対する社外取締役の役割の考察である。つまり，社外取締役をどのように活用するかという視点である。地域銀行に関係する研究では，社外取締役には業績が悪い銀行の従業員削減スピードを速める効果があるとして，社外取締役の有益性を示唆している[21]。しかし，社外取締役の活用に関する研究は，あまり注目されていない。したがって，地域銀行社外取締役がどのように役割を果たすのかという研究は，地域銀行にとって有益で喫緊の研究課題となっている。

3　社外取締役に求められる専門性

(1)　銀行の特殊性を踏まえた社外取締役専門性

　事業が複雑な会社の社外取締役には，専門性が必要と主張している研究がある。宮島，小川（2012）は，事業が複雑な会社は，社外取締役に関して，事業に関する多くの専門的なアドバイスを期待すると述べている。したがって，多くの専門的なアドバイスを求めることで社外取締役の人数が多くなる傾向を実証研究で示している[22]。

　また，業界特有の事情に応じた専門性は何か，を問う研究も進められている。武田，西谷（2014）は，社外取締役の属性を東京証券取引所の規定に基づいて開示されている分類を基に分析した。その分類は，「他企業出身者」，「弁護士・会計士・税理士」，「学者」，「その他」の4つである。この4つの属性と株主価値の間には相関があるのかを検証した結果，「他企業出身者」に属する社外取締役のみに株主価値と正の相関を見出している[23]。しかし，この研究には問題もある。4分類のみでは，分類が粗く一つの分類の範囲が広すぎる。また，属性よりも，社外取締役がどのような役割を担っているかによって企業価値に与える影響は異なると言えよう。すなわち，属性区分のみに留まらず，社外取締役がどのような業種を経験し，その経験を活かすことが可能なのか等を探求する研究課題が残っている。

　さらに，地域銀行の社外取締役に関係する先行研究には，銀行のリスク特性と社外取締役の関係に関する研究がある。森（2018a）は，中小企業向け貸出をリスクと捉えて，中小企業貸出の増加によりリスクが高まると社外取締役の導入比率が低くなる実証結果を示した[24]。また齋藤（2015）は，実証研究の結果，特性に応じて，社外取締役の能力に基づいた助言を会社は期待していると指摘している[25]。

　加えて，地域銀行のビジネスモデルの再構築には専門知識を持つ社外取締役からの助言が有用と示唆されている[26]。地域銀行は，特殊な業界の典型である。法規制や融資判断，リスク管理等の特殊な専門知識が求められる業界であることから，地域銀行の社外取締役に求められる専門性に関する具体的な研究が必要となっている。

(2)　米国取締役会の構成に関する研究

　近年，米国では，社外取締役を中心とする取締役会が経営のリーダーシップ
を担うという理論が展開されている[27]。このような方向性を踏まえて，取締役
会がリーダーシップを担う経営モデルを前提に取締役会構成に関する研究が進
んでいる。

　その中で，取締役会構成の多様化は，銀行業でも効果があるとする実証研究
結果が示されている。たとえば，銀行の取締役会の多様化は，銀行のパフォーマ
ンスおよびリスクテイキングに何れもポジティブの影響を与えるという研究が
ある[28]。また，銀行の取締役会の性別の多様化は，業績や株価に優位に働くと
いう研究結果も示されている。たとえば米国212の銀行を対象に，女性取締役
比率が銀行の業績および株価に有意に正の関係があることを示す研究があ
る[29]。

　さらに，英国の取締役会を対象とした研究では，取締役会メンバーやトップ
マネジメントチームの多様化が進んでいることが確認されている[30]。取締役会
の専門性の多様化がパフォーマンス向上に繋がるという経路も示されてい
る[31]。

　以上，英米の先行研究からの示唆は，取締役会が会社の特性および状況に応
じて，専門性を持った取締役で構成され，これが業績等で優位な結果をもたら
すことである。これは，本書の研究に対して，地域銀行のビジネスモデル改革
を促進するためには，複数の社外取締役が専門性を持ち合う最適な取締役会の
構成が有益ではないかという視座を与えている。

　このように，英米で研究が進んでいることに対比して，わが国の研究は遅
れ，取締役会の専門性や構成の検討が不十分だと指摘されている[32]。英米の研
究動向を踏まえて，わが国の取締役会構成の最適なあり方という視点からの研
究が必要である。これを踏まえて，米国銀行取締役会の取締役構成を分析し，
その上で，地域銀行社外取締役の専門性にはどのような課題があるかを考察す
る。

(3)　米国社外取締役の専門性に関する研究

　米国では，取締役の資質に関する研究が古くから行われてきている。たとえば，G. トンプソ，F. ウォルシュ（1965）は，取締役に求められる資質を取締役会の最適なバランスに貢献するという能力であると述べている[33]。一方で，H. クーンツ（1967）は，豊かな経験から問題点を洞察するという経験面を重視している[34]。加えて，取締役会の審議と意思決定に最も貢献できる人物を選ぶことも重要であると述べている[35]。すなわち，取締役に求められる専門性とは，取締役会審議や意思決定に貢献することが可能となるような専門性となる。

　さらに，取締役の専門性に関する研究の中で，B. フランシス他（2015）は，大学教授の取締役が在任する会社の業績や株価が優位なパフォーマンスを示すという研究結果を報告している[36]。この研究で分析された大学教授の専攻は，ファイナンス・会計学・経済学等ビジネス関連が39％，理工系が17％，医学が14％，政治学が10％である。今後，このように専攻分野別での分析や，会社の業種と専攻分野を対比させることで，社外取締役に求められる専門性を具体的に考察していく必要がある。

　これらを踏まえて，第4章では，米国地域銀行取締役の専門性開示内容を調査して分析し，わが国地域銀行の社外取締役に求められる専門性を考察することとする。

4　小括：地域銀行社外取締役の課題

　地域銀行のビジネスモデル改革は，社外取締役がその改革の一翼を担うことが期待されている。社外取締役が期待された効果を発揮するためには，具体的に求められる役割と，そのための専門性の確保が重要になる。これを踏まえて，本書で検討すべき社外取締役の課題は，次の3点となる。

　第1は，ビジネスモデルを議論することができる専門性である。社外取締役は，具体的な提案や代替案，その根拠をワンマン経営者と対峙して，効果的な議論を促進する役割が求められている。そのためには専門性が必要になり，たとえば，銀行業務の専門性が重要になるとする指摘もある[37]。

　第 2 は，リスクコントロールに関する専門性である。銀行は，リスクから収益を生み出すビジネスモデルである。したがって，地域銀行のコーポレート・ガバナンスは，ビジネスモデル改革を推進する上でのリスク管理の仕組みづくりが重要になる。なお，銀行に特有のリスクをコントロールするためには取締役会による自律的なガバナンスが必要との示唆もある[38]。また，新たなビジネスモデルから生じるリスクを的確に指摘しコントロールしていく社外取締役の役割が重要となる。

　第 3 は，専門性を有する社外取締役の選任方法の充実である。株主は，経営理念からの逸脱等に関する経営監視が可能な専門性を有する取締役を選任する機能を果たす必要がある。株主が専門性を有する社外取締役を選任するためには，取締役の候補者が専門性を有しているかを株主に開示する必要がある。また，取締役会の構成からも最適な取締役候補者であるかを検討することが重要である。このような視点で，取締役の専門性等に関する情報開示が重要な制度的基盤になるのである。

　以上，地域銀行がビジネスモデル改革を推進するためには，ビジネスモデルを理解し，リスクをコントロールする社外取締役が求められ，そのような最適な社外取締役を選任するための選任方法の充実が必要であることの指摘を以って，本章の結びとする。

[注]
1　三井情報開発（2007）「金融機関の破綻事例に関する調査報告書」金融庁委託調査　参考資料 1 破綻金融機関個票。
2　朝倉孝吉（1994）「戦前・戦後をつなぐかけはし」地方金融史研究会編／加藤幸三郎・進藤寛・西村はつ編集幹事『戦後地方銀行史〔I〕成長の軌跡』東洋経済新報社，pp. 9-10。
3　預金保険法（昭和 46 年法律第 34 号）第 74 条により内閣総理大臣は金融機関に対して金融整理管財人による業務及び財産の管理を命じる処分を行うことが出来るとされており，第 77 条に基づいて選任されて，これらの業務及び処分を行う機関である。
4　大和銀行は，大阪で発祥した銀行であり，北海道拓殖銀行は設立にあたっての法律からも北海道に根差した銀行であることから，地域銀行の事例として取り扱った。
5　第 156 回国会参議院財政金融委員会 2003 年 6 月 13 日勝田泰久参考人の答弁。
6　金融再生委員会事務局（1999）『(株) 大和銀行　経営の健全化のための計画』大蔵省印刷局，p. 33 では，「手の届いていない中小の事業経営者に産業資金を供給する銀行が必要であるという理念に基づいて創業した銀行」という創業精神への回帰を期したのである。
7　「拓銀が新経営ビジョン，道・本州・海外で個別目標を設定」『日本経済新聞』1990 年 9 月 8 日朝刊，7 面。

8　「拓銀，首都圏でのリテール重視―資産家などに的絞る」『日本金融新聞』1990 年 9 月 11 日，第 3 面；「北海道拓殖銀行頭取山内宏氏―長期経営ビジョンの狙い（Hot インタビュー）」『日本金融新聞』1990 年 9 月 12 日，第 3 面。

9　平成 21 年 11 月 9 日最高裁判決；『判例時報』2069 号，p. 156；『判例タイムズ』317 号，p. 142。

10　井上久志（2008）「道民は誓う『拓銀よ，汝の破たんを無駄にしないぞ』と。」北海道新聞社編『検証　拓銀破たん 10 年』北海道新聞社，p. 512。

11　池尾和人・永田貴洋（2000）「銀行：規模に隠された非効率」大蔵省財政金融研究所日本経済の効率性と回復策に関する研究会『日本経済の効率性と回復策―なぜ日本は米国に遅れたのか』pp. 147-155。

12　金融審議会金融分科会第二部会（2003）「リレーションシップバンキングの機能強化に向けて」。

13　冨山和彦（2018）「社外取締役はアクセルを踏み込む役割も重要」『金融財政事情』2018 年 4 月 2 日，p. 18。

14　宍戸善一（1998）「銀行株式会社のコーポレート・ガバナンス」『成蹊法学』47 号，pp. 210-212。

15　「取締役会の機能向上等に関するコーポレートガバナンス実態調査報告」平成 29 年 3 月，有限責任監査法人トーマツ（平成 28 年度産業経済研究委託事業），p. 81 に記載された機関投資家意見。

16　太田順司（2013）「わが国の企業統治と監査役制度の課題」『商事法務』2009 号，p. 10。

17　内田交謹（2009）「取締役会構成変化の決定要因と企業パフォーマンスへの影響」『商事法務』1874 号，p. 21。

18　三輪晋也（2010）「日本企業の社会取締役と企業業績の関係に関する実証分析」『日本経営学会誌』第 25 号，pp. 15-27。

19　杉浦康之（2012）「取締役構成の規模および属性と企業価値に関する一考察」『NFI リサーチ・レビュー』2012 年 11 月，日興フィナンシャル・インテリジェンス，pp. 1-13。

20　齋藤卓爾（2020）「社外取締役が企業業績に与える影響」『監査役』No. 710，2020 年 6 月 25 日，p. 12。

21　冨村圭（2009）「銀行における取締役会による企業統治」『金融経済研究』第 28 号，p. 95。

22　宮島英昭・小川亮（2012）「日本企業の取締役会構成の変化をいかに理解するか？：取締役会構成の決定要因と社外取締役の導入効果」RIETI Policy Discussion Paper Series, 12-P-013 号，p. 4。

23　武田克巳・西谷公孝（2014）「独立社外取締役やその属性別選任と株主価値」『証券アナリストジャーナル』2014 年 5 月，p. 92。

24　森裕司（2018a）「地域銀行の取締役会構成の変化」『証券経済学会年報』第 52 号別冊，pp. 2-10。

25　齋藤卓爾（2015）「取締役会構成と監査役会構成の決定要因」財務省財務総合政策研究所『フィナンシャル・レビュー』第 121 号，2015 年 3 月，p. 51。

26　森裕司（2018b）「地域銀行のコーポレート・ガバナンス―2018 年コーポレート・ガバナンス報告書からみた現状―」『金融構造研究』第 41 号，pp. 6-7。

27　Gilson, Ronald J., & Gordon, Jeffrey N. (2019) "Board 3.0 -An Introduction," *Business Lawyer*, Vol. 74, p. 351.

28　松本守（2018）「銀行業の取締役会に関するサーベイ―取締役会のダイバーシティを中心に―」北九州私立大学『商経論集』第 53 巻第 1・2・3・4 合併号（2018 年 3 月），pp. 79-85。

29　Pathan, S., & Faff, R. (2013), "Does board structure in banks really affect their performance?," *Journal of Banking and Finance*, Vol. 37, pp. 1573-1589.

30　久保克行・内ヶ崎茂・鈴木啓介・山内浩嗣・瀬古進（2019）「英国企業の取締役会およびトップマネジメントチームにおける多様性〔下〕―日本企業のコーポレート・ガバナンス改革への示

唆―」『商事法務』2211 号，pp. 100-101。

31　Adams, Renée B., Akyol, Ali C., & Verwijmeren, Patrick (2018), "Director skill sets," *Journal of Financial Economics*, Volume 130, Issue 3, pp. 453-492.

32　PWC あらた監査法人（2020）「コーポレートガバナンスに関するアンケート調査上場企業向け 2019 年度」経済産業省委託調査，2020 年 5 月 15 日，p. 12。

33　Thompson, G. C., & Walsh, F. J., Jr. (1965), "Selection of Corporate Directors," *The Conference Board Record*, Vol. 2, No. 5, pp. 8-16.

34　Koontz, Harold (1967), *The Board of Directors and Efective Management*, McGraw-Hill, p. 185.

35　Koontz, Harold (1967), *op.cit.*, pp. 206-207.

36　Francis, B., Hasan, I., & Wu, Q. (2015), "Professors in the Boardroom and their Impact on Corporate Governance and Firm Performance," *Financial Management*, Vol. 44, pp. 547-581.

37　宍戸（1998），pp. 213-215。

38　李婧・斎藤巡友・小西大（2017）「地域銀行のコーポレート・ガバナンスと業績」『一橋商学論叢』Vol. 12，No. 2，pp. 2-9。

第2章

コーポレート・ガバナンス議論の発展と社外取締役

　1990年代のバブル崩壊後，わが国でコーポレート・ガバナンスへの関心が高まった背景には，どのような構造的要因があったのであろうか。また，このコーポレート・ガバナンス議論は，株式会社に何を要請しているのであろうか。そして，1970年代から長年にわたり繰り返されてきた社外監査役強化の議論が，なぜ社外取締役への期待に変化したのであろうか。

　本章は，1990年代からのコーポレート・ガバナンス議論を踏まえて，その

見取図

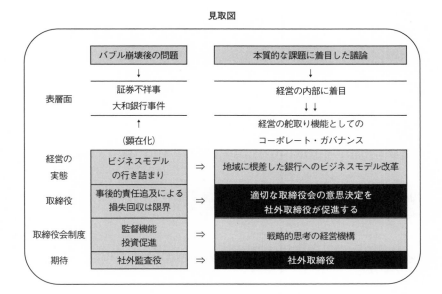

背景や議論の展開から，わが国の株式会社に求められるコーポレート・ガバナンスおよび社外取締役の役割を検討する。

　また第2節は，地域に根差した銀行がバブル期に過大な海外展開というビジネスモデル改革で失敗を招いたコーポレート・ガバナンス機能不全とその後の取締役に対する責任追及の限界を考察する。そして，コーポレート・ガバナンスがビジネスモデル改革と密接に関りがあることを明らかにし，事後的な責任追及ではなく，未然にビジネスモデルをコントロールする社外取締役の重要性を描き出す。

　さらに第3節では，明治維新後に H. ロエスレルの商法草案から始まった会社法と三権分立思想，戦後に米国から導入されたと言われる取締役会制度を考察する。これを踏まえて，監査役制度から社外取締役への期待が変化した過程をレビューする。

　第4節は，2013年6月14日『日本再興戦略 –Japan is Back』による政府の成長戦略から，どのようにコーポレート・ガバナンスと社外取締役の議論が展開されたのかを歴史的および立体的に描き出す。

第1節　1990年代のコーポレート・ガバナンス議論のはじまり

1　1990年代にコーポレート・ガバナンス議論が生じた要因

(1)　コーポレート・ガバナンス議論の背景

　コーポレート・ガバナンスという言葉は，1991年5月の日本経済新聞に初めて使用された[1]。その後，1992年5月に証券会社のレポートは，米国のコーポレート・ガバナンス議論を紹介した[2]。また，各分野の研究は，会社法研究で1992年5月に森本（1992）が経営チェック機能という表現をして紹介[3]し，1994年に法学研究誌にてコーポレート・ガバナンスを特集した[4]。経営学研究からは，1992年6月に加護野（1992）がガバナンスの論点を提示した[5]。さらに，会計研究からは，1994年2月に伊藤（1994）がコーポレート・ガバナンスの問題を提起している[6]。

表 2-1　「コーポレート・ガバナンス」記事件数の推移　　（単位：件）

1990 年	1991 年	1992 年	1993 年	1994 年	1995 年	1996 年	1997 年	1998 年	1999 年
0	1	3	22	15	32	32	187	140	170

注：日本経済新聞（朝刊・夕刊）記事件数
出所：日経テレコン 21 検索結果を基に筆者作成

　なお，コーポレート・ガバナンスの用語を使用した経済記事件数の推移を表 2-1 に示した。同記事件数は，1993 年から増えて，1997 年には大幅に増加した。記事の増加は，コーポレート・ガバナンスへの関心が高まったことを表していると思われる。1990 年代にコーポレート・ガバナンスの関心が高まった要因は，大きく 4 つの背景があると思料される。第 1 はバブル経済の崩壊，第 2 は不祥事の発生，第 3 は株式所有構造の変化，第 4 は株式会社の収益力の低下である。

　第 1 の背景は，株式市場価格の急落およびわが国経済の長期低迷である。わが国の経済は，1980 年代までは土地価格や株式市場価格等の時価が高騰してバブル経済と言われる好景気が続いた。ところが，1989 年 12 月 29 日の株価をピークにして，1990 年から急落しバブル経済は崩壊した。その後にわが国経済は，失われた 10 年と言われる長期低迷期に入ることになった。図 2-1 は，東京証券取引所の東証株価指標（Tokyo Stock Pirce Index:TOPIX）の年末値の推移である。株価指数は，1989 年の年末終値 2,881 円から 1990 年の年末終値 1,773 円に急落し，その後も下落している。日本経済がその後も 20 年に及んで回復しなかった原因を深尾ら（2010）は，構造的な問題と捉えた対処が必要であると指摘している[7]。そこで政府は，日本経済の長期低迷を構造的に捉えて，経済を回復させる成長戦略の一環と位置づけて，コーポレート・ガバナンス改革を推進するに至ったのである。

　第 2 の背景は，金融機関を中心とした不祥事の発生である。1990 年代の不祥事の特徴は，預金者に信頼される銀行や公正な取引を担う証券会社に生じた大規模な不祥事である。このような銀行や証券会社に生じた不祥事は，社会問題として注目されると同時に，諸外国からもわが国の金融市場に対する信頼が低下し，金融機関の経営が問われることになった。

　銀行不祥事の典型は，1995 年 6 月に発生した大和銀行ニューヨーク支店巨

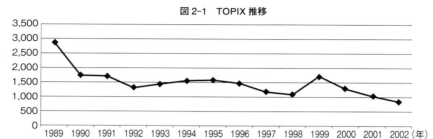

図 2-1　TOPIX 推移

出所：東京証券取引所　TOPIX の各年の年末終値の推移

額損失事件[8] とその後の株主代表訴訟事件（以下「大和銀行事件」という）である。ニューヨーク支店の元嘱託行員は，11 年間にわたって不正な簿外取引で約 11 億ドルの損失を発生させた。大和銀行は，経営者が重大事件と知りながら米国当局への通報を怠った「重罪隠匿」や虚偽報告の「共同謀議」など 24 の罪で米国で起訴された[9]。同行は，米国で 1991 年 11 月から法人に適用された刑事裁判の連邦量刑ガイドライン[10] により重大な罰金を課された。また同事件は，米国金融監督当局への通報が遅れたことを契機に，各国金融監督当局による国際的金融監督の標準化議論も生んだのである[11]。さらに取締役は，株主代表訴訟を提起されて，2000 年 9 月 20 日大阪地方裁判所で巨額の罰金の支払い命じる判決が下された[12]。この判決等を踏まえて，わが国では，内部統制システム構築義務という取締役の義務が法令化されるに至ったのである。

　第 3 の背景は，上場株式会社の所有構造の変化である。株式所有構造の推移を図 2-2 に示した。

　外国法人等の所有割合は，1985 年は 7.0％ であったが 1990 年代から急増し，1999 年には 18.6％ になっている。一方で，個人や事業法人，金融機関の保有比率は低下した。たとえば個人の保有割合は，1985 年は 22.3％ であったが 1999 年は 18.0％ に低下した[13]。個人の保有割合の低下は，バブル崩壊により保有資産の評価額が減少して株式投資離れが進んだためと言われている。わが国の個人資産は，現預金等の安全資産に偏っていると指摘される状況を踏まえて，政府は，個人の金融資産をいかに株式投資等による長期資産形成に向かわせるかを成長戦略の目的とする[14]。また事業法人の所有割合の低下は，事業法

図2-2　株式所有構造の変化　　　　　（単位：％）

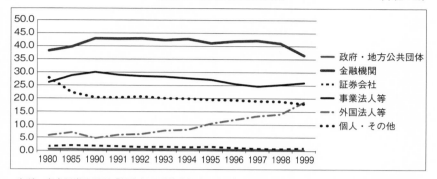

出所：東京証券取引所「投資部門別株式保有比率の推移（長期データ）」を基にして筆者作成

人間で相互に株式を保有し合う，いわゆる持ち合いの解消が進んだことによる。金融機関の保有割合の低下は，メインバンクとなる金融機関が取引先の株式を保有する，いわゆるメインバンク制度が解消に向かったためである。米国では，1980年代の敵対的買収や機関投資家の積極的な活動が増加したことがコーポレート・ガバナンス論に繋がった[15]。わが国でも，1990年代に機関投資家の所有が増加したことが，コーポレート・ガバナンスの議論の高まりに繋がったと言える。

　第4の背景は，わが国の株式会社の収益力の低下である。財務省の統計に基づく資本金10億円以上の大会社の総資本経常利益率は，1989年は4.3％であったが1993年には1.9％にまで低下し，その後も収益力は低迷している[16]。このような収益力の低下は，上場株式会社にとっては株価低迷の要因にもなる。わが国の株式会社の収益力が回復しない要因は，経営に問題があり，低収益性を放置する経営者のコントロールにあるのではないかという問題意識の高まりが，コーポレート・ガバナンスの議論の発展を促進したのでる。

(2)　英米コーポレート・ガバナンス議論の影響

　1990年代にコーポレート・ガバナンス議論が始まり，その当時から米国や英国のコーポレート・ガバナンス議論がわが国に紹介された。米国のコーポ

レート・ガバナンス議論は，1992 年 9 月に吉川（1992）[17] により，英国の議論は，安達，ダハティ（1992）[18] によって紹介された。また，吉森（1993）は，日本型の統治と英米の比較制度論的なアプローチからコーポレート・ガバナンス議論を紹介した[19]。

　他方，わが国のコーポレート・ガバナンスは，米国からどのように評価されていたのであろうか。1992 年 5 月 11 日から 13 日に国際大学とニューヨーク大学による国際会議（「日本の金融市場と企業経営行動－透明・公正な市場をめざして」）で，米国の価値観から見たわが国のコーポレート・ガバナンスが議論された[20]。会議の中で，わが国の問題を指摘する発言があった。わが国のコーポレート・ガバナンスは，「他人の犠牲のもとに得られる私的利得を狙う巨大勢力が，"煙に満ちた密室" で重要事項を決める，いわば内部者だけのインサイダー・ゲームである[21]」と批判された。わが国に特有の商慣習となっている株式の持合いや互恵的な取引は，米国の公平な競争および株主民主主義の原則には相容れないとされた。この互恵的な商慣習は，米国では非競争的取引と見做されて司法調査の対象となってしまう。

　このような考え方を背景として，米国の機関投資家から日本特有の商慣習の改善を求める要請が 1990 年代の前半から始まったのである。1992 年に米国最大の公的年金基金である California Public Employees' Retirement System：CalPERS（カリフォルニア州公務員退職年金基金）は，野村證券と大和証券に対して，社外取締役の受け入れを要請する文書を出していたことが明らかになっている[22]。この要請は，米国の機関投資家がわが国の株式会社に向けて社外取締役を要請した初めてのケースとされる。米国からの要請は，わが国の株式会社にも社外取締役が経営を監視[23]する役割を求めるものである。

　なお，わが国においては，日米構造協議によって監査役制度が改正されたが，酒巻（1994）によれば，米国の要望は米国株主に有益で効果的な制度の実現であり，すなわち，さらなるコーポレート・ガバナンス改革をわが国に求めていたのである[24]。

2　事例研究：証券不祥事とコーポレート・ガバナンス

(1)　証券不祥事の概要と判決の問題点

　1990 年代に大手証券会社の損失補填事件が発生した。そして，これがコーポレート・ガバナンス議論を活発化させた。この損失補填問題を中核とした証券スキャンダルほど，世界の中でわが国の市場システムと企業行動が異質であると批判された事件はないと指摘される[25]。この事件は，1991 年 9 月に相次いで判明した損失補填問題[26] とその後の株主代表訴訟事件である。野村證券の株主は，大口取引先に対する損失補償行為が証券取引法（平成 3 年改正前の第 50 条 1 項 3 号，4 号）および独占禁止法（第 19 条）の 2 つの法令に違反するとして取締役の責任を追及したのである。具体的に，株主は，同社の法令違反は，取締役の善管注意義務（商法第 254 条 3 項，民法第 644 条）および忠実義務（商法第 254 条の 3）違反に該当するとし，商法第 266 条 1 項 5 号に基づいて取締役の法令違反行為で被った会社の損害の弁済を求める訴えを提起した。

　証券取引法違反の訴えに対して，1 審，2 審および最高裁は，株主の訴えを退けた。一方で，独占禁止法に違反する訴えに対しては，1 審，2 審，最高裁は，何れも同法の違反になることは認めた。ところが，裁判所は，それぞれ異なる理由で取締役の損害賠償責任を認めなかった。1993 年 9 月 26 日の第 1 審判決は，会社に実質的な損害額がなかったことを根拠にした。同地裁は，違反により被った損害額は違反行為で生じた利益をも考慮すべきであるとした。その上で，会社は，取締役の違反行為で生じた損害額を上回る利益を得ているから実質的な損害はないという判決を下した[27]。つまり，同判決は，会社が取締役の法令違反で利益を得たことを是認すべきという判断を示している。この判決は，経営倫理の面からも大きな問題がある判決と言わざるを得ない。1995 年 9 月 26 日の第 2 審判決は，商法第 266 条 1 項 5 号の法令違反となるためには，取締役の善管注意義務および忠実義務違反の認定が必要であるが，裁量の範囲を逸脱したものとは言えないと判断した[28]。つまり，同判決は，違法行為でありながら，取締役の裁量権を逸脱したものではないという判断を下した問題のある判決である。さすがに司法の最終判断を担う 2000 年 7 月 7 日の最高裁判決は，違法行為は裁量の範囲を逸脱していると示して第 2 審判決を修正し

た。ところが，最高裁は，取締役の賠償責任を負うためには故意または過失を
要すると判示した。具体的に，野村證券の取締役は，独占禁止法違反かどうか
に関しては思いが至らず，公正取引委員会も損失補償行為が独占禁止法に該当
するという見解を示さなかったことから，取締役に法令違反に対する故意また
は過失がなかったと判断した[29]。

　社会に大きな影響を与えた不祥事であったが，法令違反をした取締役の賠償
責任は認められなかった。社会から信頼される機関の取締役が，法律に違反す
るかどうか思いが至らなかったと免責されたのである。1990 年代にコーポレー
ト・ガバナンス議論が高まった理由は，このような判決の無力から，株主は，
法に頼らず，自らが取締役の行為に関心を示す必要性を自覚したことであると
言える。

(2)　証券不祥事からの商法改正とコーポレート・ガバナンス

　この事件の背景には，証券取引勧誘に関する法律の不備があった。証券会社
が事前に損失補償を約束して勧誘する行為は，法律で禁止されていた。ところ
が，事後的な損失補填行為を禁止する明文規定はなかったのである。このよう
な法律の不備に対して，国会は，証券取引法を改正（平成 3 年法律第 15 号）
して対処した（証券取引法 50 条，50 条の 2）。そして，この事件は，株式会
社の経営管理機構を改革する商法改正にも繋がった。1993 年商法改正（平成 5
年法律第 63 号）は，監査役任期を 2 年から 3 年に延長し，大会社に監査役会
を設置し社外監査役を 1 名以上選任するように求めた。また，株主が取締役の
責任を追及する株主代表訴訟制度は，高額な手数料が妨げになっていたが，手
数料が大幅に引下げられた[30]。さらに，株主の帳簿閲覧権[31]を行使しうる株主
の要件を，発行株式総数の 10％から 3％に緩和した。このように損失補填事件
は，経営管理機構の整備や株主主権を強化する法改正に繋がったのである。

　ところで，野村證券取締役の賠償責任を認めなかった判決は，株主代表訴訟
制度の限界を表して，コーポレート・ガバナンス議論を高める契機となった。
そして判決は，取締役への事後的責任追及の限界を示し，株主がコーポレー
ト・ガバナンスに主体的に関与する重要性を示すことになった。

　前述の第 1 審判決は，会社の利益のためには多少の違法行為もやむをえない

と解釈される考えを示した[32]。しかし，この違法行為にて得た利益とは，本質的な会社の利益と言えるのであろうか。会社の利益とは，本来，中長期的に持続可能な企業価値を高めることに繋がるものであろう。翻って，同地裁が会社の利益としたものは，法を犯して得られた一時的な利益である。それゆえ，裁判所は，このような利益を評価するのではなく，損失補填行為を公表し取引解消で損失計上しても，不正の清算と法令遵守が投資家の信頼となり企業価値向上に繋がる本質的利益を評価すべきなのである。

(3)　証券不祥事の背景とコーポレート・ガバナンス

　証券不祥事をビジネスモデルの問題と捉えて，証券会社の取締役の役割を考察する。事件後に国会は，損失補填問題に迅速に対処して，1991 年 10 月には証券取引法を改正して事後的な損失補填行為を禁止した。ところが大手証券会社 4 社は，1997 年に損失補填および利益供与事件を生じさせた。

　このうち野村證券に対して東京地裁は，最高責任者が関与した会社ぐるみの犯行であると断じた。そして，利益供与した金額も多額に上り，証券市場の信頼を大きく傷つけたと同社の経営を厳しく非難した[33]。

　このように損失補填行為を繰り返す原因は，証券会社の経営にそもそも根本的な問題があったのではなかろうか。このような視点で捉えた場合，取締役には，以下の役割が求められていたと思料される。

　第 1 に，悪しき損失補填の慣行や違法取引を改める役割である。証券会社が顧客の損失を補填する慣行は，かねてより問題視されていた。1989 年 12 月 26日付に大蔵省証券局長から「証券会社の営業姿勢の適正化および証券事故の未然防止について」が示達された。これを受けて，日本証券業協会は，「協会員の投資勧誘，顧客管理等に関する規則」（公正慣習規則第 9 号）を改正し，証券会社に社内規則の整備を求めた。さらに，同協会は，1990 年 2 月 13 日から23 日にかけて大蔵省証券局業務課長を招いて説明会を開催した。証券会社の取締役は，このような指摘を機に悪しき慣習を見直す役割が求められていた。前述の野村證券損失補填事件第 1 審は，違法な損失補填を行うことで維持した取引関係からの利益は，違法が発覚して生じた会社の損害を上回ると判断した。つまり，この判決は，違法な損失補償で取引関係を維持することで利益を

得ているという業界構造を図らずも詳らかにした。取締役は，このような違法行為を前提としたビジネスモデルを改める役割を担うべきであった。

　第2に，法令遵守を踏まえて戦略を見直す役割である。損失補填行為が行われたビジネスモデルの背景には，免許制と売買委託手数料への依存があった。判決が示した法を犯しても取引関係を維持することが利益に繋がるという業界構造は，この免許制にも由来する。1964年の証券不況により登録制から免許制に転換したことで，パイを分け合って安定収益を確保していた[34]。また，大蔵省の行政指導により，委託手数料に依存したビジネスモデルとなっていた[35]。証券会社は，固定手数料制度により競争を免れて超過利潤が得られることから，損失を補填してでも大口取引先の関係を維持することが利益拡大に繋がる構造であった[36]。これは，「免許制と固定手数料制が元凶にあり，競争制限的な制度が超過利潤をもたらし，その超過利潤が不正行為の原資になっていることから制度の見直しが求められるようになった[37]」と指摘される。このような固定手数料に大きく依存するビジネスモデルに問題があることは，かねてから指摘されていたが，損失補填問題が生じて，ようやく見直されることになったのである[38]。

　すなわち取締役は，損失補填問題という違法行為が発覚するまえに，たとえ利益が得られても中長期的企業価値向上には繋がらないビジネスモデルを改善する役割が求められていたのである。

　第3に，証券取引の自由化という経営環境変化に適応する役割である。ここで米国の証券会社の経営環境の潮流を見ると，米国では，既に1975年には株式売買手数料が完全に自由化されていたのである。ゆえに，米国証券会社は，自由化された厳しい経営環境に古くから晒されて，そのような経営環境に適応するビジネスモデル改革に取り組んできた。

　わが国は，米国の自由化の流れから大きく遅れて，1994年4月にようやく10億円以上の大口取引に対する売買手数料を自由化し，1998年12月に証券業を登録制に移行した。このような自由化と規制緩和によって，わが国でもオンラインによる低コストのビジネスモデルを武器にした取引業者が新たに参入することになった。このような業界構造の大きな変化により，規制で守られてきた証券会社は，破綻や廃業が相次ぎ[39]，従業員数も大幅に減少するに至っ

た[40]。

　すなわち，証券会社の損失補填問題は，旧来の委託手数料ビジネスに依存したビジネスモデルからの大きな転換が求められる経営戦略課題であったのである。このような視点で事件の背景を捉えた場合，証券会社の取締役は，ビジネスモデルの陳腐化の問題を損失補填という弥縫策で先送りするのではなく，ビジネスモデル改革を促進する役割が求められていたと言わざるを得ないのである。

第2節　事例研究：大和銀行事件とコーポレート・ガバナンス

1　大和銀行事件と判決が指摘したコーポレート・ガバナンス機能不全

　わが国のコーポレート・ガバナンス議論は，1995年に判明した大和銀行事件が大きな契機となった。社会から信頼されていた銀行に巨額の損失が発生し，銀行の経営管理のあり方が問われた。同行が米国当局から巨額の罰金刑を受けたことに対して，株主は，当時の取締役ら49人に対して総額14億5000万ドル（約1550億円）の賠償を求める株主代表訴訟[41]を提起した。同訴訟は，甲事件と乙事件からなる。1995年11月27日に提訴された甲事件は，代表取締役およびニューヨーク支店長のリスク管理体制の構築義務違反，ならびに代表取締役および業務執行取締役の執行状況の監視義務を怠ったことで生じた損害の賠償を求めた。1996年5月8日に提訴された乙事件は，米国での罰金が業務担当取締役の執行責任および監視義務を怠ったことで生じた損害であると主張して賠償を求めた事件である。

　この訴訟は，実質的な審理に入る前の段階から争いが行われた。被告人の取締役らは，原告の訴訟提起は悪意に基づくと主張し，訴訟に対する担保提供の申立てを行ったのである。この申立てに大阪地方裁判所は，原告側に7億2千万円の担保提供を命じた。しかし，原告は即時抗告して，大阪高等裁判所は原決定を取消して被告らの申立てを却下した[42]。同判決は，取締役の「内部統制システムの構築および実施[43]」の任務内容を明示して，悪意とする被告の主

張を退けた。この判決の中で示された「内部統制システム」という概念が，わが国で初めて登場することになったのである。

　その後に審理が行われて，2000年9月20日に大阪地方裁判所は，甲事件に関してニューヨーク支店長だった元副頭取らに5億3000万ドル（約567億円）の支払いを命じた。乙事件に関して現任および元役員ら11人に計約2億4500万ドル（約262億円）の支払いを命じた[44]。担保提供訴訟で示された内部統制システムの概念も詳細に判示された。これは，内容統制システムの内容を示した重要な位置づけにあることから，次のとおり引用する。大阪地裁は，「会社が営む事業の規模，特性等に応じたリスク管理体制（いわゆる内部統制システム）を整備することを要する。そして，重要な業務執行は，取締役会が決定することを要するから（商法260条2項），会社経営の根幹に係わるリスク管理体制の大綱は，取締役会で決定することを要し，業務執行を担当する代表取締役および業務執行取締役は，大綱を踏まえ，担当する部門におけるリスク管理体制を具体的に決定すべき職務を負う。この意味で，取締役は，取締役会の構成員で，また，代表取締役または業務執行取締役の地位から，リスク管理体制を構築すべき義務を履行しているかを監視する義務を負うものであり，これもまた，取締役の善管注意義務および忠実義務の内容をなすものと言うべきである[45]」と判示した。本判決は商法および商法施行規則等で抽象的に表記されていた取締役の義務の一類型に明確化したと評価される[46]。その後，本判決が契機となって2002年に商法が改正され（2002年5月2日公布，2003年4月1日施行），当時の委員会等設置会社（現在は指名委員会等設置会社）に対して，監査委員会の監査の職務遂行のために内部統制を構築する義務（商法特例法21条の7第1項2号，商法施行規則193条6号）を定めて制度化した。2005年6月29日に可決成立した会社法（2006年5月1日施行）は，取締役会を設置する大会社および委員会設置会社の取締役に内部統制システムの基本方針を取締役会で決議することを規定した（会社法362条4項6号，会社法施行規則110条の4第2項，112条2項）。

　また同判決は，大和銀行のコーポレート・ガバナンス機能不全の問題を明らかにしている。それは，事件を取締役会に報告するという基本的な経営管理機能の不全である。同行は，巨額の損失により経営危機が生じているにも関わら

ず，一度も取締役会に報告していなかった。不正取引を行っていた井口元受刑者によると，1995 年 7 月 13 日付けの告白文書を頭取が受領し，米国法令の報告 30 日内の期限が既に経過した 9 月 26 日に事件が公表された。ところが，事件が取締役会および監査役会に報告されたのは，その後の 9 月 29 日であった[47]。経営の根幹を揺るがす重大な事件が発生しても取締役会を開催せず，取締役会以外の場で，取締役 13 名に公表日前日の 9 月 25 日，監査役 5 名には公表当日に伝えるという対応がされた[48]。すなわち，同行は，速やかに臨時取締役会を開催して報告し対応策を議論するというコーポレート・ガバナンスの根本的な部分に重大な問題があった。米国当局への報告遅延が端緒であるが，同行のコーポレート・ガバナンスにそもそも問題があったのである。同行は，このようなコーポレート・ガバナンスに問題を抱えながら，大規模に海外展開する経営判断を行った。次項では，同行の海外展開に関する経営判断とその前提となる海外拠点のコーポレート・ガバナンスのあり方を考察する。

2　大和銀行取締役会のコーポレート・ガバナンス機能不全

(1)　海外戦略面のコーポレート・ガバナンス機能不全

　大和銀行は，1980 年代の末から積極的に海外展開を始めた。1988 年 3 月の国内店舗数は 195 拠点（169 支店 26 出張所）であった同行は，香港 9 拠点および米国 15 拠点（14 支店および 1 現地法人）合計 24 拠点にも及ぶ大規模な買収を行った[49]。このような同行の経営判断は，妥当なものであったのであろうか。これに関して，同行の海外戦略のコーポレート・ガバナンスを香港および米国での買収経緯などを手掛かりにして考察する。

　同行の香港拠点は，1988 年 4 月に米国ワシントン州シアトルに所在したレイニア銀行の香港法人を買収した拠点である。米国拠点は，1989 年 9 月に英国 4 大銀行のロイズ銀行の米国内拠点を買収した資産である。この買収経緯は，当時の安倍川頭取によれば，急に飛び込んできたとされる[50]。ロイズ銀行は，英国内に経営資源を集中させる戦略転換に伴い，米国拠点を手放すこととした。このロイズ銀行の米国撤退は，市場分析を踏まえて，米国のホールセール業務は利鞘が薄く変動も激しいことから，利鞘も高く収益も安定している英

国のリテール業務に集中する戦略的意思決定であつた[51]。したがって，大和銀行は，ロイズ銀行が戦略判断で撤退した拠点網を急遽買収したのである。その後，英国のリテール業務に経営資源を集中させたロイズ銀行は，1990年代における英国銀行の中での成功者となっている[52]。

　大和銀行は，アジア・オセアニア地域にリテール・バンキング，欧州は投資銀行，北米ではホールセールおよび信託という大胆な戦略を立て海外事業を急拡大させた[53]。大阪の中小企業を支援するために創業し，都市銀行の中で下位であった同行[54] の戦略は，妥当だったのであろうか。米国大手のバンク・オブ・アメリカや英国大手のロイズ銀行等は，自国市場に集中し，リテールに特化する戦略を取っていた。またゴールドマン・サックスやクレディスイスは，投資銀行業務へ特化している。グローバルにフルバンキング業務を展開することが可能な規模を要するのは，JPモルガン・チェースのみとの指摘があった[55]。大和銀行の経営者は，世界のリーダーであるJPモルガン・チェースと同様の戦略となることを果たして，どこまで理解していたのであろうか。同行の海外展開の末路は，営業免許剝奪による米国からの撤退であった。そして，1998年3月期には，「金融機能の早期健全化のための緊急措置に関する法律（早期健全化法）」により，公的資金4,000億円の資本注入を受けて国家の支援を受けた。さらに，2001年には香港からも完全撤退した。なお，米国拠点は，住友銀行に引取られたが国際業務の縮小方針により2000年までに全14支店が廃止された[56]。また，香港拠点は売却交渉が成立せず，健全資産のみを東亜銀行に承継を依頼して他の資産は処分せざるを得ない末路を辿った[57]。

　すなわち，大和銀行取締役会は，経営理念を踏まえて，このような海外展開が妥当な戦略なのか，持続的なビジネスモデルが構築できるのかを問うコーポレート・ガバナンスが求められていた。そして取締役会には，英米銀行の戦略や市場分析に基づいてビジネスモデル改革の妥当性を議論する社外取締役が求められていたのである。

(2)　ビジネスモデル改革のコーポレート・ガバナンス機能不全

　大和銀行事件は，海外事業を大きく展開するビジネスモデル改革に対するコーポレート・ガバナンスに問題があったことに起因する。大蔵省元銀行局長

は，海外業務を展開する上での経営陣に期待したコーポレート・ガバナンスが
果たされなかったと指摘している。同局長は，「海外業務で永年の知識と経験
を有する都市銀行であれば，現地当局への対応や法律的措置も当然責任もって
処理する認識であった[58]」と指摘する。ところが同行の経営陣は，責任を持っ
た処理を怠って事件を招いた。さらに元銀行局長は，「十分な経験を積むこと
なくバブル期に先を争って海外進出した邦銀の海外における力量を，われわれ
はもっと冷静に評価した上で行政として対応しなければならなかった[59]」と述
べている。また，2000 年 9 月 29 日の大阪地裁判決は，「米国で事業を展開し
ていたにもかかわらず，米国当局の監督を受けていること，ならびに米国の外
国銀行に対する法規制の峻厳さに対する正しい認識を欠いていた[60]」と断じ
た。さらに同判決は，「米国で銀行業を営む以上は米国の銀行に対する法規制
に尊う義務を負うものであり，銀行の経営者は自ら適切な経営判断を行う職責
を負っていたが，国内でのみ適用する非公式のローカル・ルールに固執し大蔵
省銀行局長の威信を頼りに銀行の危機を克服しようとした[61]」と判示した。つ
まり，同判決は，大和銀行の海外展開が相応のリスク管理体制を構築した上で
行われていたのか疑問を呈している。同行とは対象的に，現地の管理体制を強
化している銀行の事例がある。米国事業を展開する三菱 UFJ フィナンシャル・
グループは，社外取締役に米国人弁護士を加えて，さらに元駐日米国大使等外
国人が 5 名含まれた計 7 名のアドバイザーを設けている[62]。海外業務を展開す
る銀行は，現地当局対応や法律的措置も責任をもって処理する能力が当然求め
られる。大和銀行は，三菱 UFJ のような現地の専門性を有する社外取締役に
よるリスク管理体制を整備せずに，リスク管理能力や専門性を欠いた状態で海
外に大きく展開するという経営監視面のコーポレート・ガバナンスに問題が
あったと言える。

(3)　人的資源面のコーポレート・ガバナンス機能不全

　続いて，大和銀行の積極的海外展開に対する人的資源管理のコーポレート・
ガバナンスを考察する。1990 年 3 月に同行の頭取は，海外収益の倍増を目指
す積極方針を示した[63]。しかし，銀行業は，人材が重要な経営資源である。ゆ
えに，海外収益を倍増させる計画を実現させるためには，人材の確保が必要に

なる。同行は，国際業務のノウハウを有する人材の確保を検討した上で経営判断を行ったのであろうか。当時の常務取締役国際総合部長は，「国際部門を強化するには，人材確保が必要だ。五十人は増やしたいが，人事との交渉で三十人が精一杯だった[64]」と述べて，人材確保が厳しい実態を明かした。表2-2は，大和銀行の国内，海外の店舗数と職員の推移である。国内でも支店の拡大を進めているが，職員数は拡大するどころか減少している。当時の大和銀行は，国内店舗でも人材増強が求められ，併営する信託業務の専門職人材も求められる状況であった。したがって同行は，国際業務収益を倍増する計画を担う人材確保は困難であった。ここで，1964年から香港に進出していた三和銀行（現三菱UFJ銀行）の出店計画と比較すると大和銀行の積極姿勢の突出は明らかになる。進出から約30年を経た三和銀行の店舗数は6店で，今後3年の出店計画は数店舗であった。これに対して大和銀行は，9店舗を買収し，さらに「今後の業績次第では一年に一店程度のペースで新店舗を展開していきたい[65]」という積極方針であった。しかし，海外店舗を支える人材の確保は困難であった。すなわち，大和銀行の海外事業拡大戦略の判断は，新たなビジネスモデルに取組む能力という点で，人的資源という価値創造面のコーポレート・ガバナンスに課題があったのである。

　ところで，人的資源が不足する場合は，現地職員を育成して不足を補うことが求められる。ところが大和銀行の香港拠点は，現地職員の育成も困難な実態があった。当時の香港拠点の責任者は，現地職員の教育が困難であった状況を，「日本的な統制のとれた人事管理がなかなかなじまなかった。教育のやり直しに一年かかった。当然行員にも戸惑いはあったようだ[66]」と述べている。なお筆者は，1996年から2000年まで同行香港拠点に在籍した。現地職員の人材教育は困難であった例には，融資業務が挙げられる。融資業務の中で書類審査は，ある程度の教育が可能である。しかし実質面の審査に関する教育は，相当の期間を要し，マニュアル的な指導は困難である。中北（2007）も融資業務に必要な能力・知識は，教育して身に着けることも難しい課題である。財務分析中心の書面審査は表面的な知識であり，審査上の効果は乏しいと指摘している[67]。筆者の経験からも，現地職員は，財務分析の審査には力を入れるが，困難で時間を要する定性面の審査には関心を示さず，教育による人的資源の補完

表 2-2　大和銀行の店舗および職員数の推移

	1983 年	1984 年	1985 年	1986 年	1987 年	1988 年	1989 年	1990 年
国内店舗数	177	181	185	190	192	195	198	201
海外店舗数	16	17	20	21	21	22	31	49
職員数	10,171	9,958	9,617	9,337	9,101	8,865	8,688	8,942

出所：大和銀行 80 年史「職員数推移」p.361 および「店舗数推移」p.373 を基に筆者作成

は困難であった。以上のとおり，大和銀行は，人的資源が不足し，人材育成も困難な状況で海外拠点の積極展開を決定するようなコーポレート・ガバナンスに問題を抱えていたのである。

(4)　海外拠点のコーポレート・ガバナンス機能不全

　さらに大和銀行は，海外拠点の権限と責任というコーポレート・ガバナンスの基本にも問題があった。同行は，買収を主導した国際部門が拠点毎に統括部署となる米州業務部および香港業務部を設置し，その傘下で現地支店網を展開した。米州業務部と香港業務部という組織形態は，「大和銀行の特徴[68]」とされたが，筆者の経験からも，その傘下にある現地支店の権限や責任が曖昧な組織形態であったと考えられる。同行は，現地主導の経営を標榜しながら，現地経営の「お目付け役」を担う組織に，日本人派遣行員による米州企画室を設置したのである[69]。

　ところで海外事業展開の基本的な組織形態には，現地法人と支店がある。一般に，日本で確立されたビジネスモデルを展開して地理的商圏拡大を目指す場合は，支店の設置が選択される。他方，国内のビジネスモデルの展開が困難で，商習慣や法令を十分に調査した現地の判断や管理が重要となる場合は，現地法人を設立する。現地法人は，取締役会を設置し，本社は，現地法人に権限と責任を委譲する。ところが大和銀行は支店を選択しながら権限と責任を委譲した。しかしながら，権限と責任を委譲するのであれば，現地のコーポレート・ガバナンスを整備する必要があったのではなかろうか。つまり米州企画室には，「お目付け役」という補完的機能ではなく，現地法令や商慣習を主体的に調査する責任が求められていた。ところが，大和銀行の取締役および米州企

画室は，事件発生後の米国金融当局への報告義務等の法令を理解していなかっ
た。さらには不正の隠蔽や報告遅延という法令違反に厳しい社会であることも
理解していなかったのである。このように，大和銀行の現地拠点のコーポレー
ト・ガバナンスの問題が顕在化したのが，ニューヨーク支店で生じた巨額損失
事件であると言えよう。

　なお，当時のニューヨーク支店長は，米国当局への通報を怠った「重罪隠
匿」や虚偽報告の「共同謀議」など24の罪で起訴されて実刑判決を受け服役
した。米国の法令や商慣習の把握が困難なのであれば，現地法令や商慣習を理
解し，適切な経営が可能な米国人の取締役や社外取締役で構成されるコーポ
レート・ガバナンス体制が必要であった。

　大和銀行は，香港拠点でも現地職員のトップが経営者に業績報告するような
場はなく，日本から派遣された行員が行っていた。現地に経営を任せる姿勢を
示しながら，その責任や経営管理機構は曖昧であり，派遣行員がお目付役を担
うことから権限と責任がより一層曖昧になっていた。同行頭取は，香港拠点に
関して，「現地のスタッフを信頼して運営をまかせたことで合併一年半で資産
は倍，粗利益は50％増となっている[70]」とし，香港支店長は，「香港スタッフ
をフル活用しているので貸し出しリスクは少ない[71]」と述べた。まさに現地嘱
託行員を信用し，管理機能の欠如が巨額損失を招いたニューヨーク支店と同じ
構造である。

　したがって，大和銀行の取締役会が議論すべきは，米国の法令や銀行制度に
適合した経営管理体制のあり方であり，現地法令やビジネスリスクに対処でき
る管理体制，現地の取締役会等責任ある経営管理体制をどのように構築してい
くべきかという点であったのである。

⑸　リスク管理面のコーポレート・ガバナンス機能不全

　銀行業は，リスク管理体制を構築・運用することで収益を生み出すビジネス
モデルである。岩原（2000）は，大和銀行の不正行為が長く発覚しなかったの
はなぜなのかという疑問を示した上で，「リスク管理の体制に根本的な問題が
あった[72]」と指摘している。岩原の疑問と指摘に対して，海外拠点のリスク管
理の実務に従事した経験から，同行は海外拠点のリスク管理に根本的な問題が

あったと言える。筆者は，事件後に海外拠点の審査体制を強化するために香港拠点に派遣された。同行のリスク管理体制は現地企業に対する与信審査体制面でも問題があり，事実，香港拠点着任後に不正融資を発見した[73]。現地の与信審査が適切に機能していなかったのである。同行は，香港業務部という同一部内で営業推進とリスク管理の両面を担っていた。現地企業への与信案件は，香港業務部傘下の香港人所長が申請し，香港業務部内の審査室が審査する。しかしながら，同部は現地の営業推進も担っていたのである。このような牽制機能に圧力が生じ易い組織体制は，1997年11月に破綻した北海道拓殖銀行と同様の問題である。同行は，「総合開発部」の中に業務推進グループと少数の審査グループを配置し，審査機能を軽視して経営破綻に至ったのである[74]。

　また，大和銀行香港拠点の取引先は，中国本土で生産し米国へ輸出するビジネスが中心であったが，決算書も十分に作成していない零細企業も多くあった。同行は，大手銀行から与信が受けられない零細企業に対し，米国大手百貨店等からの注文書を頼りに与信供与する輸出先信用に依存するビジネスであった。前述のとおり，香港支店長は貸し出しリスクは少ないと述べたが，このようなビジネスモデルの実態を理解し，リスクを適切にコントロールするコーポレート・ガバナンスが求められていた。

　銀行経営の核心は，自己負担能力の範囲内でリスクを適切に評価・管理してリターンを得ることとされる[75]。しかし，同行の海外展開は，自己負担能力を超えてリスクを膨張させ，そのリスク管理ができなかったと言わざるを得ない。

　なお，大和銀行は，事件後にようやく中堅・中小企業を支援していくことを経営の基本精神と明記した[76]。同行には，理念からの逸脱を指摘し，適正なリスクとリターンからビジネス・モデルを守る役割を担う社外取締役が必要とされていたのである。

3　取締役責任追及の限界とコーポレート・ガバナンスの意義

(1)　株主代表訴訟による損失回収の限界

　大和銀行は，ニューヨーク支店巨額損失事件によって約1,550億円という巨

額の損失を被った。これに対して株主は，取締役の責任を追及する代表訴訟を提起し，第1審大阪地裁で約829億円に上る巨額の損害賠償責任が認められた。これにより，銀行の損失の多くの回収が期待された。ところが，第2審の途中で旧経営陣計49名が連帯して2億5000万円を弁済することで和解した[77]。少額で和解されたことで，同行は約1,547億5千万円の損失処理に至ったのである。この巨額な損失額は株主の負担となった。

　すなわち，この大和銀行事件は，株主代表訴訟制度の限界を明らかにしたのである。前述の証券会社の損失補填事件に対する代表訴訟事件判決を受けても，取締役の責任追及機能の問題が提起されている[78]。

　このような，株主代表訴訟に限界がある理由は，裁判所が取締役の経営判断を尊重する経営判断原則の存在による。経営判断原則は，裁判所が取締役による経営判断に広範な裁量を認める原則である。裁判所は，取締役の判断が誠実性や合理性が一定程度認められる場合には事後的にその判断に介入して取締役の責任を問うべきではないという考え方を基本とする[79]。このような裁判所の経営判断の尊重は，経営には冒険的な企業家精神が求められ，この冒険心を萎縮させる事後的評価は株主の利益にならないことが背景にある[80]。

(2)　取締役に対する法的責任追及の限界

　取締役は，会社法に違反して会社に損害を与えた場合に，会社に対する損害賠償義務を負う。この取締役の賠償義務は，会社法330条および民法644条に基づく善管注意義務を基礎とする[81]。

　具体的に取締役の責任を問う訴訟で裁判所は，前述の経営判断原則を考慮して判断してきた。たとえば，2004年9月28日のそごう事件東京地裁判決は，取締役の責任の判断にあたり，「当該行為をすることが著しく不合理と評価されるか否かによるべきである[82]」と示し，著しく不合理と評価されるか否かを善管注意義務違反の判断基準とした。さらに，2010年7月25日のアパマンショップ事件最高裁判決は，取締役がこの善管注意義務に違反しないとするためには，第1に経営上の専門的判断に委ねられた事項であること，第2に意思決定の過程に著しい不合理がないこと，第3に意思決定の内容に著しい不合理がないことの3点を示した[83]。

すなわち最高裁は，取締役が善管注意義務に違反していないとする経営判断原則が適用されるためには，意思決定の過程と内容の両方に著しく不合理がないことという判断基準を示した。最高裁判決が示した基準は，つまり「著しく不合理がない」というものであり，株主代表訴訟によって取締役の責任を追及する原告側は，著しく不合理があったとの立証の壁を越えなければならないのである[84]。

　筆者は，このような株主代表訴訟における原告側に課された壁を踏まえれば，株主には会社を中長期的に発展させていくためのコーポレート・ガバナンスの方がより重要であると考える。基本的に株主代表訴訟の性質は，株主と受託者である取締役の係争に関して，裁判所に取締役の責任の事後的判断を委ねる訴訟である。これに対して，裁判所は，明らかに取締役の善管注意義務違反が認められる場合には責任を認定し，そうでない場合には，当事者での解決を要請しているのである。

　そもそも米国の裁判所が経営判断原則を尊重する根拠は，第1に株主総会の尊重である。株主は，株主総会の多数決によって経営能力があると認めた者を取締役に選任し経営を委任している。したがって取締役の判断に誤りがあるときは，株主総会の決議によって解任し，再任を否決すべきという考え方である。第2に経営判断は高度な専門能力を必要とすることである。経営の素人たる裁判官は，経営上の判断を事後的に論じることは不適格である[85]。このような理由から，米国では，株主代表訴訟による解決を期待する声は少なく，その関心は減少傾向にある[86]。

(3)　責任追及からコーポレートガバナンスの役割

　前述のとおり，事後的に取締役の法的責任を追及しても限界があることが明らかになった。そもそも裁判所は，経営の内部に立ち入る立場にないからである。

　したがって株主は，事件後にこのような司法機関に取締役の責任追及を頼るのではなく，所有権者たる地位に基づいて，未然に適切なコーポレート・ガバナンスの構築が求められる。そのため株主は，取締役選任を安易に承認しながら，その行為を事後的に責任追及するよりも，その人物が十分な資質を備えて

いるか，選任時に十分な検討を行うことが求められる。

　このような株主のあるべき役割を捉えた場合，大和銀行事件は，米国事業を拡大した取締役を株主が選任したことにはじまる。つまり，大和銀行の株主は，地域のための銀行が，米国で大規模な買収をして，事業を拡大しようとしていることを注視する必要があった。その上で株主は，地域で活動してきた銀行の取締役が，言語，法律，商習慣，現地当局との折衝ならびに現地役職員とのコミュニケーション[87]も含めて，適切な経営を行うことが可能かを問う必要があった。また株主には，米国の法令や金融ビジネスに精通した専門性を有する取締役の選任など，米国の地での銀行経営を適切にコントロールするコーポレート・ガバナンスの構築が必要であった。このような役割を怠ったことで，株主は，多額の損失を被った。事後的に取締役の責任を追及しても，回収できたのは，わずか2億5000万円であった。

　このような構造を踏まえて，米国の株主の視点は，株主代表訴訟による取締役の責任追及から社外取締役を中心としたコーポレート・ガバナンスにシフトしている[88]。したがってわが国も，株主が主体的に適切な社外取締役を選任することでのコーポレート・ガバナンス機能の構築が求められているのである。

第3節　株式会社機関と社外取締役制度の発展過程

1　株式会社制度とコーポレート・ガバナンス

⑴　株式会社と会社法の成立ち

　わが国の株式会社制度は，明治維新後に欧米の制度を取り入れながらも独自の発展を遂げてきた。明治政府は，1871年10月（明治4年9月）に大蔵省官版で渋沢栄一の「立会略則」および福地源一郎の「会社弁」を各都道府県に配布して株式会社制度を紹介した。この「立会略則」は渋沢栄一が欧州で見聞した会社事情を基に，一方で「会社弁」は福地源一郎がF.ボーウェン（1870）[89]を訳出した内容を基礎とする。わが国は，これらを参考に明治政府の許可を得て設立した会社（東京海上保険，日本郵船等）が出現したが[90]，その後の1872

年 12 月（明治 5 年 11 月）の国立銀行条例により 1873 年（明治 6 年）7 月 20 日に第一銀行が設立されて最初の株式会社となった[91]。

　わが国の株式会社に関する法律は，1878 年に外務省顧問に招かれたドイツ人 H. ロエスレルが 1881 年から 1887 年にかけて作成した商法草案にはじまる。商法典起草の目的は，第 1 に日本の商工業に確実かつ完全な法的基礎を与えること，第 2 に日本国民の商工業活動に世界の商業諸国と同じ歩調をもたらすことである[92]。H. ロエスレルは，1808 年 1 月 1 日から施行されたフランス商法典を模範とし，1861 年のドイツ普通商法典旧商法等を母体としながら諸国の商事立法を概観して創案した[93]。このように，彼は，ドイツ法をそのままわが国に適用するのではなく，わが国の商慣習に照らして起草した。その後，1890 年に商法草案が制定されて（明治 23 年法律第 32 号），1893 年 7 月 1 日にその一部[94]が施行され，わが国商法（旧商法）のはじまりとなった。しかし H. ロエスレルの旧商法はわが国の商慣習に馴染まないという批判が起こり，新たに梅謙次郎，岡野敬次郎，田部芳の 3 氏を起草委員に 1899 年に新商法が制定された（明治 32 年法律第 48 号）。以後，わが国では，度重なる商法改正を経て，2015 年には商法第 2 編会社の設立・解散・運営・資金調達・管理などの定め，および商法特例法，監査特例法が会社法典に統合，再編されて，現在の会社法（平成 17 年 7 月 26 日法律第 86 号）に至っている。

　株式会社法は，経済の発展に伴い法技術的に手当され続けていく性格を有する。そのため，商法および会社法の改正が重ねられてきた。会社法は，株式会社を中心とした経済発展を支え，資本主義の近代化に合わせて発展を遂げていく法である。したがって，コーポレート・ガバナンスとは，事業活動および経済の発展を法制度から支えることを目的にしなければならない。わが国の議論は，不祥事を端緒に法改正が主張されることが多い。しかし，本来は，経済の発展に伴う法手当という側面でコーポレート・ガバナンスの議論が求められているのである。

(2)　株式会社の病理的現象とコーポレート・ガバナンス

　現代の会社法分野でのコーポレート・ガバナンス論は，不祥事防止を中心に議論される。これは，株式会社が病理的現象を生み易い存在だからである。こ

の病理的現象は，所有と経営の分離および有限責任の結果となって生じる。病理的現象の症状を具体的に示せば，1）会社財産の悪化が債権者を害する，2）株主と経営者の利害が一致しないことから株主利益を犠牲にして経営者が利益を追求する，3）一時の利益のために会社や債権者の利益を害する，4）経営に無関心な株主を害する経営者が現れる，5）投資家の投機心の助長等が挙げられる[95]。

　一方で株式会社制度は，利点が多いことから発展してきた制度である。株主の利点は，第1に経営に参加せずに利益を享受することができる，第2に株主は有限責任である，第3に自由譲渡性により容易に譲渡することができる，第4にこれらにより少ない危険負担で投資機会が得られることである。このように企業家が，少ない危険で投資機会を得たい株主から資本を集めて事業を拡大することを可能にする制度である。

　株式会社を律する法の使命は，利点を助け，病理的現象を防止することにある。鈴木（1994）は，その防止策が，1）強行法規制，2）投資家保護，3）罰則の強化，4）集団処理の法規であると述べる[96]。また，鈴木竹雄を承継し会社法学を牽引する神田秀樹は，株式会社の特質に応じた特色ある規制があり，1）開示制度，2）ガバナンス規制，3）会社債権者保護規制，4）集団的処理，5）民事責任，6）罰則，7）裁判所の後見的関与を示した。つまり，1）の開示制度および2）のガバナンス規制を加えている[97]。このように，近代の会社法学分野における株式会社の病理的現象を規制するアプローチの特徴は，投資家への開示制度やコーポレート・ガバナンス等が重視されていることである。

　また株式会社は，株主，企業家および社会が目的を異にしながら，共に利益を享受することが可能な社会システムである。各当事者は，その目的が異なることから，株式会社は利益が享受される限り継続されるシステムとなる。したがって，利益が同時に享受されるシステムの継続性担保の仕組みが鍵になる。つまり今日のコーポレート・ガバナンス議論の本質は，株式会社システムの継続を担保する仕組みに見直しが求められていることにあり，その具体策に，社外取締役の強化が位置づけられるのである。

2　株式会社の機関設計とコーポレート・ガバナンス

(1)　ロエスレルが目指した三権分立思想からの監査役制度

　わが国は，古くから監査役制度の発展に力を注いできた。その監査役制度は，商法草案を起草したH.ロエスレルが，株主総会および取締役と並立した機関と位置づけて設置したことに始まる[98]。このH.ロエスレルによる株主総会，取締役会および監査役の三つの機関の並立は，近代的自由主義国家における統治機構の原型である三権分立思想を基礎とする[99]。

　なお，H.ロエスレルが策定した草案は，定款の定めまたは有益と認めるときは，株主より3名ないし5名[100]の監査役を選任することができるとした。また，監査役会の構成員は，取締役に対して，「必ず監査役全員で対応すること」とした。このようにH.ロエスレルは，今日の課題を100年以上も前に見通して，監査役の権限を強化するために複数名を設置することを意図していた。ところが，1899年の新商法は，複数名による監査役の権限強化という意図が失われて，1名以上とする規定に変更されてしまった。これにより，監査役の立場は弱くなり，その後に監査役の権限を強化する改正の繰り返しに陥ったのである。

　ところで，わが国では，前述のとおり三権分立型の並列機関が構想された。これは，ドイツ法の監督者が業務執行者よりも上位に立つヒエラルキーが，儒教的なわが国には適合し難いと考えられたからである。一方で，米国型の合議体で相互に牽制しあう取締役会制度も，わが国では機能し難いと考えられた。倉沢（1996）は，H.ロエスレルのこのような洞察力に基づいて，わが国の三権分立思想が基礎付けられたと評価している[101]。

(2)　三権分立の実態とコーポレート・ガバナンス

　わが国の株式会社の機関設計は，三権分立思想を基礎とすることになった。ところが，その実態はH.ロエスレルの理想から乖離していると評される。たとえば前田（1985）は，取締役や監査役と対比して，株主総会に高い地位が認められることから，三権分立は比喩的な説明に過ぎないとする[102]。また鈴木（1994）は，三権分立という法が想定した統治構造は，効果を上げられていな

いとする。その理由は，株主総会の形骸化である。株主は経済的利益を求める
だけで，議決権行使には関心がなく，株主総会は形骸化していることであ
る[103]。さらに竹内（1983）は，法が規定した統治機構は，実態と全くかけ離れ
た虚構と批判する。経営者は，委任状および書面での議決権行使により株主総
会の決議を左右できることから，取締役の選任は取締役会が候補者を決めた段
階で事実上決定し，その取締役会を経営者が支配している実態を問題視してい
る[104]。このように，三権分立思想は，権力の「独立性」と「均衡性」の確保が
重要となる。したがって，社外取締役制度の導入および強化の議論は，三権分
立の構造から捉える必要がある。その上で，取締役会制度を検証し，改正を繰
り返す監査役機能のどこに問題があり，社外取締役によりその問題の改善が可
能なのかという観点から検討することとする。

3　わが国の取締役会制度導入に伴う課題

(1)　取締役会制度の導入過程

　取締役会制度の検証にあたり，まずは，わが国で取締役会制度は，どのよう
に導入されたのか。一般に，取締役会制度は，米国から導入を求められたと理
解されているが，その実態はどのような経緯であったのであろうか。
　わが国は，1950年成立の改正商法（昭和25年5月10日成立）によって取
締役制度を導入した。この法改正は，コーウイン・D・エドワーズを団長とす
る「日本の財閥に関する調査団」が日本緒財閥の実態と法律制度を調査して
1946年に米国国務省に提出した報告書（Report of the Mission on Japanese
Combines[105]）が起点となっている。この報告書を基にして，「連合国軍最高司
令官総司令部（General Headquarters, the Supreme Commander for Allied
Power:GHQ）経済社会局反トラスト課」は，わが国では株主の権利が弱かっ
たことが財閥の形成を招いた点を問題視した。すなわち，米国から要請された
法改正の要旨は，株主地位を強化することであった[106]。したがって，一般に，
まことしやかに言われているような，米国から取締役会制度を導入するよう要
請されたものものではなかったのである[107]。
　その後，1949年8月に「商法の一部を改正する法律案要綱」が発表された。

その内容は，授権資本と無額面株式制度の採用，株主地位の強化および外国会社の規制であった。続いて，1949年12月に修正案が答申され，国会に法案が提出された。修正案の内容は，第1に，株主地位の強化を目指した米国法の継受である。これは，日本の事情を考慮して漸進的にするとした。第2に，要綱を体系的に整備した結果として[108]，取締役会制度を採用することとした。これに関連し，株主総会の権限を縮小し，監査役を廃止して会計監査役を設置するという会社の機関を全面的に変更することにした。この修正案に基づく1950年商法改正によって，わが国の制度に取締役会制度が加わったのである。

　以上の経緯から分かるように，取締役会という制度を積極的に導入する意図はなく，また，わが国の実務慣行を踏まえた上で導入されたものではない。このことから，取締役会制度は，本質を理解した定着が当初から困難であったと言えよう。これに関して松本（1950）は，法改正は必要に基づいてなされるべきだが，今回の改正には必要を超越した改正点が多く，改正にあたっての研究が不足している，と批判している[109]。

　すなわち，わが国に導入された取締役会制度は，導入当初から制度に関する研究が不足し，それが今日までも続いているのである。このような導入当初の問題が，今日のコーポレート・ガバナンスの本質的理解の課題に繋がっているのであろう。

(2)　取締役会制度の理解と課題

　前述のとおり，わが国の取締役会制度は，制度導入の目的や意義の理解が大きな課題となっていた。その結果，具体的に，以下のような問題が生じていた。

　第1に，取締役会は，議論して意思決定する場であることの認識不足である。制度導入の当初，取締役には地方の工場長や拠点長も多いことから本社で会議を開くことは困難という意見もあった。また産業界では，会議を開催せず，持ち回り決議が認められるという風潮もあったとされる[110]。さらに，わが国は議論を尽くすという習慣や文化がない中で，制度のみを導入したことである。米国の判例法は，取締役会での十分な討議を求めており，書面決議では有効な決議とは言えないと判示している[111]。そして，取締役会議事録は，「完全

で最良の証拠[112]」と言われる。一方，わが国の取締役会は，議論を尽くす場ではなく議案承認の場になっていることがコーポレート・ガバナンスの大きな課題として続いている。

第2に，取締役会は，常設の機関であることの認識不足である。法令や定款の定めから，取締役会だけは遠方から出席する，という形式的対応では効果を生まないことは明らかである。米国取締役会「Board of Directors」の「Board」は，会議室ではなく常に経営にあたる機関であることを理解する必要がある。常設の機関だからこそ，問題が生じた場合は，速やかに招集し対処が求められる。たとえば，大和銀行は，事件発生後に取締役会を緊急で開催することがなかった。つまり，取締役会は常設の機関であるという認識が不足していた。

第3に，取締役会は最善の知恵を結集する場であることの認識不足である。大隅（1950）は，いち早く，取締役会制度の本質を捉えている。取締役会制度の本来の趣旨は，「協議と各人の意見の交換から生じるとする前提の下に，各取締役の叡智と知恵と事業上の予測の結集を図ろうとすることにある[113]」と説明している。すなわち，取締役全員の議論の末に，ようやく採決がある。ゆえに，取締役会制度とは，構成員の知恵に基づく十分な議論が求められる制度なのである。

第4に，取締役会は意思を創出する場であることの認識不足である。南隅（1980）は，「決議は構成員個々の意思を超えた，当該機関の総合的，統一的な単一意思を決定する法技術的様式であり，それによって決定されるものは『意思』に他ならない[114]」とする。すなわち，取締役会の意義および使命は，採決に票を投じるだけでなく，また，自身の意見を述べるだけでもなく，取締役が意見を戦わせて議論を深めることで，組織全体の意思に昇華させていくことなのである。

このように，コーポレート・ガバナンス改革の本質を捉えた場合，そこには，まずは取締役会の本来の機能を最大化することが重要となる。これは，ビジネスモデル改革においても同様である。すなわち，取締役会の本質的な機能とその構成員たる社外取締役の役割が重要になるのである。

⑶　1960 年代粉飾決算に対する監査役制度復活

　1950 年商法改正により，監査役の監査制度は廃止されて，取締役が業務監査を行うことになった[115]。

　ところが，その後の 1960 年代に，サンウェーブ工業や山陽特殊製鋼等の粉飾決算事件が相次いで発生した。山陽特殊製鋼の戦後最大の大型倒産事件[116]は，粉飾決算が原因であった[117]ことから，社会に大きな影響を与えた。これにより，再び，監査役制度の復活を求める議論が起こった。まず大蔵省（現金融監督庁）は，「粉飾経理を一掃して企業財務の適正な公開を図る[118]」ことを目的とし，1965 年 9 月から 1970 年 2 月まで有価証券報告書の重点審査を実施した。その結果，多数の会社で有価証券報告書に粉飾がある事実が判明した。具体的には調査した 140 社のうち，89 社が粉飾経理を行っていることが明らかになったのである。これに対して大蔵省は，表 2-3 のとおり対象を広げた審査を経て，粉飾経理が判明した 169 社に対して訂正命令等の処分を下した[119]。このような事実を踏まえて，監査機能を強化する法改正の議論が本格化し，1974 年商法改正（昭和 49 年法律 22 号）により業務監査機関として監査役制度が復活することになった。

　監査役制度は，その後も法改正が重ねられた[120]。1993 年商法改正（平成 5 年法律第 63 号）では，監査役の任期を 2 年から 3 年に延長し，大会社に監査役会を設置し社外監査役を 1 名以上選任することを定めた。また 2001 年商法改正（平成 13 年法律第 149 号）で監査役の任期を 3 年から 4 年に延長した。しかしながら，このような法改正の努力にもかかわらず，監査役制度の形骸化を問題視にする議論が続いたのである。

表 2-3　大蔵省の有価証券報告書重点審査会社および粉飾経理会社数の推移

（単位：社数）

	1966 年	1967 年	1968 年	1969 年	1970 年	1971 年	6 年間計
審査会社数	127	2	76	194（注）	614	172	1,185
粉飾経理会社数	52	2	32	23	48	12	169

注：1969 年から非上場会社も対象にした審査が及んだことで 1969 年から審査会社数が急増した。
出所：大蔵省証券局年報編集委員会（1972）『第 10 回 大蔵省証券局年報 昭和 47 年版』金融財政事情研究会 P.274 を基に筆者作成

4　社外取締役制度導入過程と期待

⑴　監査役制度改定から社外取締役制度導入への変化

　わが国は，古くから不祥事が発生する都度，監査役制度を強化する法改正を重ねてきた。ところが，近年は，監査役の強化ではなく，社外取締役を導入する議論に転化した。これには，どのような理由や経緯があったのであろうか。

　社外取締役導入議論への転機は，改正を重ねてきたものの，そもそも監査役制度自体が根本的な問題を抱えているのではないかという議論が生じたことである。根本的な問題とは，監査役の権限が弱いことである。それは，監査役には取締役会での議決権を認めていないことから生じている。これを踏まえて，わが国の改革は，監査役に議決権を付与するのではなく，議決権を有する社外取締役に牽制機能を期待する方向に転換することになった。

　監査役機能という点に法学者を中心として議論が集中し，法制度改革が繰り返されてきたが，1990 年代からわが国では成長戦略の萌芽が生まれた。その成長戦略による産業競争力強化という議論の中で，2000 年代に入り，その萌芽が実り出した。そして，成長戦略の幹として，政府主導による社外取締役の設置議論が促進されることになったのである。

⑵　成長戦略におけるコーポレート・ガバナンスと社外取締役

　前述の成長戦略から生まれたわが国のコーポレート・ガバナンス議論は，1990 年に収益力低下を受けた産業政策から始まった。これは，通商産業省（現経済産業省）が政策を主導し，米国在日商工会議所と連携し，政治主導の成長戦略の一部となって展開された議論である。また，政府主導の成長戦略から生まれたわが国のコーポレート・ガバナンス改革は，社外取締役設置を柱とすることに特徴がある。

　その経緯として，まず通商産業省は，1993 年に産業構造審議会総合部会基本問題小委員会を立ち上げて，1998 年の中間的取りまとめにてコーポレート・ガバナンスに課題があると提起した。具体的には，「創造性・革新性の発揮を通じた生産性向上の実現という観点から，金融・資本市場の変化の中で経営の

健全性を確保するためのコーポレート・ガバナンスの仕組みは変化を迫られている[121]」と提言した。

　その後に経済産業省の開示課という部門でもコーポレート・ガバナンス改革を推進した。同部門の主導により，2014年に「持続的成長への競争とインセンティブ〜企業と投資家の望ましい関係構築〜」プロジェクト（伊藤レポート）という文書が公表された。これに続いて，2015年には，持続的成長に向けた企業と投資家の対話促進研究会から報告書が公表された[122]。

　このように経済産業省主導の各文書が矢継ぎ早に発せられたように思われるが，その背景には，経済理論の研究分野から，理論的根拠が準備されていた。経済の低迷および収益力低下にはコーポレート・ガバナンスの問題があるという議論の理論的根拠は，経済分析から論述した主張[123]や成長戦略タスクフォース・プロジェクトからの報告書[124]である。この報告書は，金利引下げで設備投資を拡大させ，生産性を向上し，これにより期待収益が高まるという経済回復策を示した。つまり，設備投資の拡大が回復の基点になると主張している。このような経済産業省主導の理論が，その後に策定されたコーポレートガバナンス・コードにおいて，迅速・果断な意思決定を重視する記述に繋がっているのである[125]。

　さらに，わが国のコーポレート・ガバナンスの牽引者には自由民主党の塩崎恭久議員が挙げられる。同議員は，自由民主党「商法小委員会」と「企業会計に関する小委員会」の委員長を兼務してコーポレート・ガバナンス，会計監査，資本市場の強化に関する議論を取りまとめた。これらの議論は，社外取締役や社外監査役の要件の厳格化にも踏み込んだ。2010年5月14日に成長戦略特命委員会は，「自由民主党 成長戦略『日本フェニックス戦略』―決断と実行の3年間―（中間報告）」および「自由民主党 成長戦略 成長のための24の個別政策プラン」を公表した。この政策プランの中で，「会社のガバナンスを『世界標準』に（「独立社外取締役」の設置義務づけ，外国人・女性の取締役の拡大等)[126]」という具体策が提示されたことで，わが国のコーポレート・ガバナンスが社外取締役の強化を中心とする方向に転換された。これに関して同議員は，なぜ政治がコーポレート・ガバナンスを主導するのか，その理由を明らかにしている。マーケットの自浄作用が機能しないのであれば，規則によって

中長期的企業価値向上を目的とする法的義務化もやむを得ないという考え方は，オリンパス事件で社外取締役が機能しなかったことにあるとしている[127]。同事件は，英国人社長が不正を発見したことで解任され，これが海外メディアでも大きく報じられたものである。同議員は，わが国のコーポレート・ガバナンスの問題が諸外国から問われていることに政治主導で対処し，その柱に，社外取締役を強化する方針を示したのである。このような経緯を経て，第2次安倍内閣は，2013年6月14日に「日本再興戦略 –JAPAN is BACK–」を閣議決定し，コーポレート・ガバナンス改革と社外取締役の強化を主導することになったのである。

(3)　社外取締役設置の義務化に関する論議

　そもそも社外取締役とは，いつ定義されたのか。わが国の法律では，2001年6月29日成立の改正商法（平成13年法律第79号）にて，商法第266条第16項の社外取締役の会社に対する損害賠償責任を限定する規定の中で定義された。なお，この法改正は，自由民主党主導の議員立法にて成立した法律である。その後の2002年5月29日成立の改正商法（平成14年法律第44号）は，株式会社の監査等に関する商法の特例に関する法律（平成18年5月1日廃止以下「商法特例法」という）上の大会社等[128]を対象に委員会の設置を認めた。そして，商法特例法第21条の7は，取締役3名以上で構成される監査委員会，指名委員会および報酬委員会の構成委員の過半数を社外取締役で構成しなければならないとした。つまり，この委員会組織にて，社外取締役が過半数になる組織形態がわが国で生まれた。ところが委員会制度が生まれたものの，監査役設置会社との選択を認めたことから，委員会設置を選択して社外取締役を選任する動きは実態的に進まなかったのである。

　その後，2009年12月に東京証券取引所の上場規則によって社外取締役の導入が促進された。同規則は，1名以上の社外取締役または社外監査役を選任することを求めた。さらに，2012年には，社外取締役に限定して，1名以上の選任をするか，選任しない場合は理由の開示を求めた。さらに，会社法でも社外取締役導入の議論が活発化した。2014年6月20日成立の改正会社法（平成26年法律第90号）に先立つ法制審議会[129]会社法制部会（諮問がなされた当時

は民主党政権）では，社外取締役の設置を義務化かするか否かに関して，激し
い議論が戦わされた。社外取締役の義務化を主張する委員（会社法学者である
上村達男委員）の意見に対して，産業界代表の委員[130]が義務化に反対し白熱
した議論が展開された。結果的に最終答申案では義務化は見送られ，社外取締
役を 1 名以上選任していない株式会社を対象に，「社外取締役をおくことが相
当でない理由」を株主総会で説明し（会社法 327 条の 2），開示することが義
務づけられたのである（会社法施行規則 124 条第 2 項）。

⑷　社外取締役設置義務化への賛否

　白熱した議論が展開された主張の根拠はどこにあるのか。反対論者の主張
は，義務化されて形式的に社外取締役を置くのみでは効果がないとする。たと
えば，大杉（2011）は，社外取締役がもたらす価値は会社毎に異なり，望まし
い社外取締役の導入比率も異なるので義務化はなじまないと主張した[131]。ま
た，法律で義務化する是非や，法案を策定する政府の能力の面からも反対論が
あった。たとえば，江頭（2014）は，規制を強化しても無意味であり，法律を
変えれば良いと考えるのは短絡的思考と主張した[132]。田中（2016）は，政府主
導のルール設計が機能するためには環境変化に応じたルール調整能力が必要だ
が，政府にそのような能力があるのか疑問を呈した[133]。

　さらに，反対論者は，自主的な経営に任せるべきという会社経営の自律性の
維持から主張した。田中（2016）は，会社運営に最も通暁しているのは経営陣
であるから，経営陣に任せて国が乗り出す必要はないと述べた[134]。なお，千草
（2003）は，元最高裁判所判事の経験を踏まえた見地から，経営に参画したこ
とのない者には制度と経営の関わりが見えないとし，社外取締役を設置するこ
とで経営が良くなるのかは疑問という見解をかねて示していた[135]。このよう
に，義務化の反対論者は，法律で義務化する手段そのものに，そもそも問題が
あると主張している。

　一方で，賛成論者は，法律での義務化という手段の是非ではなく，社外取締
役の効果に着目して賛成している。つまり，社外取締役の促進は有益という主
張である。たとえば，大杉（2011）は，法律で義務化することには反対だが，
社外取締役が有用であることに疑いはないと述べている[136]。同様に，神作

（2012）は，将来を見据えて会社法が社外取締役の活用を促進することは有益と主張している[137]。

　このように，2014年6月20日成立の改正会社法に先立つ法制審議会会社法制部会の場では，賛否両論から激しい議論が展開されていたのである。

　ところが，時を経て，自由民主党政権移行後の2019年12月4日成立改正会社法では，大きな議論を呼ぶことなく第327条の2で社外取締役を置かなければならないとする改正案（令和元年法律第70号）が速やかに可決した。そして，同条項の改正が2021年3月1日に施行されて，公開会社かつ大会社である監査役会設置会社であって有価証券報告書[138]の提出会社は，社外取締役を置くことが義務づけられたのである。

　この大きな変化は，どのように捉えたらよいのであろうか。この変化の本質は，法務大臣の答弁から読み取ることができる。法務大臣は，従来の議論の論点とは大きく異なって，わが国の市場全体の信頼性の向上に目を向けている。つまり，わが国の市場に投資を呼び込むために，市場を構成する株式会社には，社外取締役によるコーポレート・ガバナンス機能が法制度で保証されているメッセージを投資家に発信すること自体に大きな意義があると答弁した[139]。すなわち，投資家がわが国の市場システムを信頼するような役割が，社外取締役に対する政府の期待であった。

　以上を踏まえて，社外取締役に関する研究は，これまでのような設置の是非を議論する段階から，コーポレート・ガバナンスを担う重要な機能として，その役割を議論する段階に入ったのである。

5　社外監査役と社外取締役の機能比較

　今日，監査役に代わって社外取締役が牽制機能を担うことを期待する方向にある。しかし，監査役が果たせなかった機能を，社外取締役が果たすことができるのであろうか。

　社外監査役と社外取締役の比較を表2-4に示した。これを検討してみよう。両者の最大の相違は，議決権の有無である。すなわち，社外監査役は取締役会の議決権を有しないが，社外取締役は議決権を有して行使できるのである。社

表 2-4　社外監査役と社外取締役の機能比較

	社外監査役	社外取締役
1. 社外取締役への期待論		
意思決定への議決権	無し	有り
意思決定への影響力	無し（注1）	反対票で意思決定に影響
2. 社外取締役の問題点		
監査スタッフ	有する	有しない
連携	常勤監査役と連携	なし
任期	4年	1年
求められる知見	会計監査分野 （監査・会計・財務等）	経営・事業に関する専門性
情報収集	容易（監査資料等）	難（取締役会資料が主）
選任議案の実態的流れ	実質代表取締役が上程（注2）	実質代表取締役が上程（注3）

注1：社外監査役の意思決定会社法385条1項にて違法行為差止請求権は用意されている。
注2：社外監査役の選任議案は，会社法343条1項・3項で監査役会の同意は義務づけられている。
注3：指名委員会設置会社では，指名委員会が取締役候補者の選任議案を策定する。
出所：筆者作成

外監査役は，審議の過程での問題点等の指摘に留まり，取締役会決議に直接的な影響は与えることができなかった。ゆえに，監査役が問題点を指摘しても，経営に対する第三者の横車と感じる風潮もあったとされる[140]。社外監査役のこのような問題に対して，社外取締役は，明確に反対票を投じることで，取締役会決議を左右することが可能になる。

　一方で，社外監査役にも利点がある。常勤監査役等と連携できたり，監査役会は専属スタッフも有するから社内の情報収集機能に優れることである。他方，社外取締役は，基本的に独立した立場であり，専属スタッフも有しないことから情報収集が難しいという難点がある。このように，情報収集に課題を抱えた社外取締役は，取締役会で提示された情報を基に取締役会決議に参加して意思決定に影響を与えるためには，より高度な専門性が必要になる。また監査役は主に会計監査分野に関する知見が必要だが，社外取締役には，事業内容を踏まえて事業に関する専門性が求められることになる。

　さらに，任期に関しては，監査役は4年の任期が確保されているが，社外取

締役の任期は１年である。したがって，社外取締役は１年の短期間で社外取締役に求められる役割を果たせることを示す必要がある。そのために，やはり，社外取締役には，経営や事業に関して専門性を有して的確な意見を呈し，取締役会をリードしていく専門性が求められているのである。

第４節　成長戦略のコーポレート・ガバナンス改革と社外取締役

1　成長戦略に基づくコーポレート・ガバナンス改革の概要

　わが国のコーポレート・ガバナンス改革は，政府主導の成長戦略[141]の一環と位置づけられる。この政府の成長戦略は，2012 年 12 月 26 日の第２次安倍晋三内閣発足後の 2013 年 6 月 14 日に閣議決定された「日本再興戦略 -JAPAN is BACK-」からはじまった。第２次安倍内閣の主眼は，コーポレートガバナンス・コードというソフトローの手段を利用してコーポレート・ガバナンス改革を進めることにあった。具体的に，政府主導のコーポレート・ガバナンス議論の起点を遡り調査すると，2013 年 3 月 15 日第 4 回産業競争力会議で坂根正弘委員から，2013 年 3 月 6 日の産業競争力テーマ別会合で行われたコーポレート・ガバナンス改革の推進に関する内容が報告されたことが起点になる。その後に 2014 年 6 月 24 日の「日本再興戦略改訂 2014- 未来への挑戦 -」で同内閣は，新たにコーポレートガバナンス・コードを東京証券取引所に策定させる方針を示した。これに基づいて，2014 年 8 月に「コーポレートガバナンス・コードの策定に関する有識者会議」（座長：慶應義塾大学経済学部池尾和人教授，事務局：金融庁および東京証券取引所）が設置された。

　そして 2015 年 6 月 1 日に東京証券取引所の有価証券上場規程改正と位置づけて「コーポレートガバナンス・コード〜会社の持続的な成長と中長期的な企業価値向上のために〜」が施行された（2018 年 6 月 1 日改訂，2021 年 6 月 11 日再改定版施行）。この政府の成長戦略は，株式会社に収益力の向上を求めている。日本の稼ぐ力を取り戻す，そのためには企業が変わる必要があり，その具体策にコーポレート・ガバナンスの強化があると示された。したがって，株

式会社は，どのように収益力を向上させていくかという取組みが求められているのである。

2　コーポレートガバナンス・コードの概要

　わが国のコーポレートガバナンス・コードの概要と特徴を確認する。わが国のコードは，1999年5月に経済協力開発機構（OECD）の閣僚理事会で承認されたOECD Principles of Corporate Governance（以下「OECD原則」という）を参考とする方針が示されて策定された。したがって，わが国のコードの形式は，OECD原則に準拠したものになっている。因みに，OECD原則は，1．株主の権利，2．株主の平等性，3．ステークホルダーとの適切な協働，4．正確な情報開示と透明性，5．取締役会の責務の5つの原則から構成される。

　わが国のコードも5つの原則から構成されている。その内容は，原則1：株主の権利・平等性の確保，原則2：株主以外のステークホルダーとの適切な協働，原則3：適切な情報開示と透明性の確保，原則4：取締役会等の責務および原則5：株主との対話の5原則である。

　わが国のコードの5原則を詳細に見ると，OECD原則と一致する部分と異なる部分がある。

　OECD原則1．株主の権利，2．株主の平等性に対応して，わが国のコードは，原則1を株主の権利と平等性の確保にまとめて，OECD原則1から4までの4原則と整合している。

　一方で，わが国のコードがOECD原則と異なる点は，原則5として，株主との対話が加えられていることである。これを除くと，わが国のコードは，「原則」で示す記述は，OECD原則と整合的である。

　ところが，わが国のコードは，「原則」の下位に示された記述や補充原則等の細目に政府が成長戦略で要請する内容を記述していることに特徴が表れている。たとえば，原則2の説明は，「持続的な成長と中長期的な企業価値の創出」と記述され，成長戦略の目的を具体的に示している。また原則4の説明は，会社の持続的成長と中長期的企業価値向上を促し，収益力・資本効率等の

改善を図ることを求めている。そのための取締役会の責務では，（1）企業戦略等の大きな方向性を示すこと，（2）経営陣幹部による適切なリスクテイクを支える環境整備を行うことを要請しているのである。

3　コーポレートガバナンス・コードにおける社外取締役

　コーポレートガバナンス・コードにおける社外取締役の役割および責務に関する記述を確認して，その内容を検討する。わが国のコードは，社外取締役の役割および責務を原則 4-7 で求めている。その内容は，次の4点である。

　第1は，経営の方針や改善について，自らの知見に基づいて持続的成長を促進し，中長期的企業価値向上を図る観点からの助言である。第2は，経営陣幹部の選任および解任や取締役会の意思決定を通じて経営者を監督することである。第3は，会社と経営陣，支配株主等との間の利益相反を監督することである。第4は，経営陣・支配株主から独立した立場で，少数株主をはじめとするステークホルダーの意見を取締役会に適切に反映させることである。第1は助言機能，第2は経営者の監督機能，第3は利益相反防止機能，第4は少数株主保護機能と解される。

　このようにコードの原則 4-7 は，社外取締役に求められる多様な役割が網羅的に記載されている。これには，大きく3点の問題があると考えられる。

　1点目は，社外取締役の機能明確化の必要性である。この問題に関しては，会社法研究者からの批判も多い。たとえば，社外取締役に求める機能を助言機能か監督機能なのか明らかにする必要があると指摘されている[142]。助言機能を果たした場合，自分が助言して関与した意思決定を監督機能として評価することは困難としている。つまり，監督機能を期待するのであれば意思決定には極力関与しないことが求められる。すなわち，助言機能と監督機能は両立しないとする考え方である。

　2点目は，取締役会の質的構成，すなわち，専門性が考慮されていないことである。助言機能を求めるのであれば，少数でも知見の高い人物からの有益な助言となるように，社外取締役には専門性が必要になる。監督機能を求めるのであっても，経営者を評価するためには，取締役会の議論や意思決定の内容を

正しく理解するビジネスモデルの理解力を含めた専門性が求められる。さらには，どのような専門性を持った社外取締役構成で取締役会を機能させるかという取締役会構成の最適化の視点[143]も求められている。

　３点目は，政府の成長戦略との整合性の問題である。政府の成長戦略からのコーポレート・ガバナンス改革の主眼は，企業の収益性低下に対処し積極的な設備投資を促進させるリスクテイクである。ところが，原則4-7は社外取締役に求められる一般的な機能を網羅しているに過ぎないと言える。

　社外取締役に求められる役割は，収益性低下に対処してビジネスモデル改革を促進し，新たなに生じるリスクに対応するコーポレート・ガバナンス機能である。すなわち，助言や監督という区分ではなく，ビジネスモデル改革に関する取締役会の議論に有益な影響を与えて，リスクを把握し，コントロールする専門性が求められているのである。

4　コーポレートガバナンス・コード策定議論の課題とビジネスモデル改革

　さらに，政府主導の成長戦略から生まれたコード策定議論をとおして，わが国コードの問題点を検討する。

　政府の成長戦略に基づいて，2014年8月7日を第1回に「コーポレートガバナンス・コードの策定に関する有識者会議」が立ち上げられた。ところが，この会議は，前提となる株式会社の機関・制度設計および取締役会や社外取締役の機能等に関して，共通理解を持たなかったことから混乱が生じた。

　同会議がコードを策定する目的も共有されていなかったのである。その原因には，政府の課題設定にそもそもの無理があったと考えられる。政府は，「日本再興戦略改訂2014」で日本の稼ぐ力を取り戻すことを表明し，そのためにコーポレートガバナンス・コードを策定することにした。これは，政府が収益性低下の原因に設備投資の不足があると捉えているからである。そして，設備投資の不足は，取締役が積極果断な意思決定ができないことに課題があると考えたからである。すなわち，政府は，取締役が積極的な意思決定ができないから設備投資が不足し，設備投資が不足しているから収益性が低下しているという経路を描いた。そこで，収益性向上という目的を達成するために，取締役の

積極的な意思決定を促進することとした。そして政府は，これを実現する制度としてコードを策定したのである。しかし，この前提には大きな問題があると言わざるを得ない。そもそも収益性低下の原因は，設備投資の積極性の問題ではなく，設備投資を検討するような収益機会の発掘が困難なことにあるのではなかろうか。政府が課題とする取締役の積極性は，収益機会を見出さないことには発揮できないのである。

　他方，金融庁は問題の本質を的確に捉えている。金融庁は，2020年3月31日に「地域金融機関の経営とガバナンスの向上に資する主要論点」を公表し，地域銀行の収益性低下の原因はビジネスモデルの問題であると述べて取締役に積極的なビジネスモデル改革を求めている[144]。このように，コードも，取締役には収益機会の発掘をとおしたビジネスモデル改革を求めるべきであろう。また金融庁は，コンプライアンス・リスクがビジネスと不可分でビジネスモデルに内在し，経営の根幹をなすと指摘する[145]。すなわち，政府の目指す稼ぐ力の実現には，地域銀行を含めた，わが国の上場会社のビジネスモデル改革が必要になるのである。

第5節　総括：コーポレート・ガバナンスの発展と社外取締役の重要性

　1990年代にコーポレート・ガバナンスという言葉とコーポレート・ガバナンス議論が活発化した。この要因は，第1にバブル経済の崩壊，第2に不祥事の発生，第3に上場株式会社の所有構造の変化，第4に株式会社の収益力の低下であった。従来，適法性および会計監査を職掌とする監査役を中心とする制度改革が進められてきたが，コーポレート・ガバナンス改革は，戦略的思考が可能な経営機構の実現への要請である。

　証券会社や銀行の不祥事の背景には，ビジネスモデル改革の遅れがあった。戦略的思考ができる経営機構とは，取締役のビジネスモデル改革に対するコーポレート・ガバナンスである。

　わが国のコーポレート・ガバナンス改革は，1990年代の株式会社の収益力低下を受けた産業政策から始まり，政府の成長戦略のコーポレート・ガバナン

ス改革へと展開した。そして，政府主導のコーポレート・ガバナンス改革は，社外取締役の強化を柱としている。

　わが国のコーポレート・ガバナンス議論は，1995 年に明らかになった大和銀行事件が大きな契機となった。同事件は，ビジネスモデルの逸脱が原因となって生じていると論じた。また，同事件後の株主代表訴訟の展開と最終的な結果を検証した。これを踏まえて，株主は，取締役に善管注意義務違反を事後的に追及するよりも，ビジネスモデル改革とコーポレートガバナンス機能を果たすよう求めることが重要と指摘した。さらに，ビジネスモデル改革に伴うコーポレートガバナンス機能は，経営理念からビジネスモデルが逸脱し暴走することを防止する仕組みであることを確認した。その仕組みの実効的な役割を，社外取締役が果たすことが求められている。ここに，社外取締役の新たな役割が姿を現している。

　また筆者は，日本企業の収益性が低下している原因は，取締役の設備投資の積極性欠如というような問題ではなく，ビジネスモデルが陳腐化していることにあると論じた。すなわち，政府が推進するコーポレート・ガバナンス改革には，ビジネスモデル改革の促進が必要になる。この中で取締役に求められる役割は，積極的に設備投資を決定することではなく，ビジネスモデル改革によって新たに生じるリスクを評価し，コントロールする役割である。したがって，コードは，ビジネスモデル改革から生じる新たなリスクに対する適切なコーポレート・ガバナンスを要請するものでなければならない。ゆえに，ビジネスモデル改革とリスクコントロールという両面でのコーポレート・ガバナンスが，社外取締役の新たな役割として求められていることを示して本章の結びとする。

［注］
1　『日本経済新聞』1991 年 5 月 13 日朝刊，23 面，経済教室欄で竹内弘高が「企業，世界の市民権獲得を」という記事の中で，外国人取締役の登用など幅広い視点を持ったコーポレート・ガバナンスのコンセプトに基づいた新しい枠組みを構築することが急務であるとした。
2　小谷野薫（1992）「米国のコーポレート・ガバナンス」『財界観測』1992 年 5 月 1 日，野村総合研究所。
3　森本滋（1992）「大企業における経営チェックシステム」『ジュリスト』1000 号，p. 191。
4　『商事法務』1364 号；『ジュリスト』1050 号。
5　加護野忠男（1992）「企業のガバナンスについて」『税経通信』1992 年 6 月号，税務経理研究会，

pp. 11-12。

6　伊藤邦雄（1994）「コーポレート・ガバナンスの多面的検討」『企業会計』Vol. 46, No. 2, pp. 25-33.

7　金榮愨・深尾京司・牧野達治（2010）「『失われた 20 年』の構造的要因」一橋大学経済研究所編『経済研究』Vol. 61, No. 3, July 2010, 岩波書店, pp. 236-260。

8　「大和銀ニューヨーク支店　11 億ドルの巨額損失が発覚」『日本経済新聞』1995 年 9 月 26 日朝刊, 第 1 面。

9　*The Washinton Post*, February 29, 1996, p. 1.

10　「The Federal Sentencing Gudelines for Organazational Defendants」が発効されて, 法人被告人に対しても量刑基準が適用されることになった。

11　Kristin Leigh Case (1996), "RECENT DEVELOPMENTS THE DAIWA WAKE-UP CALL: THE NEED FOR INTRNATIONAL STANDARDS FOR BANKING SUPERVISON," *GA. J. INT'L & COMP. L*, Vol. 26, 1996, p. 216.

12　大阪地判平成 12 年 9 月 20 日：『判例情報』1721 号, p. 3。

13　東京証券取引所「投資部門別株式保有比率の推移（長期データ）」。

14　「日本再興戦略─JAPAN is BACK─」2013 年 6 月 14 日閣議決定。

15　「日本の会社のコーポレート・ガバナンス─現状と将来─」『ジュリスト』1050 号, pp. 6-33。

16　財務省法人企業統計各年度版を基にして筆者作成（資本金 10 億円以上の企業の数値）。

17　吉川満（1992）「米国のコーポレート・ガバナンス〔上・中・下〕」『商事法務』1299 号, 1304 号, 1308 号。

18　安達精司, ラーラ・ダハティ（1992）「英国におけるコーポレイト・ガバナンスをめぐる議論〔上・下〕」『商事法務』1300 号, 1301 号。

19　吉森賢（1993）「日本型会社統治制度への展望：日米欧比較による視点」『組織科学』27 (2), pp. 24-36。

20　平木多賀人（1997）『日本の金融市場とコーポレート・ガバナンス』中央経済社, p. 1。

21　Kester, W. Carl (1993), "JAPANESE CORPORATE GOVERNANCE: SOURCE OF EFFICIENCY OR RESTRAINT OF TRADE?," in Walter, Ingo, & Hiraki, Takato (eds.), *Restructuring Japan's Financial Markets*, Business One Irwin, p. 418.

22　「米最大の公的年金, 野村・大和に社外取締役要求─株主として経営チェック」『日本経済新聞』1992 年 12 月 23 日朝刊, 第 1 面。

23　わが国では,「監督」と和訳されることから経営者には否定的な反応が根強い。欧米では, 業績の「オーバーサイト」, 執行状況の「オーバーシー」とされ,「監督」というニュアンスはない。つまり, 外部の「目」を入れることを求めている。

24　酒巻俊雄（1994）「社外取締役と社外監査役の機能」『ジュリスト』1050 号, pp. 136-141。

25　本間正明（1992）「転換期を迎えた日本型経営システム」『アスティシオン』23 号, p. 169。

26　『日本経済新聞社』1991 年 7 月 25 日朝刊, 第 1 面に 4 大証券補填先判明として報じられたことから, 証券会社各社は日本証券業協会を通じて補填先を公表した結果, 証券会社 21 社で損失補填先数は 709 社, 損失補填額は 1,729 億円に上ることが明らかになった。

27　東京地判平成 5 年 9 月 26 日：『判例タイムズ』827 号, p. 39；『判例情報』1469 号, p. 25。

28　東京高判平成 7 年 9 月 26 日：『判例タイムズ』890 号, p. 45；『判例情報』1549 号, p. 11。

29　最二判平成 12 年 7 月 7 日民集 54 巻 6 号, p. 1767。

30　株主代表訴訟は, 株主が自己の利益ではなく会社の損害額の回復が目的であることから, 株主代表訴訟の請求額によらず, 財産権上の請求ではない請求とみなすことにして, 1993 年商法改正で一律 8,200 円となり, 2003（平成 15）年の改正後は一律 13,000 円となっている。

31　1950 年商法改正で米国法の帳簿・記録検査権（Inspection Rights of Books and Records）の制度にならって導入された。

32　島袋鉄男（2001）「商法 266 条 1 項 5 号にいう『法令』の意義ほか」『琉球法学』第 65 号，p. 169。

33　東京地判平成 10 年 5 月 14 日『資料版商事法務』170 号，p. 155。

34　佐賀卓雄（1999）「日本の金融システム改革と証券経営」資本市場研究会編『証券経営のフロンティア』清文社，p. 12。

35　佐賀卓雄（2000）「金融再編成と証券業」資本市場研究会編『証券経営の新ビジネスモデル』清文社，p. 202。

36　本間（1992），pp. 169-174。

37　佐賀（1999），p. 21。

38　佐賀（2000），p. 202

39　1997 年 7 月小川証券，11 月三洋証券および山一証券，12 月丸荘証券，1998 年 1 月越後証券，4 月松彦証券，6 月中村証券，7 月日新証券，8 月東宝証券，9 月石塚証券，10 月昭和証券および山吉証券，11 月東京フラワー証券および共済証券，1999 年 1 月中井証券および和歌山証券など。

40　日本証券業協会「証券業法」「統計情報」。

41　株主代表訴訟の位置づけを最高裁平成 21 年 3 月 10 日判決（民集 63 巻 3 号，p. 361）は，「昭和 25 年法律第 167 号により商法 267 条所定の株主代表訴訟の制度は，取締役が会社に対して責任を負う場合，役員間の特殊な関係から会社による取締役の責任追及が行われないおそれがあるので，会社や株主の利益を保護するため，会社が取締役の責任追及の訴えを提起しないときは，株主が同訴えを提起することができるものとしたと解される」としている。

42　大阪高決平成 9 年 12 月 8 日『資料版商事法務』166 号，p. 138。

43　大阪高決平成 9 年 12 月 8 日『資料版商事法務』166 号，p. 138。

44　大阪地判平成 12 年 9 月 20 日『判例時報』1721 号，p. 3。

45　大阪地判平成 12 年 9 月 20 日『判例タイムズ』1047 号，p. 116。

46　高野（2008），p. 43。

47　寺田一彦（2002）『実録 大和銀行株主代表訴訟の闘い』中経出版，pp. 100-101 に添付された陳述書による。

48　大阪地判平成 12 年 9 月 20 日『商事法務』1573 号，p. 44。

49　大和銀行 80 年史編纂委員会（1999）『大和銀行八十年史：最近 10 年のあゆみ』大和銀行，pp. 181-182。

50　「大和銀頭取安部川澄夫氏—国際戦略どう戦う（HOT インタビュー）」『日経金融新聞』1990 年 3 月 7 日，第 3 面。

51　熊谷優克（2006）「成功した英銀のリテール戦略事例評価と邦銀のリテール戦略に示唆するもの」『日本大学大学院総合社会研究科紀要』No. 7，p. 335。

52　熊谷（2006），p. 333。

53　大和銀行 80 年史編纂委員会（1999）『大和銀行八十年史：最近 10 年のあゆみ』大和銀行，pp. 181-182。

54　1989 年 3 月期経常利益に基づくと大和銀行は 10 位である。1 位の住友銀行の経常利益額 4,167 億円に対して，大和銀行の経常利益額は 886 億円であった。

55　野村敦子（2014）「欧米の主要総合金融機関におけるビジネスモデルの方向性」『JP レビュー』Vol. 7，No. 17，p. 26，図表 24。

56　三井住友銀行総務部行史編纂室（2013）『三井住友銀行十年史』三井住友銀行。

57　「香港での預貸金業務，大和銀，年度内に撤退—地元大手銀に資産承継」『日経金融新聞』1999

年7月5日，第3面。

58　西村吉正（2010）「証言　西村吉正氏　ペイオフ凍結から住専破綻処理へ」『金融財政事情創刊60周年特別号自由化行政苦闘の軌跡―大蔵省銀行局長証言』金融財政事情研究会，p. 81。

59　西村（2010），p. 81。

60　大阪地裁平成12年9月29日判決全文『商事法務』1573号，p. 46。

61　大阪地裁平成12年9月29日判決全文『商事法務』1573号，p. 46。

62　MUFG Annual Report 2019.

63　「大和銀頭取安部川澄夫氏―国際戦略どう戦う（HOTインタビュー）」『日経金融新聞』1990年3月7日，第3面。

64　「大和銀のロイズ米拠点買収，国際業務一気に充実へ―「三光」の傷癒える？」『日経金融新聞』1989年9月20日，第3面。

65　「岐路に立つ香港の外銀（2）リテール充実で火花―邦銀，買収で支店網」『日経金融新聞』1988年7月28日，第5面。

66　「大和銀の国際部門―買収海外支店，2部署で管轄（わが社この組織金融最前線）」『日経産業新聞』1993年7月9日，第2面。

67　中北徹（2007）「金融機関の破たん事例研究」中北・西村教授グループ『金融庁委嘱調査　金融機関の破綻事例に関する調査報告書』p. 8。

68　「岐路に立つ香港の外銀（2）リテール充実で火花―邦銀，買収で支店網」『日経金融新聞』1988年7月28日，第5面。

69　「大和銀の国際部門―買収海外支店，2部署で管轄（わが社この組織金融最前線）」『日経産業新聞』1993年7月9日，第2面。

70　「大和銀行頭取安部川澄夫氏―国際戦略どう展開（Hotインタビュー）」『日経金融新聞』1990年3月7日，第3面。

71　「関西系都銀・地銀好況アジアに活路探る（上）高収益，事業を拡大」『日本経済新聞』1992年7月15日地方経済面近畿版，第27面。

72　岩原紳作（2000）「大和銀行代表訴訟事件一審判決と代表訴訟制度改正問題〔下〕」『商事法務』1577号，p. 15。

73　ニューヨーク支店巨額損失事件を教訓として，発覚次第，直ちに香港金融当局であるHong Kong Monetary Authorityに報告して適切な処理をしている。

74　北海道新聞編（1999）『拓銀はなぜ消滅したのか』北海道新聞社，p. 40。

75　川本裕子（2015）『金融機関マネジメント』東洋経済新報社，p. 116。

76　大和銀行（2001）『経営の健全化のための計画及び同計画の履行状況に関する報告書』2001年8月，p. 60。

77　持株会社を新設して大和銀行は持株会社100％子会社となり，大和銀行の株主は持株会社の株主となることから大和銀行に対する株主代表訴訟の原告適格を失うことも和解案を受け入れる大きな要因となった。

78　島袋（2001），p. 161。

79　國友順一（2018）「経営判断原則に関する一考察」『大阪経大論集』第68巻6号，p. 207；神崎克郎（1981）『取締役制度論―義務と責任の法的研究』中央経済社，p. 65；江頭憲治郎（2021）『株式会社法　第8版』有斐閣，p. 493。

80　江頭憲治郎（2021）『株式会社法　第8版』有斐閣，p. 493。

81　伊勢田道仁（2018）『関西学院大学研究叢書第198編　内部統制と会社役員の法的責任』中央経済グループパブリッシング，p. 11。

82　東京地判平成16年9月28日『判例時報』1886号，p. 111。

83　最判平成 22 年 7 月 25 日『判例時報』2091 号，p. 90。

84　近藤光男（2016）『株主と会社役員をめぐる法的課題』有斐閣，p. 184。

85　堀越薫（2006）『取締役の義務と責任　五訂版』税務研究会，p. 151。

86　近藤（2016），p. 169。

87　不正取引を行った井口元受刑者の著書には，大和銀行の管理職が英語での業務に関する会話の内容を理解していなかったという記述もみられる。

88　Davis, Kenneth B., Jr. (2019), "The Forgotton Derivative Suit," *61 Vanderbilt Law Review*, No. 387, p. 388.

89　Bowen, Francis (1870), *American Political Economy*, New York: Charles Scribner & Co.

90　松本烝治（1929）『日本会社総論』厳松堂書店，p. 4。

91　菅野和太郎（1966）『日本会社企業発生史の研究』経済評論社，pp. 314-320。

92　EINLEITENDE BEMERKUNGEN UBER DIE PRINCIPIEN UND DEN UMAFANG DER HANDELSGESETZGEBYNG（商事立法の諸原則及び範囲についての緒言），高田晴仁（2009），「ロエスレル商法草案『諸言』」慶應義塾大学『法學研究』Vol.82 No.12 p. 670 における現代語訳による。

93　高田（2009），p. 670。

94　第一編「商ノ通則」第六章「商事会社及ヒ共算商業組合」第三節「株式会社一般規定」。

95　鈴木竹雄（1994）『新版会社法　全訂第 5 版』弘文堂，pp. 28-29。

96　鈴木（1994），pp. 29-31。

97　神田秀樹（2019）『会社法〔第 21 版〕』弘文堂，pp. 28-29。

98　高田（2009），p. 670。

99　倉沢康一郎（1996）「昭和 25 年商法改正─監督制度を中心として」倉沢康一郎・奥島孝康編『昭和商法学史』p. 35。

100　大隅健一郎（1950）「商法改正案における取締役会制度」京都大学法学会『法学論叢』第 57 巻 1 号，p. 69；倉澤康一郎（2007）『株式会社監査機構のあり方』慶應義塾大学出版会，p. 223。

101　倉沢（1996），p. 35。

102　前田重行（1985）「株主の企業支配と監督」竹内昭夫・滝田節編著『現代企業法講座　第 3 巻 企業運営』東京大学出版会，p. 182。

103　鈴木（1994），pp. 158-159。

104　竹内昭夫（1983）「企業と法」『新版　基本法学 7─企業』岩波書店，pp. 20-22。

105　U.S. Deaprtment of State (1946), Report of the Mission on Japanese Combine For Eastern Series 14.

106　SUBJECT:Tentative Points for Agenda（25. Jan. 1949）

107　鈴木竹雄・竹内昭夫（1977）『商法とともに歩む』商事法務研究会，p. 163

108　なお，取締役会制度案がどのような経緯で骨格が表れて起草されたのか，その詳細は現在でも解明されておらず，重要な研究課題として残されている。

109　松本烝治（1950）「会社法改正要綱批判」『法律時報』第 22 巻第 3 号，日本評論社，p. 158。

110　石井照久・大住達雄・伍堂輝雄・鈴木竹雄・松田二郎・松本烝治（1950）「改正会社法の諸論点」『法律時報』第 22 巻第 3 号，日本評論社，p. 206 での伍堂輝雄（日本鋼管取締役）の発言。

111　Ballantine, Henry Winthrop (1946), *Ballantin on Corporation*, Revised Edition, Chicago Callaghan and Company, p. 128.

112　矢沢惇（1950）「会社法改正案の比較法的考察」『法律時報』第 22 巻第 3 号，p. 330。

113　大隅（1950），p. 5。

114　南隅昇（1980）『現代株式会社の機関構造』白桃書房，pp. 82-83。

115　監査役は，会計監査に徹することになることから，名称も「会計監査役」とする案もあったが，「監査役」の名称は残ることになった。

116　1958 年から 1965 年にわたり資産の過大計上，負債の過小表示による粉飾を続け，累積赤字 72 億円，負債総額 500 億円により 1965 年 3 月に倒産した。

117　粉飾金額は 7,341 百万円に上り，同社の資本金額 7,380 百万円と同等の金額となる巨額の粉飾である。

118　大蔵省証券局年報編集委員会（1970）『第 8 回　大蔵省証券局年報　昭和 45 年版』金融財政事情研究会，p. 242。

119　大蔵省証券局年報編集委員会（1970），p. 242。

120　岩原紳作（2016）「コーポレート・ガバナンス」『月刊資本市場』2016 年 11 月（No. 375），p. 46 によれば，昭和 37 年，49 年，56 年，平成 2 年，5 年，6 年，9 年，11 年，12 年，13 年，14 年，16 年の商法改正，17 年の会社法成立まで，度重なるコーポレート・ガバナンス関連の改正の多くは，総会屋や粉飾決算など不祥事をきっかけとしたもので，ほとんどが監査役制度の改正強化であったとされる。

121　通商産業省産業政策局編（1998）『創造・革新型コーポレート・システム』東洋経済新報社，pp. 24-25。

122　経済産業省（2015）「持続的成長に向けた企業と投資家の対話促進研究会」報告書。

123　金榮愨・深尾京司・牧野達治（2010），pp. 236-260。

124　深尾京司・権赫旭（2010）「日本経済再生の原動力を求めて」在日米国商工会議所成長戦略タスクフォース・プロジェクト。

125　神作裕之（2015）「グローバルな資本市場におけるソフトローと日本法への影響」長谷部恭男・佐伯仁志・荒木尚志・道垣内弘人・大村敦志・亀本洋編『現代法の動態』岩波書店，pp. 68-69。

126　自由民主党成長戦略特命委員会（2010）「自由民主党　成長戦略　成長のための 24 の個別政策プラン」p. 10。

127　塩崎恭久（2012）「成長戦略として世界水準のガバナンス構築が急務」『金融財政事情』2012 年 1 月 30 日，金融財政事情研究会，p. 23。

128　等とは，「定款をもって会計監査人の監査を定めた会社」である。

129　法務省組織令第 54 条に基づいて，法務大臣の諮問に応じて審議する機関。

130　義務化に反対する同委員が役員を務める日立製作所では経営改革の一環で外国人社外取締役を導入した。これに対して部会長からその理由を問われていた。なお日立改革の外国人社外取締役導入に関しては，長谷川浩司（2019）「持続可能な社会における経営者のガバナンスのあり方の一考察」『日本経営倫理学会誌』No. 26，pp. 69-87 参照。

131　大杉謙一（2011）「取締役の監督機能の強化［上］」『商事法務』1941 号，p. 20。

132　江頭憲治郎（2014）「会社法改正によって日本の会社は変わらない」『法律時報』86 巻 11 号，pp. 59-65。

133　田中亘（2016）「企業統治と法制度の役割」東京大学社会科学研究所・大沢真理・佐藤岩夫編著『ガバナンスを問い直す 1　越境する理論のゆくえ』pp. 103-105，第 4 章。

134　田中（2016），pp. 103-105。

135　千草秀夫（2003）「日本分化論とコーポレート・ガバナンス」『取締役の法務』No.106，2003 年 1 月 25 日，p. 4。

136　大杉（2011），p. 20。

137　神作裕之（2012）「取締役会の監督機能の強化」『ジュリスト』1439 号，p. 23。

138　金融商品取引法（昭和 23 年法律第 25 号）第 24 条によって提出が義務づけられている書類。

139　「会社法改正案審議入り　企業統治強化に主眼」『日本経済新聞』2019 年 11 月 13 日朝刊，第 4

面。

140　倉沢康一郎（1985）「監査機構」竹内昭夫・瀧田節編『現代企業法講座　3 巻　企業運営』東京大学出版会，p. 351，第 8 章。

141　小泉純一郎内閣から策定されてきた政策であり，「政府が，中長期的な経済成長（GDP 成長率等）の見通しまたは目標を掲げ，その達成に必要な施策を省庁横断的にまとめた独立の文書」と定義される。詳細は小澤隆（2015）「成長戦略の経緯と論点」国立国会図書館『調査と情報―ISSUE BRIEF―』No. 863（2015 年 5 月 19 日），p. 1 参照。

142　神作裕之（2009）「取締役会の実態とコーポレート・ガバナンスのあり方」『商事法務』1873 号，p. 20。

143　大杉（2011），p. 20。

144　金融庁（2020），p. 3。

145　金融庁（2018a），p. 3。

第II部
日英米コーポレート・ガバナンス編

社外取締役は，ビジネスモデルを理解した
深い議論をしていたのであろうか。

エンロン社の取締役会

祖業に参集した社外取締役　　　　　　　　変わらない社外取締役構成

ダイナミックに変化する
ビジネスモデル

ガス・パイプライン関連議案　　　高度な金融デリバティブに関する議案

第3章

英米コーポレート・ガバナンスとエンロン事件の社外取締役

　英国は，世界の先駆けとなって，コーポレートガバナンス・コードを創生した。どのような経緯でコーポレート・ガバナンス議論が展開されたのであろうか。英国という国は，国家，社会，産業界の其々が，自律性を尊重し自主規制を中心としてきた。そのような中で，1990年代に英国で大規模な不正事件が発生し，大きな社会問題になった。このような社会問題が生じても英国は，自律性を尊重する精神を維持したのであろうか。事件後に，A.キャドバリー卿が産業界を中心に議論を結集して自主規範を築き上げたが，これがどのようなプロセスで，コーポレート・ガバナンスとして生まれたのであろうか。また，その中で取締役会の役割をどのように位置づけたのであろうか。第1節は，このような視点から，英国コーポレート・ガバナンス議論の展開をレビューする。

　また米国は，合衆国を構成する各州の州法に基づいた定款自治を原則とする国家である。したがって，株式会社は，株主や取締役が主体的にコーポレート・ガバナンスを担うことが基本になる。ゆえに，米国では，統一的なコーポレートガバナンス・コードは制定されていない。ところが，その米国でも自律的なコーポレート・ガバナンスに大きな影響を及ぼす問題が生じて改革が行われた。それは，1970年代に米国史上最大の鉄道会社であったペン・セントラル鉄道の破綻である。これを機に米国では，どのような取締役会改革が行われたのであろうか。さらに2000年代には，当時の史上最大規模の破綻事例となったエンロン社の経営破綻が生じた。この破綻の原因には，取締役会の機能に関し，どのような課題があり，その後にどのような改革が行われたのであろ

うか。第2節は，このような視点で，米国のコーポレート・ガバナンスの展開をレビューする。

　さらに，第3節でエンロン事件の事例研究を行う。特に，会計不正面に着目する従来の文献とは異なり，本書は，ビジネスモデル改革に対する取締役の専門性に着目する。エンロン社取締役会の機能不全の実態を考察した上で，社外取締役は，どのような専門性が求められるのか。そして，取締役の選任時には，それをどのように株主に開示すべきなのか。事件後に進められた米国の取締役専門性の開示制度改革を考察する。

第1節　英国コーポレート・ガバナンスの展開

1　英国事件の背景とビジネスモデル

(1)　1990年代コーポレート・ガバナンス議論の背景

　1600年に英国で東インド会社が設立され，英国は株式会社制度の先駆けとなった。英国は，東インド会社設立から400年を目前にした1990年代にコーポレート・ガバナンス改革を推進し，法規制によらない規範アプローチに基づいたコーポレートガバナンス・コードを世界に先駆けて制定した。

　この英国のコーポレート・ガバナンス改革の背景は，1990年代初頭に相次いだ株式会社の大規模な不祥事である[1]。英国で1600年から発展してきた株式会社制度の不備が露呈し，この対処として，コーポレート・ガバナンス改革となる株式会社の運営改革が求められることになった。

　不祥事の一つは，1990年10月にPolly Peck International（以下「PPI社」という）が巨額債務を残して経営破綻した事件である（以下「PPI社事件」という）。破綻前に開示されていた財務状況からは経営破綻する兆候がなかったことから，財務諸表への疑義が生じてコーポレート・ガバナンス議論に発展した。さらに1991年11月にMaxwellグループの上場会社Maxwell Communications Corporation（以下「MCC社」という）およびMirror Group Newspapers（以下「MGN社」という）の2社が経営破綻し，従業員の年金

資金を流用していた事実も明るみになった（以下「Maxwell 事件」という）。年金資金まで流用した Maxwell 事件は，株式会社の信頼を低下させコーポレート・ガバナンス議論を促進した[2]。これらの不祥事に対処して英国は，1991 年5 月に A. キャドバリー卿を委員長とする委員会を設置して，コーポレート・ガバナンス改革を推進した。本節は，PPI 社事件および Maxwell 事件の背景にあるビジネスモデルの問題とコーポレート・ガバナンス改革への展開を考察する。

(2)　PPI 社事件の背景にあるビジネスモデル

　PPI 社事件は，キプロス出身で衣料品売買から始めた A. ナダルが，M&A[3] により事業を拡大し株式も高騰していた矢先に，巨額負債を残し突如経営破綻した事件である。PPI 社の株価は 1990 年 9 月 20 日に急落してロンドン証券取引所は取引停止を命じ，同社は多額の負債を残して経営破綻した[4]。このような株価高騰中での突然の経営破綻は，株式会社の情報開示に対する疑義を生むことになった。株主は，不適正な情報開示を信じたが株価の急落により損失を被り，債権者は回収不能となった。その後，英国の重大不正監視局（The Serious Fraud Office）が横領および不正会計の罪で告発準備を進めた中で A. ナダルは母国のキプロスへ逃亡した[5]。彼の逃亡劇は，大きなスキャンダルとなり，英国のコーポレート・ガバナンス改革が促進されることに繋がった。

　PPI 社の問題は，M&A を利用した事業の急拡大にある。1980 年代から M&A で事業を拡大し，1987 年から 1988 年にかけてグループの事業規模が倍増した。同社は，1989 年にはデルモンテ・フーズの青果部門を買収し，また山水電気の株式 51％を取得して経営権を取得した。このような M&A による事業の急拡大に関して，経営者は事業戦略をどのように考えていたのであろうか。A. ナダルは，事業のドメインを食品，エレクトロニクス，レジャーの 3分野とし，その上で，「山水はブランドと技術力があり世界規模の生産拠点と強力な販売ルートがあり大きな相乗効果が得られる[6]」と述べていたが，相乗効果は生まれなかった。PPI 社が買収した香港の Semi-Tech 社は，1999 年に経営破綻した。同社の子会社になっていた山水電気は，Semi-Tech 社の破綻後に紆余曲折を経て 2014 年に経営破綻した。なお，筆者は，1996 年から金融

機関の香港拠点に在籍し，Semi-Tech 社に大口融資をしていた。同社は M&A を駆使して規模を拡大したが，事業の実態が見えなかったことから破綻前に融資回収を断行した[7]。このように，PPI 社や傘下の Semi-Tech 社は，積極的な M&A により規模を急拡大させたが，事業の実態は乏しく経営のあり方に疑念があった。

　ところで，PPI 社の財務情報に疑義があることは，実は 1980 年代から指摘されていた。収益の地域別明細が開示されておらず，これはロンドン証券取引所の開示ルールに違反していた。ところが，事業遂行の障害になるという PPI 社の主張が認められて免除されていた。同社の監査は，大手監査法人[8]が担当したが，キプロスにおける監査は現地監査法人が担当したことで十分な実態把握が困難であった。因みに，近年，米国証券取引所に上場する中国企業の中国内での監査に十分な情報が得られず問題視されていた矢先に，現地の不正会計が明らかになるという現地監査の問題も顕在化している[9]。

　PPI 社は自己の株価高騰を利用した積極的な M&A により事業を拡大させ，株主の抱いた更なる拡大期待により株価がさらに高騰するメカニズムであった。株主および債権者は，適正な開示に基づいて投資判断したのであれば自己責任となる。しかし株主は，過剰な M&A で拡大された事業の実態が適正に開示されなかったことから多大な損失を被ったのである。

　PPI 社事件は，公正なルールの例外を認めた証券取引所の責任や上場会社を取り巻く英国の制度全体のあり方を問うことになった。しかし，いくら制度改正やルール厳格化を重ねても経営者が意図的に操作する不祥事は再発し，更なる厳格化が必要になってしまう。ゆえに，英国では，問題の本質が法律やルールの厳格化ではなく，経営の規律にあると考えて，コーポレート・ガバナンス改革へと発展させたのである。こうして英国では，経営を担うのは取締役会であり，取締役会を構成する社外取締役の役割にこそ問題があるのではないかという視点からコーポレート・ガバナンスの枠組みが形成されていくことになった。

(3) Maxwell 事件の背景にあるビジネスモデル

　Maxwell 事件は，元軍人 R. マクスウェルが M&A を駆使してコングロマ

リットを築いたが，本人の突然死により経営破綻した事件である。R.マクスウェルの突然死の後，巨額の債務が明らかになった。PPI社事件と同様に，この事件でも情報開示の疑義が英国のコーポレート・ガバナンス改革を促進させることになった。さらにR.マクスウェルが従業員の年金資金を流用していた事実が明るみになった。このように，経営者に対する監視機能の不在が年金受給者に影響を及ぼす社会問題に発展して，英国社会でコーポレート・ガバナンスの強化が求められるようになったのである[10]。

　経営者のR.マクスウェルという人物は，10代で旧チェコスロバキア地域から英国に渡り，第2次世界大戦後に出版事業を起こした。買収した出版社を再建しながら1980年代に事業を大きく拡大させた。1984年には，英国の大衆紙Daily Mirror紙およびSunday Mirror紙を発行するMirror Group等メディア関連会社を買収した。彼は，買収会社の経営権を巡る抗争や労働組合との争いを経て一大メデイアコングロマリットを築いたが，クルージング中に転落死した。彼の転落死が報道された1991年11月5日に株価は急落し，12月3日には取引が停止された。その後，上場会社のMCC社およびMGN社の2社は，破産法の適用を申請して経営破綻した。そして，彼の死後に開かれた債権者会議で簿外での巨額負債および資金横領の事実が判明した。MCC社の金融機関からの負債は，14～16億ポンドにも及び，その他にも非公開株式会社の多額の負債が判明した。さらに，R.マクスウェルは，年金基金の理事長の地位を利用して年金資金を流用していた事実も明らかになった。彼は，MGN年金基金から350百万ポンド，MCC社などの年金基金から76百万ポンドの資金を引き出し，会社と年金基金から合計で763百万ポンドに及ぶ多額の横領していたのである[11]。

　このような彼の不正の手口は，上場会社と非上場会社の間で頻繁に資金を動かす操作をしていたことによる。この会計操作を含めた事業の実態を知るのは，彼と息子，さらに高収益会社にみせる術を熟知した財務担当役員のみであり，監査法人には不正な方法で隠蔽していたことが判明した[12]。

　以上のMaxwell事件の要因には，経営者がM&Aという手法を駆使して事業規模を急拡大させたことである。また，経営陣を身内や腹心の部下で固めて情報を遮断するワンマン体制を構築して情報を操作していたことにも要因があ

る。一方で財務担当役員は，経営者に雇われて極めて弱い立場にあり，監査法人も不正を発見することができなかった。したがって，英国は，このような問題への対処が必要となりコーポレート・ガバナンス改革を進展させたのである。

2　英国事件とコーポレート・ガバナンス

⑴　英国経営者の事業拡大によるビジネスモデル改革

　PPI 社事件や Maxwell 事件は，適切な情報開示に問題があったとの指摘がある[13]。しかし，本質的に 2 つの事件には共通する特徴がある。その特徴は，経営者の個性が強く，経営者の主導で積極的に M&A により事業を急拡大させるビジネスモデル改革を行ったことである。また，事業を急拡大させるビジネスモデル改革に対して，リスクをコントロールするコーポレート・ガバナンスが機能しなかったことである。

　A. ナデルのビジネスモデル改革は，キプロスから英国にわたり，小さな衣料店から巨大コングロマリットを形成させるものであった。また R. マクスウェルのビジネスモデル改革は，旧チェコスロバキア近郊の貧しい地方から英国に渡って，一大メディアグループを形成させるものであった。どちらも株式市場で M&A を駆使して事業規模を巨大化させていくビジネスモデル改革であった。企業家が事業規模を拡大させたい野心を実現するための手段に，株式会社制度の機能を最大限に利用するビジネスモデル改革であった。しかし，このような規模拡大を追い求めるビジネスモデル改革に対して，その独走を抑制し，リスクをコントロールする経営管理機構が伴っていなかったことから不祥事に至った。すなわち，事業を急拡大させるビジネスモデル改革は，適切な経営管理機構が備っていれば，持続可能なビジネスモデルになり得る。しかし，適切な経営管理機能が不在の急拡大は，経営者の野心に過ぎない。英国に生じた 2 つの事件は，投資家が野心ある経営者のビジネスモデル改革に期待して投資するのか，それともビジネスモデル改革に備わる経営管理機構を信頼して投資するのかという課題を提起した。特に，他人の資産を預かる年金基金等の受託者は，投資判断の責任が顕在化する。したがって，経営者のビジネスモデル

改革への期待ではなく，経営管理機構を十分に評価して投資することが必要になる。2つの事件は，ビジネスモデル改革面のみを評価し，経営管理機構の評価が不足していたことが英国のコーポレート・ガバナンス改革に繋がったのである。

⑵　英国事件からのコーポレート・ガバナンス改革

　A. ナデルや R. マクスウェルは，英国ドリームを夢見て英国に渡り，M&A を駆使して事業を急拡大させるビジネスモデル改革を行った。ところが，M&A 後に開示した情報は，粉飾された利益数値であった。英国は，株式会社制度を生み出した国にも関わらず，財務情報の適性開示を確保する経営管理の基盤が確立されていないことに問題があった。この問題を指摘して，英国のコーポレート・ガバナンスを牽引したのが A. キャドバリー卿である。彼は，取締役会による事業のコントロールが機能していないことから不正や破綻に至り，また取締役会は実際に破綻するまで事態の深刻さに気づいてもいないと指摘した[14]。これを受けて，英国は，証券市場から資本を集める上場会社の取締役会のあり方に根本的な見直しを迫ることにしたのである。

　英国は，1991 年 5 月に A. キャドバリー卿を委員長とする Committee on the Financial Aspects of Corporate Governance（以下「キャドバリー委員会」という）を設置して，経営に責任を持つ取締役の機能を中心とした株式会社制度のあり方を追求することにした[15]。なお，キャドバリー委員会を主体に改革を進める手法は，金融当局からの警告に対応したものでもある。イングランド銀行総裁は，不祥事を監視し防止すべき役割を担う取締役および社外取締役に向けて，コーポレート・ガバナンスは何年も議論されてきたが，検討が進まければ政府による規制を行う用意があると警告した[16]。わが国のコーポレート・ガバナンス改革は，第 2 章で確認したとおり，政府の主導によるものであった。これに対比して，英国は，株式会社制度の創設以来の伝統を踏襲して，法規制によらない自主的ルールの理念を貫いて，キャドバリー委員会による規範の策定を目指す方針としたのである。

3　英国のコーポレートガバナンス・コード制定

(1)　キャドバリー委員会の設置と報告書

　英国で財務報告評議会，ロンドン証券取引所および会計士協会によって，コーポレート・ガバナンスの財務的側面の提言を目的にキャドバリー委員会が設置された。委員会設置に至った財務報告制度の信頼性低下の本質的要因は，取締役が事業を統制する枠組みが欠如していたことである。そして，1992年12月1日に同委員会からの報告書「THE FINANCIAL ASPECTS OF COPORATE GOVERNANCE（コーポレート・ガバナンスの財務的側面）」（以下「キャドバリー報告書」という）が公表された。これは「勧告」と「最善慣行規範」から構成される。そして，この報告書は，経営トップの独断専行の阻止，財務情報の適正開示を目指した。また，取締役会の統制機能は，社外の取締役[17]のみで構成される監査委員会が果たすべきであると提言している。

　さらに，このキャドバリー報告書が示した特徴は，以下の5点が挙げられる。

　第1は，コーポレート・ガバナンスという概念である。英国の考えるコーポレート・ガバナンスとは，株式会社を方向付けて統制するシステムであると示している[18]。

　第2は，コーポレート・ガバナンスを担う主体である。株式会社を方向付けて統制する役割は取締役会であり，取締役会がコーポレート・ガバナンスに責任を負っていることを明確にしている[19]。

　第3は，株主の取締役選任機能の重要性である。株主は，取締役を任命する権限を有する。ゆえに，株主が取締役任命の機能を行使することで，取締役会のコーポレート・ガバナンス責任体制を自ら構築するメカニズムが重要であることを示している。

　第4は，取締役の責任の内容明確化である。取締役の責任は，株式会社の戦略目標の設定，実行のためのリーダーシップの発揮，経営の統制および株主への報告であるとした。この取締役とは，業務執行取締役のみならず，社外取締役を含めた内容である。したがって，わが国の社外取締役の役割を検討する上では，社外取締役が戦略目標の設定やリーダーシップを担うという考えを持つ

ことが重要である。

　第 5 は，取締役による事業の指導および統制である。上場会社は，事業を指導し統制することができる実効的な取締役会により率いられるべきであるとする[20]。キャドバリー報告書は，取締役会が経営を主体的に担うこと，経営に責任を持つことを重ねて強調している。報告書が示した英国の経営のあり方は，経営トップに依存することなく，取締役会が経営に責任を持つという，取締役会主体の経営を示したことが最大の特徴である。

(2)　英国コーポレートガバナンス・コード制定と特徴

　キャドバリー報告書に続いて，1995 年 7 月には英国産業連盟（Confederation of British Industry）が中心となり，R. グリーンブリー卿がリーダーを務めた報告書[21]（以下「グリーンブリー報告書」という）が公表された。この報告は，社外取締役による報酬委員会の設置を勧告した。また，1998 年 1 月には，キャドバリー委員会の最善慣行規範の更なる検討や社外取締役，株主および会計監査人の役割に関する検討が諮問された R. ハンペル卿を委員長とするハンペル委員会から報告書[22]（以下「ハンペル報告書」という）が公表された。ハンペル報告書は，最善慣行規範への対応が形式的になっていたという課題を踏まえて，実質面を重視する方向への転換を提言した。そして，最善慣行規範から「コーポレート・ガバナンス原則」への発展を提唱して，これまでの各報告書を統合するように提言した。

　これを踏まえて，1998 年 6 月にロンドン証券取引所は，キャドバリー報告書，グリーンブリー報告書およびハンペル報告書を統合して「Combined Code（統合規程）[23]」（以下「英国コーポレートガバナンス・コード」という）を策定し，上場規程を改定して上場会社に適用させた。このような経緯により，英国で世界に先駆けたコーポレートガバナンス・コードが生まれたのである。そして，この英国のコードは，Principles of Good Governance（望ましいガバナンス原則。以下「原則」という）および Code of Best Practice（最善慣行規範。以下「規範」という）から構成される。同コードの指導原理は，実際にどのように適用しているのかの説明を求めるものである。したがって，コードは，法律で義務化して必ず従うことを強制するのではなく，コードに照らし

て，各株式会社がどのような理由で適用し，あるいは適用しないのかを説明することを重視している。この趣旨を踏まえて，取引所は，遵守の状況や考え方を投資家が評価する年次報告での説明の記載を上場会社に求めている[24]。

　以上を踏まえて，英国コーポレートガバナンス・コードの狙いや特徴は，大きく以下の3点が挙げられる。

　第1は，取締役会のアカウンタビリティの重要性である。原則1.1で，コードの当初の目的は会計不祥事を受けた財務報告の面にあったが，これを発展させて，好ましいコーポレート・ガバナンスの促進に積極的に貢献することが目的であるとしている。取締役会は，会社を前進させると同時に有効なアカウンタビリティの枠組みを確保しなければならない。これが健全なコーポレートガバナンス・システムの本質であると示している。

　第2は，企業家精神の維持と不祥事防止のバランスへの配慮である。原則1.5で，事業のアカウンタビリティを強化する一方で，会社の発展に不可欠である企業家精神を維持することの適正なバランスを保つことが目的であると示している。すなわち，当初は，PPI社事件やMaxwell事件による不祥事の防止が目的にあった。ところが，英国は，株式会社が経済を支えて社会を発展させることも重視している。A.ナデルやR.マクスウェルらの英国ドリームを目指した野心を砕くことが目的ではなく，健全な企業家精神と適正な経営管理機構のバランスが重要であることを示している。したがって，収益性が課題になっているわが国の地域銀行や株式会社も，健全な企業家精神に基づいたビジネスモデル改革と適正なコーポレート・ガバナンスを両立させることが重要になる。

　第3は，自主的なルールとする手法を重視する伝統の堅持である。原則1.10で，自主的な規範の遵守に基づいたアプローチは，制定法よりも実効的であるという考え方を明らかにしている。ゆえに，法規制ではなく，ソフトロー[25]という自主ルールの手法を採用している。コードは，株式会社の「最善慣行規範」たる各社が実行可能な手本を示し，これを実行することで，英国全体の株式会社の自律的な底上げを図るコーポレート・ガバナンスを目指したのである。

4　取締役会と社外取締役によるコーポレート・ガバナンス

(1)　キャドバリー報告書による社外取締役の役割

　キャドバリー報告書は，社外取締役の重要性および役割を明らかにしている。このキャドバリー報告書の社外取締役に関する内容の特徴は，以下の3点で表すことができる。

　第1は，社外取締役の資質面の重視である。同報告書は，会社がコーポレート・ガバナンスの基準を設定し，維持していくためには，社外取締役の資質が特に重要であると示している。

　第2は，取締役会の中での社外取締役の構成である。取締役会の意思決定にて社外取締役の見解が尊重され，意思決定に影響を与えるような社外取締役の資質と人数を確保すべきと示している。具体的には，取締役会には最低3名以上の社外取締役が必要であるとしている。

　第3は，社外取締役の選任プロセスの明確化である。社外取締役が独立性を高めて，資質が評価されて任命されたことを明確にするためには，正当な選任プロセスを構築し，それを明らかにしなければならないとする。

　以上から，キャドバリー報告書は，社外取締役が重要な要素であると示し，また，社外取締役が実効的な役割を果たすよう提言している。このように，同報告書は，社外取締役の人物面や取締役会の中での構成などの実効性に配慮した提言であることに特徴がある。

(2)　ヒッグス報告書による社外取締役の役割

　続いて2002年4月，英国貿易産業省（Department of Trade and Industry）は，D. ヒッグス卿を委員長とする委員会を設置し，2003年1月にReview of the role and effectiveness of non-executive directors（非業務執行取締役の役割と実効性の検証）（以下「ヒッグス報告書」という）を公表した[26]。

　このヒッグス報告書の内容は広範にわたるが，提言された社外取締役に求める役割の内容を表3-1に示した。同報告書が求める社外取締役の役割の特徴は，次の6点で表すことができる。

表 3-1　ヒッグス報告書における社外取締役の役割

	役割	役割の内容
1	戦略	戦略策定に対して建設的に取組み，貢献すること
2	業績	経営陣が，合意された会社の目標をどの程度達成しているかを評価し，達成度に関する業績報告を監視すること
3	リスク	財務情報の正確性，財務管理やリスク管理体制の健全性を確認すること
4	選任解任	上級経営陣や CEO を指名し，必要があれば解任をすること。CEO の後継計画に対して，主体的な役割を果たすこと。
5	独立会合	最低でも年 1 度は，会長および CEO が出席しない社外取締役のみで会合しなければならない
6	株主アクセス	会長や CEO を介さずに，主要株主に直接コンタクトすること

出所：The Higgs Committee（2003）"Review of the role and effectiveness of non-executive directors" を基にして筆者作成

　第 1 は，戦略策定に対して，建設的に取組み，貢献することである。これは，英国コーポレートガバナンス・コードにもあるとおり，取締役会が戦略の方針決定をリードする役割を担うことから，社外取締役に求められる重要な役割となる。第 2 は，経営陣の業績報告を監視することである。第 3 は，財務情報の正確性を確保し，リスク管理体制を構築することである。なお，これら第 2 および第 3 の特徴は，PPI 社事件や Maxwell 事件による不祥事が英国のコーポレート・ガバナンス改革の端緒になっていることに起因し，社外取締役にその対処を期待していると捉えられる。

　また第 4 は，業務執行取締役の報酬水準の決定である。これは，取締役会が主体的に第 1 の目標を策定し，第 2 の業績をチェックした上で，目標および業績に応じた報酬水準を主体的に設定するメカニズムを構築するものである。コードの特徴で確認したように，健全な企業家精神と適正なコーポレート・ガバナンス構築の両立を目指す理念に基づいたものになっている。

　さらに第 5 は，CEO 等の指名と，必要が生じた場合に CEO を解任する役割である。第 6 は，主要株主に直接コンタクトすることの確保を求めている。これは，CEO の暴走が生じた際，CEO の影響で取締役会が機能しない場合には，CEO を介さず主要株主に直接コンタクトして，株主による取締役の解任

権の行使によって，CEO の不正に対処する措置である。

　以上のとおり，ヒッグス報告書は，社外取締役の具体的な役割や活動内容に踏み込んでいることが特徴的である。同報告書は，社外取締役の活動や役割を具体的に示すことで，社外取締役を有効に機能させ，社外取締役が求められる役割を果たすコーポレート・ガバナンスを目指したのである。

(3)　コーポレートガバナンス・コード 2018 による取締役会の役割

　2018 年に改訂された英国のコーポレートガバナンス・コード[27]（以下「英国コード 2018」という）は，キャドバリー報告書が示した取締役会のリーダーシップおよび社外取締役が機能する枠組み，ならびにヒッグス報告書が示した社外取締役の具体的な役割を統合したものである。この英国コード 2018 の最大の特徴は，名宛人を取締役会としていることである。つまり，英国コード 2018 は，コーポレート・ガバナンスを主体に構築して株式会社を導く役割を担うのは取締役会であることを明らかにしている。

　具体的には，原則 1 で，取締役会のリーダーシップおよび株式会社の目的を明記している。また，原則 1-A は，成功する株式会社は，効果的で企業家的な取締役会によって導かれているとする。取締役会の役割は，長期的で持続可能な成功を促進し株主に価値を生み出し広く社会に貢献することであるとする。原則 1-B は，取締役会が主体者であり，取締役会の役割を論じている。取締役会は，会社の目的，価値，戦略を確立し，これらを文化と整合させることを示している。

　また，英国コード 2018 は，取締役会の役割を，以下のように求めている。第 1 に長期的に持続可能な成功に向けて株主価値を創造し，会社の目的，価値，戦略を確立させること。第 2 に株式会社の理念・価値・戦略構築と企業文化の方向付けを確立すること。第 3 にリスク評価と管理を可能にする効果的管理フレームワークを構築すること。第 4 に実践と実行である。これは，誠実に行動し，模範を示し，望ましい企業文化を促進することである。

　さらに，英国コード 2018 は，社外取締役の役割を，以下の 3 点に求めている。1 点目は，取締役会の責任を果たすのに十分な時間の確保である。2 点目は，独立した判断に加えて建設的なチャレンジ[28]を行い戦略的ガイダンス，

専門家のアドバイスを提供する義務と説明責任である。３点目は，議長による業務執行取締役を除いた社外取締役との会議の開催である。このように，英国は，社外取締役の実効性をどのように高めるのかという目的から，より実効性の高いコードへと改善を重ねていると言えよう。

5　小括：英国のコーポレート・ガバナンス

　1990 年代初めに英国では，株式会社に生じた不祥事が大きな社会問題になった。これらの不祥事は，個性の強い経営者による事業の拡大意欲が原因であった。ところが，これに対して英国は，社会問題になった不祥事に法規制強化や法的義務化で対処せず，自律的なコーポレート・ガバナンスを促進する改革を行った。これは，英国が伝統的に国家，社会，産業界も自律的な規制を尊重してきたことによると考えられる。

　このような背景を踏まえて，キャドバリー委員会は，不祥事防止から始まった議論を発展させ，産業界の議論を結集し，経営の最善慣行規範を築き上げた。A. キャドバリー卿は，紀元前 200 年の古典にある "一人だけの賢人は存在しない" という比喩を用いて，取締役会という機能の価値は，何世紀にもわたる経験の積み重ねで形成されてきたと示した[29]。そして，A. キャドバリー卿は，取締役会とは，知恵を集積し，権力の集中を排除し，責任を分担する機能であり，株式会社が直面する課題に対応するために広い視野からの意見をもたらす審議体という重要な経営資源であると述べている[30]。

　また，英国コード 2018 の名宛人は，「Board of Directors」であることを確認した。英国のコーポレート・ガバナンスは，「一人だけの賢人」が株式会社の経営にあたるのではなく，「Board」という集団が自律的「機関」として経営を担うことを基盤にしている。残念ながら，わが国では，経営者に対する牽制機能のあり方が焦点になることが多い。わが国でも，英国のように取締役会が知恵を集積し，経営を担う機能であることを踏まえた議論が必要とされているのではなかろうか。このように，英国のコーポレート・ガバナンス改革の本質は，社外取締役を活用し，知恵を集積して自律的な「機関」が担う改革であることが明らかになった。

　さらに，英国は，キャドバリー報告書以降も継続的に最善慣行規範を見直し改良を重ねていることも評価される。英国では，キャドバリー委員会以降の最善慣行規範の改良を重ねる中で，社外取締役の役割，専門性の強化に力が注がれている。このような英国のコーポレート・ガバナンス改革は，自己規制の精神，経営機能の中核を担う社外取締役の役割を強化し，社外取締役を中心としたコーポレート・ガバナンス機能の有効性を高める継続的な取り組みなのである。すなわち，より良い制度を追求していることに英国の本質があることを本節は明らかにした。

第2節　米国コーポレート・ガバナンスの展開

1　1930年代証券取引関連規制によるコーポレート・ガバナンス

(1)　米国コーポレート・ガバナンスの経緯

　米国は，統一的なコーポレートガバナンス・コードを制定していない。その理由は，米国には株主や取締役が主体的にコーポレート・ガバナンスを担う考え方があるからである。ところが，米国でも主体的なコーポレート・ガバナンスに大きな影響を及ぼす問題が生じて改革が行われてきた。

　筆者は，米国のコーポレート・ガバナンス改革を次の3段階で捉える。第1段階は1930年代の証券取引関連法規制[31]によるコーポレート・ガバナンス改革である。伝統的に定款自治であったものから，証券取引に関する法規制が整備された。第2段階は1970年代の当時米国史上最大のペン・セントラル鉄道の破綻を契機とした取締役会改革である。そして第3段階は2000年代エンロン事件後の取締役会機能の再構築である。

　米国の株式会社は，法人を登記する州の州法に基づいた定款自治を原則としている。このため銀行は，1927年マクファーデン法（McFadden Act of 1927）等により規模の拡大や州を跨いだ営業展開が規制されてきた[32]。この規制により，米国の銀行の多くは，小規模の銀行となっている。ゆえに，株式会社は，規模拡大を目指した多額の資金調達には証券市場からの資本調達が必要

になる。したがって，証券市場で資本調達する上場会社は，証券取引所の規則に従う。これにより，州法に基づいた定款自治を原則とする米国で，州を越えた一律の規制を課す役割は，証券取引所が担っている。米国の証券取引所は，1792年に株式売買手数料を定めたバトンウッド協定に端を発するニューヨーク証券取引所がその典型である。

　そして，証券市場に上場した株式会社は，資本調達により巨大化し，株主数が増大し，大株主の持株比率が低下するという構造的な変化が必然となる。そして，これを株式所有者の分散と表現して実証研究で明らかにしたのがA.バーリ，G.ミーンズ（1932）である[33]。この株主数増大と所有者の分散を担ったのが投資銀行（Investment Bank）の株式公募機能である。投資銀行とは，1600年代から外国貿易等リスクの高い商業活動に自己勘定でリスク負担して資金調達の支援をしたマーチャント・バンク（Merchant Bank）に端を発する金融機能である[34]。米国という国家は，この投資銀行が発展を担ってきた。そこで，まずは，この投資銀行の金融仲介機能に関して生じた第1段階のコーポレート・ガバナンスを確認していく。

(2)　証券取引関連規制によるコーポレート・ガバナンス改革

　米国コーポレート・ガバナンス改革の第1段階は，1930年代の証券取引規制による金融仲介機能に対するコーポレート・ガバナンスである。米国は，1929年10月に株価が大暴落し，1930年代の大恐慌の中で，証券取引に関する法律および証券取引所の規制を整備した。

　まず，1933年5月27日に証券発行時の規制で証券法（Securities Act of 1933[35]）が合衆国議会で承認され，大統領の署名によって制定された。この証券法は，米国の連邦レベルで初めての証券規制であり，証券法違反は刑事，行政および民事責任の対象となる。証券法第5条により証券を公募する場合の届出および目論見書の配布による情報開示義務を課した。具体的に第5条は，登録届出書の提出による登録[36]なしに証券の公募を行ってはならないと規定した。この義務は，第4条により証券の発行体，証券発行の引受人およびディーラーを対象に課されている。また第5条は，証券登録のプロセスを届出前，待機，効力発生後の3つの段階に区分している。届出前は，証券の募集および販

売を禁止する。届出後の待機期間は，証券の募集を規制し，販売を禁止する。効力発生後は，販売が可能になるが，書面での募集に関して引き続き規制を課している。さらに，第 7 条は，登録届出書に記載を要する内容を定めている。その内容は，発行体名，本店所在地，主要な営業所，業務内容，資本構成，財務の状況，役員に関する情報，役員報酬，重要な契約などである。引受会社に関する情報および 10％超の株式を保有する株主と保有株式数の記載を要する。第 10 条は，第 7 条に規定した登録届出書に記載を要する内容の中での重要な情報を，募集にあたり投資家に配布される目論見書に記載すべき情報と定めている。

　続いて，1934 年 6 月 6 日に証券流通時の規制で，証券取引法（Securities Exchange Act of 1934[37]）が合衆国議会で承認され，大統領の署名によって制定された。証券取引法第 6 条により証券取引所の規制，第 15 条により証券業者の規制が定められた。第 12 条および第 13 条により公開会社に継続開示義務を課した。さらに証券取引法第 4 条により証券取引委員会（Securities Exchange Committee：以下「SEC」という）を創設し，法執行権を付与することが定められた。

　SEC の法執行権の具体的な内容は，第 1 に連邦行政法を司る執行権，第 2 に議会の授権に基づいて法律の効力を有した規制を制定する立法権，第 3 に行政手続きによる違反者の処分，証券取引所，金融取引業規制機構（Financial Industry Regulatory Authority）およびその他自主規制機関（Self-regulatory organizations）が行った処分の審査を行う司法機能である[38]。開示義務違反に対して SEC は，証券取引法 12 条（k）に基づいて，10 日間まで取引停止，さらに 10 日間停止を延長する。また SEC は，証券取引法違反が明らかになった場合は，証券取引法 12 条（j）に基づいて 12 か月までの取引停止または証券登録の取消を命じる権限を有する。

　その後，1956 年にニューヨーク証券取引所は，上場規則 New York Stock Exchange Listed Company Manual 303A-01 によって，上場株式会社を対象にして，2 名以上の社外取締役の設置を義務づけた。米国は，州法が尊重されるため州を越えた一律の規制を課す役割は証券取引所が担う。したがって，上場株式会社に対する一律なルールとなる社外取締役の設置を課したのである。

　以上のように，米国のコーポレート・ガバナンス改革の第一歩は，証券法，証券取引法および証券取引所による規制やルールから始まったのである。

(3)　証券取引に対するコーポレート・ガバナンス改革の意義

　証券取引関連規制は，世界恐慌の 1933 年 3 月に就任した F. ルーズベルト大統領が市場経済に積極介入するニューディール政策として行われた。この政策の意義は，市場や経済への政府介入は最小限に留めるという従来の米国の政策からの大転換である。また，米国証券取引法の性格は，リスク負担者を投資家から，株式発行者側に転換する投資家保護政策である。従前，米国は，会社が株式公募する際の開示情報は，未整備かつ不統一であることから投資家に過度な投資判断リスクを負担させていた。ところが，株価大暴落により一般投資家が多額の損失を被ったことを踏まえて，株式を公募する際の目論見書の開示を義務付けた。これによって，証券公募を受託して投資家に販売する投資銀行は，株式会社の財務状況を適正に評価して公正な目論見書を作成し，投資家に提供する責任を負うことになった。そして投資家は，目論見書に基づいて株式会社の財務状況を評価して投資判断することができるようになったのである。このように米国は，証券法および証券取引法により投資家保護制度の位置づけで，適正な情報開示により投資家のリスクを低減する政策転換を図ったのである。

　したがって，第 1 段階の米国のコーポレート・ガバナンス改革の本質は，資本家と投資家との間のリスク負担の転換である。その背景には，証券法の素案を作成した[39]連邦最高裁判事 L. ブランダーズによる資金の「受託者」という責任概念から見出される[40]。この概念は，他者の資金を預かる資本家や投資銀行に対して，資金を預かる受託者責任として，適正な情報開示の責任である。これにより，目論見書に適正な開示がされ，適正に開示された内容を基に評価を受けることが経営に規律を与える。K. キム，J. ノフィシンガー（2004）は，投資銀行の役割は資本市場の門番であり，資金を得るに値する会社が必要な資金を得るようにすることとする[41]。なお，資金を得るに値する会社とは，資金調達が経済社会の発展に寄与する株式会社である。これを確実にする仕組みが米国のコーポレート・ガバナンス改革の第 1 段階の基盤であった。

2　1970年代ペン・セントラル鉄道破綻と取締役会の実態

(1)　米国株式会社の発展とペン・セントラル鉄道破綻

　米国の株式会社は，南北戦争終結後1871年のペンシルバニア鉄道開業をはじめ鉄道会社が飛躍的に発展して巨大化した。A.バーリ，G.ミーンズは，南北戦争後にはquasi-public（準公的）株式会社が鉄道部門を掌握し，経済生活のあらゆる側面が，株式会社の傘下に収められる観があったと述べている[42]。

　1960年にR.イールズは，国家，教会，軍隊といった伝統的組織が活動や機能の原理を築いてきたことに対して，株式会社には，原理や理論が欠落していると指摘した。株式会社機能を「指揮したり，説明したりする理論体系は何も存在していない[43]」と述べて株式会社という経済組織をガバナンスする理論体系の必要性を訴えた。

　このR.イールズの問題提起から10年後にコーポレート・ガバナンスの問題が顕在化した。米国での株式会社発展の契機となったペンシルバニア鉄道開業から100年後の1970年に米国でコーポレート・ガバナンスが見直されることになった。

　それは，1970年6月21日にペン・セントラル鉄道会社の経営破綻という全米最大の経営破綻の発生である。

　ペン・セントラル鉄道会社は，1968年2月1日にペンシルバニア鉄道とニューヨーク・セントラル鉄道が合併して発足した会社である。同社は，合併によって，全米16州に路線を持ち，全米鉄道旅客輸送量の30%を占める世界最大の民営鉄道であり，世界1位の土地所有会社でもあった[44]。同社の合併発表後には株価が跳ね上がったものの，経営破綻後には株価が急落して，株主は大きな損失を被った[45]。なお，同社は，合併会社の設立まで11年間もの準備期間を要して[46]，ようやく誕生した会社であったが，設立からわずか2年4か月後に破綻に至ったのである。

(2)　ペン・セントラル鉄道破綻の原因

　米国コーポレート・ガバナンス改革の第2段階は，このペン・セントラル鉄

道会社の破綻を契機とした取締役会によるコーポレート・ガバナンスである。

　米国のコーポレート・ガバナンスの議論は，株式会社の不祥事と関係すると言われる[47]。事実，ペン・セントラル鉄道会社の破綻は，多くの原因が指摘されている。その一つは，経営環境の変化に適応できなかったことである。米国大陸の輸送手段は，鉄道から自動車や石油パイプラインへと大きくシフトした[48]。ところが，このような経営環境の変化に対して，ペン・セントラル鉄道会社は，他の輸送網へとシフトする需要を捉えることができなかった[49]。このような需要の変化要因もさることながら，同社の経営には，多くの問題があった[50]。この中で，特に取締役会の機能に関しては，次の４点に集約される。

　１点目は，合併前の会社同士の対立構造である。この合併は，一大金融勢力のモルガン家[51]と連合していたペンシルバニア鉄道と，鉄道王のR.ヤングが支配していたニューヨーク・セントラル鉄道との反目する競合会社の合併であった。２点目は，合併後の取締役会の運営の問題である。合併会社の取締役会は，合併前の両社の貨車の色に基づいて，「レッド・チーム」と「グリーン・チーム」に別れて対立した。対立構造は取締役会の運営に支障を来して，必要な設備投資の意思決定が放置された。３点目は，事業の多角化の失敗である。合併会社を支配したモルガン家は，鉄道経営を軽視した。合併会社は，石油パイプラインや不動産開発等の鉄道以外の多角化を進め，鉄道事業の資金を他の事業へ流失させた。４点目は，不正会計である。合併会社は，利益が減少しているにも関わらずに過大な配当を行い，さらに従業員の年金資金を投資に利用するなど，不正会計による放漫経営が行われていたのである[52]。

(3)　ペン・セントラル鉄道取締役会の実態

　ペン・セントラル鉄道会社の取締役会は，どのような実態であったのであろうか。1972年にSECの特別調査委員会は，報告書「THE FINANCIAL COLLAPSE OF THE PEN CENTRAL COMPANY」によってペン・セントラル鉄道会社の取締役会の実態を明らかにした[53]。

　同報告書によれば，取締役会には次のような問題があった。1）取締役会議長が執行部門となるマネジメントチームを組成していたこと，2）取締役会は鉄道事業の運営に関わる専門知識を持たず，経営改革の意思も欠落していたこ

と，3）取締役会は，適切な財務情報を得る体制を欠いていたこと，4）取締
役会は，財務危機に際して適切な情報が得られず，何ら対策を取らなかったこ
と，5）1969 年 9 月から 1970 年 5 月の間に開催された取締役会に 1 度しか出
席していない取締役も存在し，取締役会が機能していなかったこと，6）経営
危機に際して，取締役会議長が単独で政府関係者と交渉し，取締役会には何ら
報告されなかったこと，7）取締役選任権を議長が支配し，取締役会は不正取
引で訴訟を受けた取締役の選任を回避出来なかったことである。このように，
同社の取締役会は，実質的に機能不全の状態にあった。

　さらに近年の研究でも H. ヤング（2020）が取締役会の実態を分析してい
る。この分析は，主にペン・セントラル鉄道会社として合併する前の旧セント
ラル鉄道と旧ペンシルバニア鉄道からの出身母体間の取締役の対立，両社の事
業構造や企業文化の相違から生じた問題を指摘している[54]。

　米国では，この事件を機に社外取締役の役割を見直す議論が起こった。すな
わち，社外取締役は，経営危機に対処する能力を有しておらず，経営情報の収
集や分析にも問題がある。また，取締役会が形骸化しており，社外取締役が議
論に参加せず，社外取締役が機能しなかった。このような問題意識から，米国
では，社外取締役の役割を見直す必要が生じたのである。

⑷　1970 年代米国取締役会の実態

　米国は，19 世紀後半の南北戦争以降に産業が飛躍的に発展した。これによ
り株式会社は巨大化し，同時に，取締役に強い権限の確立をもたらすことにも
なった[55]。1945 年に B. ラムルは，株式会社を私的国家と表現し，私的国家の
ガバナンスを「マネジメント」と呼び，現在のコーポレート・ガバナンスにつ
ながる考え方を示した[56]。

　その後の 1970 年代の米国の取締役会の実態が，M. メイスによって調査され
た[57]。この調査結果に基づいた当時の取締役会の課題を，彼は，「意思決定機
能」，「助言機能」および「牽制機能」の 3 つの機能から，次のように指摘して
いる。

　第 1 に，「意思決定機能」には構造的に矛盾があると指摘する。株式会社の
経営戦略や政策の決定を取締役が取締役会に提案し，提案した取締役自身がそ

の提案を承認するという構造的な問題である。第2に,「助言機能」が有効ではないとする指摘である。その理由は,内部昇格の取締役がCEOに助言や鋭い質問することは現実的には困難なことである。第3に,「牽制機能」も有効ではないと指摘する。その理由は,内部昇格取締役は継続雇用を望むことから,その取締役がCEOの業績を評価することは現実的に困難である。まして,ボスであるCEOに対して,業績不信を理由に解任することはできないことである。

　しかしながら,このM.メイスの指摘の根底には,内部昇格取締役の問題があると思われる。すなわち,彼は,内部昇格の取締役では,CEOを質問で刺激したり,牽制したり,評価したりする機能を期待することは困難と指摘したのでる。

3　米国の法的介入とアイゼンバーグによる自主的改革提案

(1)　外国不正支払防止法による改革

　ペン・セントラル鉄道会社破綻後の1972年3月23日にSECは,すべての上場会社に社外取締役で構成される監査委員会の設置を要請する声明を公表した[58]。これを受けてニューヨーク証券取引所は,社外取締役導入等を証券業界や上場会社と議論した。しかし,理事会の採択までには至らなかった[59]。

　その後,民主党本部ウォーターゲート・ビルに盗聴器を仕掛けようと侵入したウォーターゲート事件の調査の中で,株式会社からの不正な政治献金が明らかになった。400社以上の株式会社が国内および海外の高官へ不正な金銭支出を行っていたとされる[60]。この背景には,海外への不正な支払いや簿外資産の海外移管等,資産を適正に管理する株式会社の内部統制に問題があることが分かった[61]。これを受けて米国では,1977年12月19日に外国不正支払防止法(Foreign Corrupt Practices Act of 1977[62]：FCPA)が合衆国議会で承認され,大統領署名によって制定された。

　この外国不正支払防止法は,主に外国公務員に対する賄賂の支払いを禁止する規定(anti-bribery provisions)と会計の透明性を要求する規定(accounting provisions)から構成される。会計の透明性に関する規定は,証券取引法第13

条（b）の（2）30A 条に追加された。（A）項で取引の詳細を正確に反映した適正な会計帳簿を作成し備置を義務づけた。さらに（B）項で会計の内部統制システムを策定し運用すること（devise and maintain a system of internal accounting controls）を義務づけた。この法律によって，米国で初めて内部統制システムが法的に義務化されることになったのである。

　ところで，米国の証券取引法の精神は，証券取引市場や株主に対する情報開示規制で，市場や株主からの経営の規律づけであった。つまり，米国証券取引法によるコーポレート・ガバナンスは，間接的な規制を主眼にしていた。ところが，今回の外国不正支払防止法は，株式会社の経営内部に立ち入り，経営内部の統制を直接的に求めるという，従来とは異なる性質を持つ。すなわち，米国のコーポレート・ガバナンスのあり方が，間接的な規制から，経営に対する直接的な規制へと大きな転換が図られた。このように，米国のコーポレート・ガバナンスは，歴史的にも重要な分岐点となったのである。

⑵　M. アイゼンバーグの社外取締役改革提案

　1976 年には M. アイゼンバーグが取締役会と社外取締役の問題点を明らかにしている。同じくペン・セントラル鉄道破綻後，M. メイスは主に内部昇格の取締役の問題を指摘したが，M. アイゼンバーグは，米国の取締役会の問題点を，次の 4 点指摘した。第 1 に社外取締役の時間の制約の問題である。第 2 に社外取締役の情報の制約の問題である。第 3 に取締役会の人員構成の制約の問題である。第 4 に取締役の任期の問題である[63]。

　M. アイゼンバーグ（1976）は，改善の方向性を検討するにあたり，取締役会の機能を 4 つに分類した。4 つの機能とは，（1）助言，（2）重要事項の承認，（3）執行・統制，（4）CEO の選任・解任である[64]。その上で彼は，前述した問題と照らした 4 つの機能の中で，どの機能が有効であるかを検討した。

　実態的に社外取締役には，時間に制約があり，情報にも制約があり，人員構成上も少数であり，任期も短期的であった。このような実態を踏まえて，M. アイゼンバーグは，取締役会の 4 つの機能の中で，（1），（2）および（3）の機能はマネジメン機構と伴に機能するとし，（4）の機能の活用方法に着目した仕組みを提案したのである[65]。

　わが国では，（4）の CEO の選任・解任機能のみを切り出して「モニタリング・モデル」と表現し，社外取締役は CEO の選任・解任機能に特化すべきと論じられることがある[66]。しかしながら，M. アイゼンバーグは，社外取締役が CEO の解任権を行使することを意図するものではない。CEO の選任・解任機能の確保を裏付けにした上で，CEO の業績評価を取締役会および株主に説明する責任を果たすことが社外取締役の重要な役割であるとした。すなわち，CEO が業績等を説明し，社外取締役が説明された業績を評価し，関与していく仕組みである[67]。後述するように，1970 年代後半に米国でコーポレート・ガバナンスに関する原則が検討され始めた初期の段階は，「Monitor」と表現していたが，1980 年代の第 2 試案の段階で，「Oversee」という表現に変更された。その後も米国では，M. アイゼンバーグの提示した仕組みを正確に表現するために，「Monitor」という用語は使用されていない。すなわち，米国では，「Oversee」や「Oversight」と表現されている。

　実は，わが国でも，裁判所は，伝統的に，「監督」という用語は使用せず，「監視」と表現してきた[68]。これらを踏まえて，本書は，「Oversee」という英語の語意が「To watch and check a situation carefully[69]」であることも鑑みて，「経営監視」または，「監視」と表現する。

(3)　法律協会によるコーポレート・ガバナンス

　既に述べたとおり，米国は，州法に基づいた定款自治を株式会社運営の原則とする。ところが，ペン・セントラル鉄道会社破綻後の調査では，取締役会改革の必要性が明らかになった。これを受けて，米国で，米国法律協会[70]（The American Law Institute：以下「ALI」という）が中心となったコーポレート・ガバナンスの原則を策定しようとする動きが活発化した。しかし，これは定款自治という米国の伝統と対立することになり，この原則の策定まで 15 年の歳月を要した。この経緯および原則の内容は，次のとおりである。

　まず ALI は，1977 年にアメリカ法曹会および法曹研修委員会と三者合同でコーポレート・ガバナンスに関する会議を開催した。これにより，コーポレート・ガバナンスに関するリステイトメントや勧告を策定する機運が高まり，SEC 元委員長や M. アイゼンバーグを中核とする委員会が立ち上がった[71]。

　その5年後の1982年に，委員会から第1試案，さらに，1984年に第2試案の「PRINCIPLES OF CORPORATE GOVERNANCE : ANALYSIS AND RECOMMENDATIONS 」（コーポレート・ガバナンスの原理：分析と勧告）が提案された。その後も改定が重ねられて，1991年に第11試案，1992年3月に最終案が提出された。最初の合同会議から15年後の1992年5月31日の年次総会の場で，ようやく，「PRINCIPLES OF CORPORATE GOVERNANCE : ANALYSIS AND RECOMMENDATIONS, PROPOSES Final Draft March 31,1992 」（コーポレート・ガバナンスの原理：分析と勧告：以下「ALI原則」という）が採択された。このように，検討がここまで長期化した理由は，いくつかの要因が挙げられる。まず，米国の会社法は，州の制定法とコモン・ローとが混じり合う複雑な領域であることから州法との調整を要したことである。また同原則は，裁判所，立法府および株式会社実務との調整も必要になり，多くの関係者が納得する規範作りが求められたことである[72]。

　ALI原則は，第Ⅰ篇で定義，第Ⅱ篇で株式会社の目的と行為を示している。また，第Ⅲ篇では，株式会社の構造，取締役および役員の職務と権限，大規模公開会社における監査委員会を記載している。そして，第3.02条で取締役会の職務と権限を示した。第3.02条（a）では，大規模公開会社の取締役会の職務を5つの項目で示している。

（a）公開会社の取締役会は，以下の職務を遂行しなければならない。
　（1）主要上級執行役員の選任，定期的な評価，報酬の決定，かつ必要な場合にはその解任
　（2）会社の業務が適切に行われているか否かを評価するための会社の事業活動の監視
　（3）会社の財政事項・主要な計画および行動について審査ならびに同意
　（4）会社の財務諸表の作成において用いられるべき適切な監査および会計原則，慣行の主要な変更，他の適切な選択に関する問題の決定の審査ならびに同意
　（5）法に定められ，会計基準により取締役会に与えられた他の職務の遂行
　さらにALI原則第3.02条（b）では，取締役会は以下の権限も有することを明らかにしている。

(b) 公開会社を含めた全ての取締役会は以下の権限も有する。

　(1) 会社の計画，関与および行動の発案ならびに採用

　(2) 会計原則および慣行の変更の発案ならびに採用

　(3) 主要執行役員に対する助言，およびこれらの者との協議

　(4) 委員会，主要執行役員等に対する指図および行動の審査

　(5) 株主に対する勧告

　(6) 会社の業務の執行

　(7) その他，株主の同意を必要としない全ての会社に関する事項の決定

　このように，ALI 原則での取締役の役割の特徴は，経営監視の役割に加えて，経営を担う役割を含めていることである。ALI 原則は，第 3.02 条（a）項に加えて，さらに（b）項で（1）会社の計画の提案や（3）主要執行役員に対する助言等の役割も規定しているのである。この ALI 原則の性格を捉えた論述として，たとえば前田（1994）は，ALI 原則は取締役会の基本的職務を業務執行に対する監督としつつも取締役会自身が監督機能を超えて業務執行自体を担い得る体制を構成し得ることも認めていると述べている[73]。

4　1980 年以降の米国取締役会

　一般に，米国は古くから社外取締役を中心とした取締役会による経営が行われてきたと言われる。しかし，わが国では，その実態を明らかにする文献は乏しい。そこで，まずは米国取締役会の実態を確認する。

　1980 年代の米国の取締役会の実態について，この時代の実態を調査して明らかにしたのは，E. ハーマンである。米国 100 社の取締役会の実態調査の結果，全取締役数の中で社外取締役数の割合は 56％になることを確認した。ところが，この表面的な数字に対して，会社や CEO と利害関係を有する社外取締役を除いた場合には，24.1％まで低下することを明らかにした。このように実質的な社外取締役が少数に留まる理由は，CEO が支配体制を堅持し，自身の地位が補強されるような人材を選ぶからである[74]。

　ところで，M. アイゼンバーグが CEO の選任・解任機能を裏付けとした業績評価機能を重視した理由は，社外取締役がすでに過半数を占めるので追加コ

ストが生じないことであった[75]。しかしハーマンは，1981年の調査で，取締役会で社外取締役の割合は4分の1程度に過ぎないと述べている[76]。このような実態の認識の相違もあり，M. アイゼンバーグの提案は容易には浸透しなかったのではなかろうか。

　これに対してSECは，株主に対する情報開示を充実させることでコーポレート・ガバナンスの改善努力を進めた。同SECは，1980年11月に「Staff Report on Corporate Accountability」と題するレポートを連邦議会に提出した。　レポートの最大の論点は，果たして株主はコーポレート・ガバナンスに関与する意思を持っているのかということであった。SECの調査に対する経営者側の回答は，株主は会社の経済的パフォーマンスに関心を持つが，ガバナンスには関心を持たないという意見であった。一方で，学識経験者は，株主は議決権行使をもっと意味のあるものにしたいと望んでいると回答した。これを踏まえてSECは，学識経験者側の意見を採用し，株主のコーポレート・ガバナンスへの関与を拡大させていく方策を提案した。具体的に提案された開示の内容は，第1に取締役候補者が会社と利害関係を有しているかを開示すること，第2に取締役会および委員会への出席状況を開示すること，第3に監査・指名および報酬委員会の設定状況を開示することである[77]。これらによって，株主の議決権行使にあたっての情報開示を充実させ，議決権行使を促進する制度改善が進められていった。

　1980年代の米国は，産業全体および株式会社のパフォーマンスは低下していた。この低迷は，コーポレート・ガバナンスに原因があるのではないか。そうした問題意識が1980年からの米国のコーポレート・ガバナンスの根底にあった[78]。そして，1980年代に米国でM&Aブームが起こり，1980年のFortune紙の売上高ランキング上位500社の中で148社が1989年には買収されて消滅している[79]。このような中で，米国の株式会社は，買収の防衛が必要になり，その防衛策に伴って社外取締役が増加することに繋がったのである。この理由は，防衛策が株主の立場から見て合理的かどうかを判断する役割が社外取締役に求められたからである。株主は，買収提案と防衛策の両方を理解して，公正な判断を下すことが可能な専門性を有する社外取締役に判断を求めたのである。

　その後，1990 年代に入ると M&A ブームは収束し，買収した株式会社の業績向上を目指して，経営陣の経営を監視する要請が強まった[80]。これまで米国の株主は，取締役の選任や行動には注意を払わず，取締役は株式会社の単なる装飾と位置づけられていた。ところが，このような株主の考え方は大きく変化し，社外取締役に対してコーポレート・ガバナンスの期待が高まったのである[81]。

5　小括：エンロン事件前夜の米国取締役会の実態

　米国では，株主や取締役が主体的にコーポレート・ガバナンスを担う基本理念の基で，1930 年代に証券取引関連法による規制改革が行われた。その後，1970 年代に米国史上最大のペン・セントラル鉄道破綻を契機とした取締役会改革が行われたのである。

　まず，1930 年代の第 1 段階は，株主が積極的にコーポレート・ガバナンス機能を果たせるように，株主に対する情報開示を充実させた。これにより米国は，元来，会社の規制は州法で行う伝統であったが，情報開示による規制面から，連邦法となる証券取引関連法を制定する一大改革を行った。

　次に 1970 年代の第 2 段階は，コーポレート・ガバナンス機能を取締役会が果たすよう，その役割を示した。1977 年に外国不正支払防止法が制定され，会社の会計に関する法的規制が強化された。これは，連邦法が初めて会社内部の規律に立ち入り，取引を正確に反映した適正な会計帳簿を備置し，さらに会社の内部統制システムの策定を義務づけた大改革であった。

　その後，M. アイゼンバーグは，CEO が業績等に関する説明責任を果たし，社外取締役が説明された業績を監視する仕組みを提案した。ところが，この提案に対して ALI 原則は，これに加え，経営計画の提案や主要執行役員に対する助言等を社外取締役の役割と位置づけた。したがって，わが国では，「モニタリング機能」と表現しているが，M. アイゼンバーグの提案を取り込んだ ALI 原則は，助言機能を含めた内容を社外取締役の役割としている。さらに言えば，ALI 原則の検討段階で既に「モニタリング」という表現は批判を受けて消失していたのである[82]。

　ところで，1970年代の第2段階までは，米国でも社外取締役という外形的要件を満たせば効果を発揮すると考えられ，社外取締役の専門性の検討が不足していた。M. アイゼンバーグの提案では，英国のように，社外取締役を中心とした取締役会が積極的に経営を担う役割は期待されていない。また，提案されたCEOの業績評価も，社外取締役が事業やビジネスモデルの理解がなければ経営環境を踏まえた実質的評価は困難であった。そこでALI原則は，社外取締役に対して助言等の役割についても規定したのであった。すなわち，ALI原則は，社外取締役に対してCEOの監視を基本としつつ，監視機能を超えて，取締役会が業務執行自体を担い得る体制を認めた[83]。これが，米国を取締役会が経営を担う英国型コーポレート・ガバナンスへと発展させたと捉えられる。

　ところが，社外取締役は，事業に精通した専門性を持たないことには，経営を担う役割を果たすことは困難である。米国では，この問題がエンロン社事件となり，2000年代に顕在化することになったのである。次節では，エンロン事件の事例研究により，社外取締役の実態と課題を考察する。

第3節　事例研究：エンロン社ビジネスモデル改革とコーポレート・ガバナンス

1　エンロン事件に対する着眼点

　米国のコーポレート・ガバナンスは，株主や取締役が主体的に担うという基本理念がある。その上で，1930年代の証券取引関連規制により，また1970年代に当時米国史上最大のペン・セントラル鉄道破綻を契機とした取締役会改革が行われた。しかしながら，これまでの米国のコーポレート・ガバナンス改革の問題点は，社外取締役の外形的な要件や機能を中心に議論してきたことである。すなわち，社外取締役の専門性という実態面の視点が欠けていた。

　ところが，社外取締役の専門性に関する問題が潜在化し，米国を大きく揺るがす事案が発生した。2001年に発生したエンロン事件である。同事件は，これまでにも多くの文献で取り上げられている。しかし，その多くは，本事案を不正会計事件と捉えている。ゆえに，本事案を糧にどのように不正会計を防止

するのかという観点から検討されている。

　他方，事件には２つの顔があるとする見解がある。それは，不正会計の顔と革新的ビジネスモデルの顔である。すなわち，２つの顔がありながら，わが国では専ら不正会計に焦点を当て，もう一方の革新的ビジネスモデルの顔が軽視されていると問題提起されている[84]。

　そこで本書は，従来の研究とは異なり，エンロン社のビジネスモデルの変化に対する社外取締役によるコーポレート・ガバナンスを問う。同社の破綻までには，どのようなビジネスモデルの変化があったのか。社外取締役は，ビジネスモデル改革に対するコーポレート・ガバナンス機能を発揮することができなかったのか。社外取締役には，コーポレート・ガバナンス機能を果たすために，どのような専門性が求められていたのか。本事例は，ビジネスモデル改革に対する社外取締役の専門性のあり方を検討する。

2　エンロン社のビジネスモデル改革の変遷

(1)　エンロン事件の位置づけ

　エンロン社は，1985年7月にガスパイプライン会社インターノースがヒューストン・ナチュラルガスを買収して誕生した会社である。同社は，米国最大の天然ガス・パイプライン保有会社であった。ところが同社の実質的創業者 K.レイの事業に対する想いは，自由な取引のできるマーケットの創出であった[85]。ここに，同社の事業とビジョンの乖離の端緒が見出される。

　同社は，その後，デリバティブ取引に傾斜して事業を急拡大させて，2001年11月28日に資金繰りが行き詰まり，全米最大の負債総額で破綻した。これは，経営者が金融デリバティブ取引でリスクを巨大化させたことで巨額な債務を抱え，債務を隠蔽していた破綻事件でもある。そして，この事案は，現代の株式会社が立法や規制担当者，研究者等の想定を遥かに超えて巨大化，複雑化，高度化し，金融テクノロジーを駆使して経営されている姿を露にしたものである。また，エンロン事件は，法律や規則により社外取締役の人数等の形式面を規制する手法は役に立たないことを示した。さらに，社外取締役は，ビジネスモデルを理解しないと役割を果たさないことを明らかにしたのである。

　すなわち，現代の社外取締役には，巨大化，複雑化し，金融テクノロジーを駆使するビジネスモデルを理解し，リスク構造を把握した適切なハンドル操作やブレーキ機能の役割が求められていることを示した。したがって，この事件は，現代の社外取締役への警鐘と位置づけられるのである。

(2) 事件に至る経緯とビジネスモデルの変遷

　エンロン事件の全貌の詳細な分析は，膨大かつ複雑で極めて困難とされる[86]。そこで，本書は，同社のビジネスモデル改革に関して，上院議会調査報告書[87]（以下「パワーズ報告書」という）を基に分析し，その結果，以下の4つのステージに区分してビジネスモデルの変化と問題点を捉える。

　第1ステージは，多角化して大規模複合会社に急成長するビジネスモデル改革である。エンロン社は，ガス・パイプライン会社からM&Aを繰り返して電力規制緩和の波に乗り急成長した。1989年に天然ガス事業，1994年に電力商品卸売，1997年には天候デリバティブ事業に進出した。そして，1999年にはエネルギー取引のインターネット・サイトを開設した。同社の取扱商品は，天然ガス，電力，原油，LPGや非鉄金属，パルプ，紙，材木，風力発電，天候デリバティブ等まで多岐にわたる。また同社は，顧客の投資資金のポートフォリオ管理やリスクヘッジを受託し，工場エネルギーの一括調達までも受託した。さらに同社は，ビデオ・オン・デマンドのビジネスも開始した。しかし，これに関しては，未だテスト段階において投資銀行から得た借入金を，同社の収入として売上計上するような処理を行っていたのである[88]。

　第2ステージは，資金調達スキームを駆使するビジネスモデル改革である。この段階の特徴は，事業を拡大する手段たる資金調達であった。同社は，特別目的法人（Special Purpose Entity: 以下「SPE」という）を活用した会計不正スキームを構築した。同社は，1993年に米国最大の機関投資家であるカリフォルニア州公職員退職年金基金（California Public Employees' Retirement System：以下「CalPERS」という）とともに，第1号ファンドJoint Energy Development　InvestmentLimited Partnershipを立上げた。同社は，250百万ドルの自社株を拠出し，CalPERSも同額を拠出した。しかし，第2号ファンド資金調達のための1号ファンドの売却先が見つからず，CFOのK.ファス

トウは，Chewco Investments　L.P.（：以下「Chewco」という）を設立した。そして部下を経営者としたChewcoのSPEスキームにより資金調達したが，これを債務には計上しなかったのである。同社の転落は，このようなSPEを活用した資金調達スキームを生み出したことに始まると指摘されている[89]。本来，経営の多角化とは，経営資源を多角的に有効活用しようという動機から生み出される[90]。ところが同社の多角化は，経営資源を有効に活用する意図はみられず，戦略のない事業の膨張であったと言える。そして，同社の経営資源は何かと考えた場合，CFO個人の金融知識が経営資源であり，個人の金融知識から生み出される資金調達スキームが多角化の要因であったとも言えよう。

　第3ステージは，金融テクノロジー会社へ傾斜するビジネスモデル改革である。この段階での資金調達は，事業拡大の手段ではなく，金融テクノロジーを駆使し，それ自体が事業であった。エンロン社は，投資銀行等とエネルギー取引契約を取り交わすが，実態はエネルギーの受渡しがあるわけではなく，エネルギー取引を装う資金調達を目的にしていた。エネルギー取引契約を装うことで借入資金を連結債務から除外したのである。また，上院政府活動委員会は，同社のプリペイド取引に焦点を当てた議会公聴会を開催し，金融機関との不正取引を明らかにしている[91]。同社とJPモーガン・チェース銀行は，SPEを活用してガス売渡契約を装ったが，実質的には借入取引を行っていたのである[92]。同様にシティグループとの間では，石油代金の売渡契約を装う方法で借入調達を行っていた。このようにエンロン社の不正取引は，エネルギー開発事業や自己投資事業を共同出資事業に仕立てたSPEを利用し，バランスシートは増大させずに資金調達する行為である[93]。その後，エンロン社は，2001年11月28日に格付機関の格下によって融資の期限の利益が喪失して債務返済義務が生じ，資金繰り破綻に至った。これは，CFOの主導と投資銀行の関与により，投資銀行のビジネスと金融テクノロジーを駆使した資金調達を融合させた事業拡大の末路である。これらの経過から同社は，事業の拡大方法に対し，ビジネスモデルをあるべき姿に修正するコーポレート・ガバナンスが機能していなかったことが破綻を招く原因になった。

　第4ステージは，投資銀行ビジネスモデルへの傾斜である。エンロン社は，

マスメディアからビジネスモデルを開示すべきと追求され，これを端緒に株価が下落した。同社が投資銀行のようなビジネスモデルを装った事例は，金融機関とのスワップ取引契約[94] である。JPモーガン・チェース銀行と1992年から12回で37億ドルの取引，シティグループとは1994年から14回で48億ドルの取引（プリペイド取引[95]）であり，これらは会計操作であることが明らかになっている[96]。

　以上の分析から分かるように，同社は投資銀行からも専門性の高い小規模の投資銀行並みと評され，事業の全貌が不透明な巨大株式会社と化していたのである。このような実態を捉えて，P.フサロ，R.ミラー（2002）は，同社が事業をどのような方向に進めていこうとしているのか戦略が全く不明であったと述べている[97]。

　すなわち，エンロン社は，第1ステージはガス・パイプライン事業から複合企業への展開，第2ステージは資金調達スキームの多用，第3ステージは金融テクノロジーへの傾注，第4ステージは投資銀行モデルへとビジネスモデルを展開させた。したがって，当初のガス・パイプライン会社の取締役会に参画した社外取締役は，投資銀行モデルへの展開に有効なコーポレート・ガバナンス機能を発揮させることは到底困難であったのである。

⑶　財務諸表からみたビジネスモデル構造と問題点

　エンロン社の業績は，2000年に売上高が急拡大した。しかし，売上高が増加する一方で，利益率は低位で推移していた。売上高のみを拡大させた収益性の低い事業構造は，多くの運転資金を必要とするが，収益性が低いことから金融機関は融資に慎重になる。すなわち，エンロン社の破綻は，資金調達の構造的な問題が顕在化した結果である。

　エンロン社の修正前の資産負債状況は，表3-2のとおりである。1999年から2000年の間に未収入金および価格変動リスク資産が急増していた。同時に，未払金および価格変動リスク負債も急増し，バランスシート全体が膨張している。その一方で資産と負債の差額は小さい。つまり，株主資本は大きく増加していない。したがって，資産の時価評価額が下がり，負債の評価額が上がれば，その差額は損失になり，株主資本を減らす。すなわち，資産と負債の時

表 3-2　エンロン社の資産負債状況（修正前）　　　（単位：百万ドル）

資産	1999 年	2000 年	負債・資本	1999 年	2000 年
未収入金	3,030	10,396	未払金	2,154	9,777
価格変動リスク資産	2,025	12,018	価格変動リスク負債	1,836	10,495
			株主資本	9,570	11,470
総資産合計	33,381	65,503	負債・資本合計	33,381	65,503

出所：Enron Annual Report 2000 を基に筆者作成

価評価が適正かどうかが極めて重要になる。また，株主資本は相対的に小さ
く，価格変動リスクを吸収する十分な資本を備えておらず，極めてリスクの高
い状態であった。

　エンロン社の融資銀行は，急成長するが不透明な事業内容と，脆弱でリスク
の高いバランスシートを踏まえて，格付け維持条項を付していた。同社は，投
資銀行との SPE スキームを繰り返すことで，小規模投資銀行並みと評価され
る程の投資銀行に近いビジネスモデルに問題があった。

　このエンロン社の収益構造を明らかにしたのは，F.パートノイである。
F.パートノイ（2002）は，同社の連結財務諸表の勘定科目を組替えて「天然
ガスその他商品」，「電力」，「金属」取引を非デリバティブ収益および支出と
し，これらをデリバティブ取引と区分した収益構造を上院議会政府活動委員会
に報告した[98]。この分析によれば，表 3-3 のとおり，2000 年に非デリバティブ
収益が急拡大しているが，非デリバティブ支出を控除した粗利益は 960 百万ド
ルの赤字であることが分かる。また，エネルギー事業会社の本業は，事業規模
の急拡大を装うが赤字という実態であった。ゆえに同社は，このような収益構
造の実態を捉えて，投資銀行のリスク判断を担うことができる社外取締役が必
要であったのである。

表3-3　エンロン社の収益状況（修正前）　　　　（単位：百万ドル）

	1998 年	1999 年	2000 年
非デリバティブ収益	27,215	34,774	93,557
非デリバティブ支出	26,381	34,761	94,517
非デリバティブ事業粗利益	834	13	-960
デリバティブ取引収益	4,045	5,338	7,232
その他支出	-3,501	-4,549	-4,319
営業利益	1,378	802	1,953

出所：Frank Partnoy（2002）" Testimony of Frank Partnoy, Professor of Law, University of San Diego School of Law Hearings before the United States Senate Committee on Governmental Affairs" January 24, 2002 p.28

3　エンロン社取締役会実態と社外取締役専門性

(1)　エンロン社取締役会の問題点

　エンロン事件は，取締役会にどのような問題があったのであろうか。パワーズ報告書は，同社の不正会計に着目した膨大な分析をしているが，その要旨は次の4点に集約される。

　第1にK.レイ会長，J.スキリングCEOおよびK.ファストゥCFOの3人に権限が集中していたことである。第2に権限を持つこの3名に加え，さらに投資銀行や監査法人がSPEを活用した資金調達スキームと不正会計に関与していたことである。第3に業務執行取締役の説明や監査法人，弁護士の意見を鵜呑みにして簿外取引を承認する等，取締役会が機能していなかったことである。第4に社外取締役には，エンロン社との取引関係や献金授受など独立性に問題があったことである[99]。

　ビジネスモデル改革とコーポレート・ガバナンスの関係に着目する本書は，同社の取締役会を中心とした問題を次のように検討する。

　まず，エンロン社取締役会の構成や社外取締役の員数を検討する。同社の取締役会は，CEOおよびCOOと15名の社外取締役からなる17名の取締役で構成されていた。したがって，社外取締役は，その割合や人数からも形式的には十分な体制であった。また，取締役会は，監査，指名，報酬，財務，経営と

いう5つの委員会を設置し，経営委員会を除いて全て社外取締役で構成されていた。このように，同社の取締役会は，形式的には十分な社外取締役体制であった。

　次に，同社に多く存在していた社外取締役とCEOとの関係性の検討である。これに関しては，社外取締役は，「CEOの捕虜」であったと指摘されている[100]。古くから，社外取締役は，会社との取引関係や経営者との交友関係から，「好意的な拝聴者」になってしまうとされている[101]。同社の社外取締役には，取引先やCEOとの交友関係から選任された取締役が含まれていたことから，社外取締役によるビジネスモデル改革に対するコーポレート・ガバナンスが機能しなかったのである。

　さらに，社外取締役のビジネスモデルに対する専門性の検討である。前述のCEOとの交友関係等の問題は，一般的に社外取締役の独立性の問題として検討される。これに対して，本書の着眼点は，ビジネスモデルを理解せず，専門性を持たない人物が社外取締役を担うことの問題である。なぜなら，CEOとの関係性を持つかどうか間接的な調査には限界があるからである。それよりも，取締役会が求める専門性を有する候補者であるかを株主が評価し，より最適な社外取締役を任命する制度こそが有益で効果的である。また，これにより，交友関係に依存して専門性を持たないような人物は結果的に排除されると考えられるからである。

　たとえば，複雑なSPEを活用した取引の詳細を報告させずに，取引を承認した取締役会に問題があったと指摘される[102]。これは，SPE取引のような複雑な取引が理解できずに承認したことが原因である。すなわち社外取締役は，主たる事業としていたビジネスモデルに関する専門性を欠いていたのである。

⑵　ビジネスモデル改革と社外取締役の専門性

　エンロン事件は，社外取締役の形式的要件を満たしてもコーポレート・ガバナンスは有効に機能しないことを明らかにした。それでは，なぜ機能しないのか。本書は，その理由を探るために社外取締役の経歴を同社の年次報告書によって調査した。

　エンロン社の社外取締役は，様々な業界や分野の人材から構成されていた。

具体的には，政治家が3名おり，2名は医療関係者であった。また大学教授もいた。企業関係者は，General Electronics 社の元役員2名であった。その他は，設備関係の取引先，エネルギー産業，計測器，保険，ブラジルの銀行や香港の不動産開発の人材であった。これらの社外取締役の経歴からは，エンロン社が傾注していった投資銀行業務やデリバティブ取引の仕組みを理解して，リスク判断ができる専門性を備えていたのか極めて疑しい。

　社外取締役を中心とした取締役会が有効に機能するためには，以下の視点が重要と考えられる。

　第1は，取締役の選任基準の改善である。取締役の選任は形式基準から実質基準に改善する必要がある。現代の経営は，社外取締役を中心とした取締役会が主体的に経営に関与して，株式会社の目的を果たしていくことが求められている。エンロン社の破綻にはデリバティブや金融先物取引，金融商品や指数取引等の複雑さに問題がある[103]。取締役会メンバーは，このような複雑な取引が理解できなかった[104]。すなわち，社外取締役は，複雑な事業内容を理解して監視することが可能となる専門性を選任基準にする必要がある。

　第2は，ビジネスモデルの変化に応じた社外取締役の専門性である。社外取締役は，ビジネスモデルの展開に応じて，そのビジネスモデルに伴うリスクを把握して，コントロールする役割が求められる。具体的に言えば，第1ステージのガス・パイプライン事業者から多角化していく段階で，社外取締役には複合事業の経営管理や意思決定に関与した経験や知見が求められていた。第2ステージはCFOが考案したSPEのスキームを理解し適正にリスク判断が可能な専門性が必要であった。第3ステージは金融テクノロジーに傾注していく段階で，会社の目的や理念から是非を問う社外取締役が求められていた。第4ステージは投資銀行を前提に経営を担い，投資銀行のリスクコントロールができる役割が求められた。これらを踏まえて取締役会は，ガス・パイプラインやエネルギー事業から投資事業にビジネスモデルが転換されていく過程を静観するのではなく，積極的に関与すべきであったのである。

4　エンロン事件後の取締役会制度改革

⑴　サーバンス・オクスレー法による取締役会制度改革

　エンロン事件を契機とする会計不信は，世界を席巻する影響をもたらした。また，会計と監査制度の信頼が失われ，情報開示制度とコーポレート・ガバナンスの徹底的見直しを余儀なくしたのである[105]。

　それまで米国では，1933 年証券法および 1934 年証券取引法の制定以降には大きな法規制は実施してこなかった。ところが，この米国で，市場経済へ積極介入したニューディール政策以来の金融市場の大改革がおこり，投資者の信頼を取り戻すための法整備が進められることになった。

　まずは 2002 年 3 月に G.W ブッシュ大統領は，改革のための 10 か条を公表した。その後の 2002 年 4 月に連邦議会下院は，上場会社の会計改革法案を提出して可決したが，これは不正行為に対する罰則が含まれない内容であった。これに対して上院は，1）会計監査人に対する指導，2）会社の犯罪に対する罰則強化，3）SEC および財務会計基準審議会の機能強化，4）証券アナリストに対する情報開示，5）その他コーポレート・ガバナンス関連を主な内容とする法案を提出して 2002 年 7 月 15 日に可決した。7 月 25 日には上下両院本会議で可決され，7 月 30 日に G.W ブッシュ大統領の署名を経て，「上場会社会計改革および投資家保護法」（ Public Company Accounting Reform and Investor Protection Act of 2002：Sarbanes-Oxley Act of 2002[106]：以下「SOX 法」という）が制定された。このように，米国では，わずか数か月足らずで，金融の大改革法案を成立させたのである。

　この中で取締役会改革は，SOX 法 301 条により証券取引法 10A 条（m）項が新設されたことである。具体的には，監査委員会に関する次のような規定の改定である。第 1 に外部監査人の選任および監督を行う責任，第 2 に監査委員会各委員の独立性，第 3 に内部告発の処理手続きの整備，第 4 に外部アドバイザーを雇用する権利，第 5 に監査委員会により決定された外部監査人や外部アドバイザーへの報酬を会社が支払うことの義務化である。さらに SEC の Division of Corporate Finance（企業金融部会）は，取締役候補者の提案および委任状勧誘規則の検討を開始し[107]，その後，2003 年 12 月 11 日に取締役会

と株主のコミュニケーションを強化する開示改革案を提案した[108]。

(2) 取引所規則による取締役会制度改革

　SEC の H. ピット委員長は，議会の動きに先駆けた 2002 年 2 月 13 日，エンロン事件等が繰り返されないようにコーポレート・ガバナンス強化を証券取引所に要請した。これを受けて，ニューヨーク証券取引所は，「企業責任および上場基準に関する委員会（Corporate Accountability and Listing Standards Committee）」を設置した。その後の 2002 年 8 月 6 日に同取引所は，SEC に規則改正案を提出し，取引所の規則を改正した。また，議会で成立した SOX 法 301 条により，上場会社の監査委員会の設置，同法 404 条により「内部統制報告書」の作成が株式会社に義務化されたことを受けて所要の取引所規則の改正を行った。

　ニューヨーク証券取引所が改正した規則の主な内容は，表 3-4 のとおりである。しかし，この改正内容がエンロン事件を踏まえて十分なものになっているのかと問えば，以下の 2 点の課題があると考えられる。

　第 1 は，形式基準に偏っていることである。事件から，取締役には会社が注力していた金融スキームやビジネスモデルを理解して，複雑なスキームから生じるリスクを管理する専門性が必要になることが分かった。取引所規則

表 3-4　ニューヨーク証券取引所規則の改正概要

項目	条項	内容
取締役会の独立性向上	303A02	・取締役会の過半数は独立取締役であること ・3 人以上の独立取締役で構成される監査委員会設置 ・独立取締役の基準を策定し公表すること
監査委員会の権限強化	303A07	・メンバーは全て独立取締役とすること ・最低 1 名は，会計財務経営の専門知識を有すること ・全てのメンバーは，会計・財務の知識を有すること
報酬・指名における 独立取締役の役割強化	303A04 303A05	・報酬・指名委員会を設置すること ・メンバーは全員，独立取締役とすること
最善の倫理・行為規範	303A09 303A10	・倫理や行為規範，コーポレート・ガバナンス・ガイドラインを定めて公表すること ・取締役や役員の責任免除を認める場合，その旨を公表すること

出所：Listing Rules of New York Stock Exchange を基に筆者作成

303A02 によって，社外取締役の人数を過半数にすることを課しても，エンロン社の多くの社外取締役は政治家を含めた異分野や異業種の人材でコーポレート・ガバナンス機能を果たさず，実質的な効果を生まなかったのである。

　第2は，社外取締役の役割が経営監視面に偏っていることである。ALI 原則は，業績評価を基本としつつも，さらに業務執行に近い機能を社外取締役に認めている。川口（2001）も，「モニタリング・モデルは，決して取締役会の機能を受動的なものに変質させようと意図するわけではない[109]」と述べている。ALI 原則は，（b）項で（1）会社の計画の提案や（3）主要執行役員に対する助言等の役割も規定しているのである。

　これは，本章第1節で確認したように，英国では，取締役会の役割が戦略を策定し，社外取締役が会社の経営をリードする役割を担うように変化してきていることとも整合する。ニューヨーク証券取引所も，このような取締役会および社外取締役の役割の変化を捉えた，規制改革の検討が必要になる。

(3)　全米取締役協会による取締役会制度改革

　米国でも自主的なコーポレート・ガバナンスを策定する動きも出てきている。自主的なコーポレート・ガバナンスには，全米取締役協会（National Association of Corporate Directors：以下「NACD」という）から公表された原則がある。NACD は，エンロン事件後，迅速かつ主体的に取締役の規律を策定する議論を進めて，2009 年に取締役原則（Key Agreed Principles National Association of Corporate Directors：以下「NACD 原則」という）を発表した。この NACD 原則は，全部で 10 の原則から構成されている。その中で，取締役の役割や責務の特徴を表 3-5 に示した。NACD 原則の内容は，特に，次のような大きく4点の特長がある。

　第1は，長期的価値創造を目的にしていることである。原則Ⅰ等にて，取締役会が株主から受託した目的は，「長期的な価値創造」であることを明らかにしている。したがって，取締役会のガバナンス構造とプロセスは，中長期的価値創造という受託目的に沿うべきである。取締役会は，マネジメンと共に中長期的価値を創造し最大化に責任を持つことである。第2は，ビジネスモデルを構築する責務である。原則Ⅲで，取締役会の役割は，ビジネスモデルを構築す

表 3-5　NACD 原則の概要

要素	取締役の役割・責務の特徴
受託目的	取締役会の受託目的は，株式会社の長期的な価値創造である。 「マネジメンと共に長期的に株式会社価値を創造し，最大化する責任を持つ」
役割	1）選任評価：取締役会はマネジメンを選任，評価，後継者育成する。 2）Oversight：マネジメンが適切に執行しているか Oversight（監視）する。 3）方向付け：正しい方向に指導する。
ガバナンス構築：	
	1）テーラメイド設計： 　自社の歴史，文化を鑑み，自社に最も合った 　「テーラメイド」で透明性の高いコーポレート・ガバナンスの構造を作り運営する。 2）テーラメイドの説明： 　自社が構築し運営するコーポレート・ガバナンス構造が 　「なぜ自社としてベストなものなのか」理由を説明する必要がある。
取締役会の有効性3要素：	
	1）個々のメンバーの能力とコミットメント 2）受託者の役割に対する理解 3）グループとして協力する能力
効果的な取締役会：	
	・多様な視点から活発な議論を経て，取締役会全員のコンセンサスに到達するまでの 　環境が構築されている。 ・多様なスキルセット，経験，視点を持つ取締役で構成されている。
取締役会構成：	
	・経験とスキルセット，適切なミックスを定期的にレビューする。
取締役の資質：	
	・関連するビジネスと業界の専門知識がある。 ・戦略とリスクに関する洞察を提供することができる。
会社の 文化	・誠実さ，倫理，社会的責任からの会社の文化を促進するガバナンスを構築する。

出所：Key Agreed Principles　National Association of Corporate Directors 2011

ることでの長期的価値を創造する責務であるとする。つまり，取締役会には事
業を正しい方向に指導する役割を求めている。また，「経営監視」という機能
の目的は，長期的価値創造に向けて事業を導くことで，そのためにマネジメン
の執行状況を常に把握することである。第3は，コーポレート・ガバナンスと
はテーラメイドによるべきことである。原則Vにて，コーポレート・ガバナン

スは，自社の歴史，文化を鑑み，自社に最も合ったテーラメイドで透明性の高い構造であると示している。すなわち取締役会は，自社の歴史や文化に適した，自社のコーポレート・ガバナンスを構築することが求められている。その結果，自社のコーポレート・ガバナンスは，自社にとってベストな機能を選択したことを取締役会が説明するよう求める仕組みとなっている。第4は，取締役の専門性である。原則Ⅷにて，取締役は専門性や資質および経験が必要とされている。すなわち，会社のビジネスと業界の知識，戦略とリスクに関する洞察を提供できる人材が必要と示している。

　以上のとおり，NACD原則は，ALI原則や取引所規則による形式的規定を実質面で補う規範と評価できる。NACD原則は，取締役の受託目的や取締役会のあり方，主体的なガバナンス構築による経営のあり方を示している。すなわち，米国でも，取締役会や社外取締役が主体的にコーポレート・ガバナンスを構築して，これらが経営をリードするという考え方が示されているのである。

第4節　総括　現代の取締役会とコーポレート・ガバナンス

　本章は，英米のコーポレート・ガバナンス改革の展開を考察した。英国は，1990年代の不祥事への対処で，自律的な規範に基づいたコーポレート・ガバナンス改革を推進し，世界に先駆けてコーポレートガバナンス・コードを制定した。英国のコーポレート・ガバナンス改革は，取締役会の主体的な経営を求め社外取締役の役割を重視している。また，取締役会の中での社外取締役の役割を定め，実際に機能するための制度改革を重ねているという特徴を明らかにした。

　米国は，1930年代に投資家に適切な情報開示を行う第1段階から，1970年代のペン・セントラル鉄道の破綻を契機に顕在化した取締役会の実態を踏まえたALI原則を柱とする第2段階の改革が行われた。ところが，2001年のエンロン事件は，大規模化，高度化する現代の会社のビジネスモデル理解なしに社外取締役は機能しないことを明らかにした。この事件を契機に，英国と同様

に，米国でも実質面から社外取締役が役割を果たすための第3段階の改革が行われていることが確認された。

　英国のコーポレートガバナンス・コードは，取締役会が経営をリードし，社外取締役がその中心を担うコーポレート・ガバナンスを発展させることになった。すなわち，社外取締役は，取締役会メンバーの立場で戦略提案に対して建設的な議論を挑み，より良い戦略とするよう支援すべき役割を明らかにしている。また，取締役会での戦略議論に刺激を与えて，戦略を練り上げる社外取締役の新たな役割の全体像を描き出した。社外取締役が，このような現代の新たな役割を果たすためには，ビジネスモデルを理解する専門性が重要になる。ところがエンロン社の取締役は，投資銀行のリスクをコントロールできず，機能不全であった[110]。ゆえに，米国では，同社の破綻を契機にコーポレート・ガバナンス改革が行われて，取締役の専門性開示制度が進められているのである。

　以上，英米では取締役会と社外取締役の重要性が高まり，求められる役割も変化してきている。つまり，わが国への重要な示唆は，取締役会が主体的に経営やコーポレート・ガバナンスを担う役割に変化していることである。このように進化した役割の中で，社外取締役は，会社のビジネスモデルから生じるリスクを的確に把握して，コントロールする能力や専門性が求められるようになっている。そして，米国では，エンロン事件を契機にして，取締役の専門性開示を強化する改革が進められていることを読者に伝え，本章の結びとする。

[注]
1　Goergen, Mark (2012), *International Corporate Governance*, Pearson, p. 129.
2　関孝哉 (2001)「エイドリアン・キャドバリー卿に聞く」日本コーポレート・ガバナンス・フォーラム編『コーポレート・ガバナンス―英国の企業改革―』商事法務研究会，p. 203。
3　「Mergers and Acquisitions」の頭文字をとった略称であり，企業の合併・買収を意味する。
4　Wearing, Robert (2005), *Case in Corporate Governance*, SAGE Publications, pp. 40-53.
5　A. ナダルは 2010 年に英国に戻り，2012 年に 10 年間の禁固刑を受け収監されていたが，2016 年 4 月にトルコ刑務所に移送され，その後，釈放されている。
6　米山徹幸 (2002)「エンロン事件の"前例"はあった　いま振り返る英 PPI 事件」『エコノミスト』2002 年 2 月 26 日，p. 89。
7　第2章2節1（5）でも述べた状況において，この回収判断には内部から大きな反発を受けた。
8　現在は，Binder Dijker Otte LLP. で英国 5 大監査法人の一つとされる。
9　「米，中国企業への不信再燃」『日本経済新聞』2020 年 4 月 21 日朝刊，第 10 面。

10　1992 年 6 月に，Maxwell グループ社の破綻により年金を横領された元従業員（年金資産の保有者）が英国議会周辺でデモを行い，政府に対して年金支給への善処を要望した。

11　Bower, Tom (1991), *Maxwell: The outsider.*（山岡洋一訳［1992］『海に消えた怪物』文藝春秋，p. 571）。

12　Bower (1991), *op.cit.*, pp. 500–501.

13　安達精司，ラーラ・ダハティ（1992）「米国におけるコーポレイト・ガバナンスをめぐる議論〔上〕」『商事法務』1300 号，p. 53；平田光弘（2000）「英国における企業統治改革の実践」菊池敏夫・平田光弘編『企業統治の国際比較』文眞堂，p. 77。

14　Cadbury, Adrian (1990), *The Company Chairman*, A Directors Book, Association with Institution of directors, p. 60.

15　安達・ダハティ（1992），p. 54。

16　Bank of England (1992), *Bank of England Quarterly Bulletin*, May, pp. 211–213.

17　英国は「Non-executive director」として業務執行に関与していない点を重視している。なお米国は社外の経験や知見，専門性を有する人物を重視して「Outside-director」としている。

18　THE FINANCIAL ASPECTS OF COPORATE GOVERNANCE 2.5: "Corporate governance is the system by which companies are directed and controlled."

19　Ibid., 2.5: "Boards of directors are responsible for governance of their companies."

20　Ibid., 4.1: "Every public company should be headed by an effective board which can both lead and control the business."

21　Director's Remuneration: Report of a Study Group chaired by Sir Richard Greenbury, 17 July 1995.

22　Committee on Corporate Governance: Final Report, 1 January 1998.

23　Committee on Corporate Governance: The Combined Code, June 1998.

24　THE UK CORPORATE GOVERNCE CODE 2018: INTRODUCTION Reporting on the Code: "The Listing Rules require companies to make a statement of how they have applied the Principles, in a manner that would enable shareholders to evaluate how the Principles have been applied."

25　英国に端を発するソフトローとは，「原則として法的拘束力はもたないが実践的な効果を有し得る行動に係るルール」と定義される。Snyder, Francis (1993), "The Effectiveness of European Community Law: Institutions, Processes, Tools and Techniques," *Modern Law Review*, 56, January, p. 32.

26　The Higgs Committee (2003), "Review of the role and effectiveness of non-executive directors."

27　Financial Reporting Council: THE UK CORPORATE GOVERNCE CODE 2018.

28　日本語での「試みる」や単に「挑戦する」という語意ではなく，人が他人の考えや理論などに，その真偽や解釈に異を唱え，疑問を呈する行為によって「挑む」ことで議論を深めて，より最適な結論を導き出すような役割が英語圏での「チャレンジ」の語意である。

29　Cadbury, Adrian (2002), *Corporate Governance and Chairmanship: A Personal View*, Oxford University Press, p. 38.

30　Cadbury (2002), *op.cit.*, p. 38.

31　1933 年に証券発行時の規制として証券法（Securities Act of 1933）が制定され，1934 年に証券流通時の規制として証券取引法（Securities Exchange Act of 1934）が制定された。

32　Roe, Mark J. (1994), *Strong Managers, Weak Owners: The Political Roots of American Corporate Finance*, Princeton University Press, pp. 67–68.

33　Berle, Adolf A. & Means, Gardiner C. (1932), *The Modern Corporation and Private Property*, Transaction Publishers, pp. 47-65.

34　Kim, Kenneth A. & Nofsinger, John R. (2004), *Corporate Governnce*, Pearson Education Inc. (加藤英明監訳［2005］『コーポレートガバナンス　米国にみる「企業価値」向上のための企業統治』ピアソン・エデュケーション，p. 73)。

35　正式な法律名は，An act to provide full and fair disclosure of the character of securities sold in interstate and foreign commerce and through the mails, and to prevent frauds in the sale thereof, and for other purposes.

36　正確には1934年の証券取引法によりSECが設立されたものであり，1933年の段階では連邦取引委員会（Federal Trade Commission：FTC）への届け出義務を課し，1934年にSECに権限が移管された。

37　正式な法律名は，An act to provide for the regulation of securities exchanges and of over-the-counter markets operating in interstate and foreign commerce and through the mails, to prevent inequitable and unfair practices on such exchanges and markets, and for other purposes.

38　山本雅道（2019）『アメリカ証券取引法入門—基礎から学べるアメリカのビジネス法—（改訂版）』第一法規，pp. 22-26。

39　Chernow, Ron (1990), *The House of Morgan*. (青木栄一訳［2005］『モルガン家（下）　金融帝国の盛衰』日経ビジネス人文庫，pp. 9-10)。

40　Brandeis, Louis D. (1914), *Other People's Money and How the Bankers Use It*, Independently published.

41　Kim & Nofsinger (2004), *op.cit.*, p. 73.

42　Berle & Means (1932), *op.cit.*, pp. 3-17.

43　Eells, Richard (1960), *The Meaning of Modern Business: An Introduction to the Philosophy of Large Corporate Enterprise*, Columbia University Press, New York. (企業制度研究会訳［1974］『ビジネスの未来像—協和的企業の構想』雄松堂書店，pp. 4-5。)

44　上田慧（1985）『転換期のアメリカ企業』同文館出版，p. 137。

45　Securities and Exchange Commission (1972), The Financial Collapse of the Penn Central Company, Staff Report of the Securities and Exchange Commission to the Special Subcommittee on the Investigations, Hon. Harley O. Staggers, Chairman U.S. Government Printing Office, p. 1.

46　Daley-Youg, Harry S. (2020), *The Fall of Pen Central and the Rise of Conrail: Corporate Failure and the Politics of deregulation and Nationalization in the 1970s*, The University of Iowa's Institutional Repository, Spring 2020, p. 3.

47　文載皓（2010）「アメリカのコーポレート・ガバナンス」佐久間信夫・水尾順一編『コーポレート・ガバナンスと企業倫理の国際比較』ミネルヴァ書房，p. 48。

48　U.S Department of Commerce (1972), *Statistical Abstract of the United States*, Bureau of Census, p. 536, Table #873.

49　野田秋雄（1999）『アメリカの鉄道政策』中央経済社，p. 66。

50　浅野俊光（1988）「第2次大戦後の政治経済」川辺信雄編『アメリカ経営史』ミネルヴァ書房，p. 380。

51　ロスチャイルド家から支援を受けたジョージ・ピーボディが英国でジョージ・ピーボディ商会を設立し，ジニーアス・スペンサー・モーガンが共同経営に参画したことに始まる。ジニーアス・スペンサー・モーガンの息子のジョン・ピアポント・モルガンが米国で投資事業を展開し，現在は持株会社 J.P. Morgan Chase & Co. 傘下で J.P. Morgan が投資銀行を担う。

52　上田（1985），p. 138。

53 Securities and Exchange Commission (1972), *op.cit.*, pp. 151-172.

54 Daley-Youg (2020), *op.cit.*, pp. 10-18.

55 大隅健一郎（1950）「アメリカ会社法における取締役會」京都大学商法研究会編『英米会社法研究』有斐閣，pp. 69-70；大隅（1950），pp. 1-34。

56 Ruml, Beardsley (1945), *Tomorrow's Business*, Farrar & Rinehart, Inc., p. 51.

57 Mace, Myles L. (1971), *Directors: Myth and Reality*, Harvard Business School Press, pp. 145-147, 209-240.

58 Sec. L. Rep. Accounting Series Release No. 123, March 23, 1972.

59 海外事業活動関連協議会（1995）『米国のコーポレート・ガバナンスの潮流』商事法務研究会，p. 25。

60 Groening, William. A. (1981), *The Modern Corporate Manager: Responsibility and Regulation*, McGraw-Hill, Inc., p. 194.

61 Timmeny, Wallace (1982), "An Overview of The FCPA," *Syracuse Journal of International Law and Commerce*, Vol. 9, No. 2, pp. 235-236.

62 正式な法律名は，an Act to amend the Securities Exchange Act of 1934 to make it unlawful for an issuer of securities registered pursuant to section 12 of such Act or an issuer required to file reports pursuant to section 15 (d) of such Act to make certain payments to foreign officials and other foreign persons, to require such issuers to maintain accurate records, and for other purposes.

63 Eisenberg, Melvin Aron (1976), *The Structure of the Corporation: A Legal Analysis*, Little, Brown and Company, pp. 141-148.

64 Eisenberg (1976), *op.cit.*, pp. 156-170.

65 Eisenberg (1976), *op.cit.*, pp. 156-170.

66 たとえば，2014 年 8 月 7 日を第 1 回とするコーポレートガバナンス・コード策定に関する有識者会議では，取締役会の機能を監督に特化すべきとする意見と中長期的企業価値向上であるとする見解が対立して議論が錯綜した。監督に特化すべきと主張する根拠は，米国は監督に特化しているとする。しかしながら，その「監督機能」の原点となるアイゼンバーグの提案した「モニタリング・モデル」の内容が正確に捉えられていないと思量される。

67 Eisenberg (1976), *op.cit.*, pp. 164-165.

68 わが国の商法では取締役会が取締役の職務執行を『監督』する旨の規定はなく，最高裁判決は，「代表取締役業務一般につき，これを『監視』し，取締役会を通じて業務執行が適正に行われるようにする職務を有するものと解すべき」（最判決昭和 48 年 5 月 22 日民集 27 巻 5 号，p. 655）としており，米国のニュアンスに近い『監視』としていた。ところが，1981（昭和 56）年商法改正にて「取締役の職務の執行を『監督』す」（商法 260 条 1 項）として，監督という表現が現れた。

69 *Cambridge Advanced Learner's Dictionary*, Fourth Edition, Cambride University Press, 2013 によれば，To watch and check a situation carefully for a period of time in order to discover something about it（p. 995）とされる。

70 1923 年に設立された，裁判官，弁護士，検察官，法学者等の中で認められた会員からなる協会。その目的は，法を整理・簡素化し，社会のニーズにより良く適合させ，法律実務を改善するとともに，法の学問的な研究を奨励，推進することである。コモン・ローの体系をとる米国において，判例を体系化して編纂する「リステイトメント」の作成も担っている。

71 The American Law Institute (1982), "Corporate Governance and Structure: Restatement and Recommendations," Tentative Draft, No. 1, pp. vii-ix.

72 龍田節（1994）「序説―コーポレート・ガバナンスと法」証券取引法研究会国際部会訳編『コー

ポレート・ガバナンス―アメリカ法律協会「コーポレート・ガバナンスの原理：分析と勧告」の研究―』日本証券経済研究所，pp. 89-94。

73　前田重行（1994）「第Ⅲ編・第Ⅲ A 編　会社の構造」証券取引法研究会国際部会訳編『コーポレート・ガバナンス―アメリカ法律協会「コーポレート・ガバナンスの原理：分析と勧告」の研究―』p. 132。

74　Herman, Edward.S. (1981), *Corporate Control, Corporate Power/A Twentieth Century Fund Study*, Cambridge University Press, pp. 26-52.

75　川濱昇（1997）「取締役の監督機能」森本滋・川濱昇・前田雅弘編著『企業の健全性確保と取締役の責任』有斐閣，p. 9。

76　取締役会の支配構造の実態調査を目的として米国の 100 社の取締役会を調査した。

77　U.S. Securities and Exchange Commission Office of Public Affairs (1980), Staff Report on Corporate Accountability, re-examination of rules relating to shareholder communications, shareholder participation in the corporate electoral process and corporate governance generally/ Division of Corporation Finance, p. 1.

78　吉川（1992），p. 21。

79　Shleifer, Andrei, & Vishny, Robert W. (1991), "Takeover in the '60s and the '80s: Evidence and Implications," *Strategic Management Journal*, Vol. 12, p. 51.

80　吉川満（1994）「米国におけるコーポレート・ガバナンス」『ジュリスト』1050 号，pp. 63-68。

81　Kim & Nofsinger (2004), *op.cit.*, p. 47.

82　わが国のコーポレート・ガバナンス議論の中で，米国は「モニタリング・モデル」と述べられることが多いが，この点を正確に把握して議論することが求められる。

83　前田（1994），p. 132。

84　吉原英樹（2003）「エンロンのもうひとつの衝撃」山地秀俊編『アメリカ不正会計とその分析』神戸大学経済経営研究所，p. 90，第 4 章。

85　Fusaro, Peter C., & Miller, Ross M. (2002), *What Whent Wrong at Enron.*（橋本硯也訳［2002］『エンロン崩壊の真実』税務経理協会，p. 2）。

86　2002 年 7 月に報告書を提出した米国上院議会政府活動委員会調査官は，エンロン社の合計 100 万頁を超える文書を調査している。

87　Powers, William C., Jr., Chair, Troubh, Raymond, S., & Winokur, Herbert, S., Jr. (2002), "Report of Investigation," by *The Special Investigative Committee of the Board of Directors of Enron Corp.*, p. 1.

88　Mills, D. Quinn (2004), *Principles of Management.*（林大幹訳［2004］『アメリカ CEO の犯罪』シュプリンガー・フェアラーク東京，p. 19）。

89　Grondine, Robert F. (2002)「エンロン事件に学ぶコーポレート・ガバナンスの課題」『ブレイン・ストーミング最前線』2002 年 11 月号，経済産業研究所，p. 2。

90　Chandler, Alfred D., Jr. (1962), *Strategy and Structure*, MIT Press.（有賀裕子訳［2004］『組織は戦略に従う』ダイヤモンド社，p. 138）。

91　Powers, Troubh & Winokur (2002), *op.cit.*, p. 1.

92　Powers, Troubh & Winokur (2002), *op.cit.*, p. 1.

93　関雄太（2002）「上場規制の見直し―コーポレートガバナンス改革」淵田康之・大崎貞和編『検証アメリカの資本市場改革』日本経済新聞社，p. 146，第 3 章。

94　スワップ取引とは，一般に固定金利と変動金利の交換，異なる通貨の交換等の交換取引である。本件は，現物商品を将来に受取る権利との交換取引である。将来商品の受け取りが行われる商品取引であると装う手段として用いられた。

95　スワップ取引の利用と同様に，プリペイド取引として将来の商品代金の先払いを装っていたが商品の受け渡しは行われなかった。したがって，取引の実態は商品代金を名目に借入を行う資金調達行為であった。

96　Partnoy, Frank (2002), "Testimony of Frank Partnoy," Professor of Law, University of San Diego School of Law Hearings before the United States Senate Committee on Governmental Affairs, January 24.

97　Fusaro & Miller (2002), *op.cit.*, p. 138.

98　Partnoy (2002), *op.cit.*, p. 28.

99　Powers, Troubh, & Winokur, (2002), op. cit., p. 1.

100　Kim & Nofsinger (2004), *op.cit.*, pp. 56-57.

101　Solomon, Jill (1978), *Corporate Governance and Accountability*, Wiley, pp. 85-86.

102　Mills (2004), *op.cit.*, p. 21.

103　Partnoy (2003), *op.cit.*, p. 1245.

104　Schwarcz, Steven L. (2004), "Rethinkig the Disclosure Paradigm in a World of Complexty," *University of Illinois Law Review*, Vol. 2004, pp. 11-17.

105　八田進二（2003）「会計不信一掃に向けた『企業改革法』が意味するところ」山地秀俊編『アメリカ不正会計とその分析』神戸大学経済経営研究所，p. 163，第7章。

106　正式な法律名は，An Act To protect investors by improving the accuracy and reliability of corporate disclosures made pursuant to the securities laws, and for other purposes.

107　SEC (2003), "Commission to Review Current Proxy Rules and Regulation to Improve Corporate Democracy," Press release No. 2003-46, April 14.

108　SEC (2003), "Disclosure Regarding Nominations Committee Function and Communications Between Security Holders and Boards of Directors," Release No. 33-840, December 11.

109　川口（尾崎）幸美（2001）「コンプライアンスの整備・運用と取締役の注意義務」『経営と経済』第80巻第4号，長崎大学，p. 11。

110　Fusaro & Miller (2002), *op.cit.*, p. 138.

第4章

調査と提言：社外取締役に求められる専門性

　現代の社外取締役は，どのような役割を新たに期待されているのであろうか。期待される役割を果たすために社外取締役は，どのような専門性が求められるのであろうか。近年，わが国では，監督という言葉が用いられている。社外取締役の役割は，不正防止機能に留まるのであろうか。ところが，第3章で確認したとおり，米国では「監督」という言葉は使用されていない。わが国の理解と異なり，英米の取締役会は社外取締役中心に構成され，社外取締役が主体的なコーポレート・ガバナンスを担っている。第1節は，社外取締役が主体的コーポレート・ガバナンスを担う上での取締役の専門性のあり方を考察する。そして，米国の取締役専門性開示制度に対するわが国の課題を考察する。

　米国では，取締役が専門性を有するか株主が判断する情報開示が義務化された。開示情報を基にした研究が可能となり，取締役会の専門性構成を分析する研究も進められている。そのような研究を基にして，米国取締役会は，どのような専門性を有する取締役で構成されているか，上場会社全体の専門性を明らかにする。

　さらに第2節は，米国地域銀行に着目して考察する。米国地域銀行の取締役の専門性を調査し，上場会社全体の取締役専門性と比較して分析する。翻って，わが国では，米国のような制度改革には至っていない。しかしながら，ビジネスモデル改革が求められるわが国も，米国のように専門性を有する取締役が主体となるよう改革が必要なのではなかろうか。

　そこで第3節は，わが国地域銀行取締役の専門性の状況を調査する。そして，米国地域銀行取締役の専門性と比較して，わが国の取締役専門性のあり方

を考察する。加えて，わが国地域銀行では，自行の戦略およびビジネスモデル改革に相応しい社外取締役が選任されているかをレビューする。

　以上の検討から導き出された，わが国の制度的な課題に対し，わが国の法制度改革の提言を第4節で行うこととする。

第1節　わが国取締役選任方法と専門性開示制度の課題

1　わが国の取締役選任方法の課題

　米国では2001年に発生したエンロン事件で社外取締役がビジネスモデルを理解していなかったことが問題になった。これを契機に米国は，取締役を選任する際に候補者がビジネスモデルを理解して的確な経営の意思決定を担いうる専門性を有しているかの開示義務を強化した[1]。

　一方で，わが国の株主総会は，取締役候補者の能力や専門性をどのように評価し決議してきたのであろうか。わが国では，古くから株主総会招集通知に記載される取締役の選任理由は，「大所高所から経営に対する助言を頂く」という常套句が用いられてきた。取締役は，経験に裏付けされて大所高所から取締役会に助言を行うべきことは論を俟たない。しかしながら，米国や英国の社外取締役は，大所高所という第三者的な立場ではなく，会社のビジネスモデルを理解し，リスクを的確に把握しコントロールする専門性が求められているのである。

　このような大所高所からの助言という認識の結果，2018年3月に判明したスルガ銀行事件では，社外取締役が十分に役割を果たしていなかったことが明らかになった[2]。すなわち，大所高所からでは同行がどのようなリスクを抱えているのか，把握も判断もできなかったのである。このような具体的な事件が発生しながら，わが国には，米国のような制度改革の動きが見られない状況にある。これは，わが国のコーポレート・ガバナンス改革上の重要な課題と言えることから，本章は，取締役の専門性に関する情報開示制度のあり方を検討する[3]。

2　わが国の取締役専門性開示制度の課題

⑴　スルガ銀行事件と社外取締役の専門性欠如

　2018年3月にスルガ銀行事件が明らかになった。この事件は，リスクの高い投資用不動産融資に傾注する同行のビジネスモデル改革の中で生じた。そして事件の要因は，リスクの高い融資に対する同行の管理が不十分であったことである。管理が不十分であったことに関して，スルガ銀行第三者委員会は，社外取締役が役割を果たしていなかったと指摘した。具体的に，同委員会は，取締役会での社外取締役の発言が意思決定に影響を与えることがなかった点を問題視している[4]。

　このように，同行の取締役会および社外取締役が役割を果たさなかったという機能不全の問題は，金融庁からも指摘されている。指摘の内容を踏まえると，社外取締役が役割を果たさなかった原因には，同行が傾注していたリスクの高い投資用不動産融資業に関する専門性の欠如があると言える。

　金融庁の指摘は，取締役会が銀行業務の監視にあたってのリスク管理の役割を果たさなかったことを問題にしている。具体的に金融庁は，スルガ銀行に対する行政処分（銀行法第26条第1項に基づく命令）の理由末尾で，「自行の貸出ポートフォリオの構造すら把握せず，適切に監督機能を果たさないなど，経営管理（ガバナンス）に問題があった[5]」と指摘した。これは，リスク管理から収益を生み出すビジネスモデルの銀行の取締役には，貸出資産のリスク管理が最低限求められているからである。

　また金融庁元長官は，新しいビジネスモデルに取り組めるだけの能力があるのか議論された形跡はなく，ガバナンスが欠如して現場で何が行われているかをチェックしなかったことに問題があると指摘している[6]。

　加えて，取締役会が毎回1時間程度であったことを含めて，社外取締役はどのような役割を果たしたのかの検証が必要と述べている[7]。

　さらに，第三者委員会元委員長は，内部監査機能としてリスクを自ら能動的に把握しない姿勢を問題視している。融資残高の急増をみれば，「能動的に関与する余地は十分にあったはずだ。各部のリスクの変化，所在を把握して，リスクのありそうな部分を集中的にチェックしていくといった当たり前のことを

しなければ，新しく発生するリスクへの対応は絶対に出来ない[8]」と述べている。

　このような視点から，金融庁は，経営陣の役割・責任を，問題が発生したときに，「そんな実態になっているとは知りませんでした」とか，「そんな重要な問題だという認識に欠けておりました」という弁明があるが，「知らないでは済まされない」という点をはっきりさせることが重要なポイントとまで述べているのである[9]。

　すなわち，スルガ銀行の社外取締役は，銀行業の社外取締役に求められる信用リスク管理の専門性や知見を備えていなかった。したがって，高収益商品にはどのようなリスクが潜んでいるのかという視点から信用リスク管理を問う役割を果たすための専門性に問題があったのである。

　そこで第三者委員会は，機能不全の具体的解決策を，「取締役会の側から必要な情報を指定し，その情報収集の仕方も指示をして，更にそれを検証する仕組みを構築することが考えられる[10]」と指摘している。また経営のモニタリングを行うためにはいかなる情報が必要かの検討を求めている[11]。このように，社外取締役が役割を果たすためには，自らが必要な情報を指定し，収集の仕方を指示し，情報を検証することが可能となる銀行業務の専門性が求められるのである。

　ところが，スルガ銀行社外取締役は，融資残高が急増しているにも関わらず，貸出資産の健全性などの問題認識を持つことが可能な専門性や知識を持ち合わせていなかった。社外取締役は，業務に関する専門性を有していれば，不正に繋がるリスクを認識し，取締役会で具体的に指示して報告を求めることができた。ゆえに，スルガ銀行の社外役員は職責を十分に果たしたとは言い難い[12]。さらには，社外取締役が取締役会の機能の形骸化を放置したことは善管注意義務違反になるとまで指摘されているのである。

　以上，スルガ銀行事件から得られる教訓は，社外取締役を形式的に設置し，発言することのみでは効果はない。効果を発揮するために社外取締役は，ビジネスモデルやリスクを理解し，リスクを適切にコントロールする専門性が必要となることである。

(2)　わが国の取締役候補者の専門性評価の課題

　ところで，前述した専門性を持たない社外取締役は，誰が選任したのであろうか。このような社外取締役も株主総会で株主が選任したのである。株主は，取締役候補者がビジネスモデルやリスクに関する専門性を有しているか評価なしに承認すると，スルガ銀行事件のように多大な損失を被る。同行の株価は，2017年6月の高値から2018年12月には約7分の1に下落し[13]，株主は多額の損失を被ることになった。したがって株主は，経営を委任する取締役候補者に大きな関心を持つ必要がある。そして多大な損失を防止するために株主は，経営を委任する取締役が適任であるか否かを積極的に評価しなければならない。ところが，スルガ銀行の株主は，事件後も取締役候補者を積極的に評価するには至っていない[14]。なお，株主が取締候補者を積極的に評価していない問題は，上場会社全体に見られる大きな課題となっている。上場会社1,323社に対するアンケートによれば，株主総会で質問が全くなかった会社は，全体の37.9%に至っている。また，質問があった会社でも，その質問の件数が3問以下の会社が全体の49.8%であった[15]。つまり，わが国の株主総会は，株主からの質問が全くない会社も多く，また質問があった場合でも3問以下の質問で終わる会社が約半数である。さらに，質問の内容の分類は，社内役員の指名に関する質問が4.6%，社外役員に関する質問が4.2%，役員の構成に関する質問が4.6%，取締役会の実効性の評価に関する質問が0.5%という実態であった[16]。すなわち，株主総会での株主からの質問内容からも，取締役候補者を評価する十分な審議や検討がされない実態となっていることが浮き彫りになる。

　以上からも分かるように，わが国株式会社は，株主総会で取締役の選任議案に対し，株主が積極的に質問や審議によって候補者の専門性や適格性を問う牽制機能が果たされていない。その結果，十分な専門性を有しない社外取締役が役割を果たさず，スルガ銀行のように株主が多大な損失を被るという構造的問題が存在するのである。この問題を解決するためには，2つの具体的な課題が導き出される。

　第1に必要なことは，会社は，株主が取締役候補者の積極的な評価が可能になるように，取締役候補者の専門性に関する情報を株主に提供することであ

る。なお，経済産業省の調査でも，取締役候補者の適格性を評価する情報の不足が指摘されている[17]。

　第2には，第1により取締役候補者の適格性を評価する情報を提供した上で，株主が，開示された取締役候補者の専門性を評価することである。株主は，候補者が経営環境やビジネスモデル改革に関する専門性を有して，経営を委任するのに適切な人材かどうかを積極的に評価する必要がある。

　以上を踏まえて，次節以降では，課題の解決に向けて，米国で進められている取締役候補者の専門性の情報開示制度の動向を確認し，取締役候補者の専門性開示のあり方を考察する。

第2節　調査：米国地域銀行取締役の専門性

1　米国の取締役専門性開示改革

(1)　委任状勧誘制度の歴史

　初期の株式会社は相互に密接な関係を持った株主で構成され，株主総会は経営に関する討論と意思決定の場であった。株主は，能力や技術を基に，提示された問題の討論に参加して意思決定を行った。株主に対する完全な情報の開示と株主総会への能動的な参加を前提に，株主は，自らの意思で直接議決権の行使をしていた[18]。

　その後1780年代に米国では，株主が分散して株主総会への出席率が低下した。したがって，定足数を確保するために議決権代理行使制度が利用され，委任状勧誘も行われるようになったのである[19]。なお，コモン・ローは，代理行使を認めていなかったことから，1811年にニューヨーク州で立法措置が取られ，それがすべての州に広がって行った[20]。

　米国は，19世紀後半の飛躍的な発展に伴って株式会社が巨大化し，経営陣に権限が集中するようになった[21]。Aバーリ，G.ミーンズ（1932）が株式会社の巨大化を背景にした株式所有の分散を説明したように[22]，株主総会の定足数確保が課題となり，委任状を集めることが経営者の主要な業務となった。委

任を求められた株主は，適切な情報を与えられずに白紙委任状にサインしていたのである[23]。すなわち，代理権は，経営者が支配権を維持するための道具となっていた[24]。したがって，議決権代理行使制度を適切に運用するためには，情報開示制度との連動が重要となるのである[25]。

　米国は，このような経緯を経て，株主の地位を強化し，主権者たる地位を復活させる Shareholder democracy という考え方が広がり，SEC により委任状規則が制定されるに至った[26]。この委任状規則の性格を，L. ロス（1989）は，規制なければ経営者の居座りと無責任を招き，適切に運用されれば救済になると述べている[27]。

⑵　取締役の専門性開示改革の経緯と概要

　2001 年 12 月にエンロン社は，連邦 Bankruptcy Code　Chapter11 に基づいた処理を申請して負債総額 160 億ドルで倒産した。続いて 2002 年 7 月には大手通信事業会社ワールドコム社が，負債総額 410 億ドルで倒産した。このような相次ぐ不祥事を受けて，米国のコーポレート・ガバナンス改革が進められることになったのである[28]。

　まず 2002 年 3 月に G.W ブッシュ大統領が改革の 10 か条を示し，連邦議会下院は上場会社の会計改革法案を提出，上院は不正行為に対する罰則規定およびコーポレート・ガバナンス強化の法案を提出した。その後，両院の法案が統合されて同年 7 月 30 日に SOX 法が制定された。さらに SEC の Division of Corporate Finance（企業金融部会）は，株主総会における取締役候補者の勧誘規則に関する改革の検討を開始して，2003 年 12 月 11 日に取締役会と株主のコミュニケーションを強化するための開示に関する改革を提案した[29]。この提案から数年に及ぶ議論を経て 2009 年 6 月 18 日に改革方針が決定された。その内容は，金融危機の原因となったコーポレート・ガバナンスの脆弱性を解決するために取締役候補者の指名および株主提案に関する手続きを定めることである。

　これを踏まえて，SEC は，2009 年 12 月 16 日に上場会社の委任状勧誘説明書で取締役候補者の開示情報を充実させる改革案を承認し，2010 年 2 月 28 日から施行することを公表した[30]。具体的な改正内容は，取締役候補者が的確な

経営の意思決定を担う専門性を有しているかの情報開示を強化することである。この改革に従って SEC は，開示制度を統合し，開示資料の網羅的な基準を定める Regulation S-K 規定の 401（e）（1）を改定した。これによって委任状勧誘は，同規定に従うことが要請されることになったのである[31]。

　改定の要旨は，取締役候補者が取締役会をリードすることが可能であるかに関して，その適性判断を可能にするための株主への有益な情報開示の要請である。ゆえに，この改定は，株主による取締役候補者の専門性の判断を促進することを目的とするものである。そして，取締役候補者が取締役会をリードすることが可能かを株主が判断できる情報開示の具体的要請内容は，同規程 14 条 A 項 -Rules14a-1 to 14b-2, Rule 14a6-Filing requirements に示されている。最終的に，株主に開示すべき取締役候補者の情報とは，会社での特定の経験（Particular Experience），資質（qualifications），貢献度（Attributes）およびスキル（専門性）である（以下，これらを「専門性」という）。

　このように米国では，エンロン事件を受けたコーポレート・ガバナンス改革により，取締役が取締役会をリードすることが可能かを株主が判断する情報として，専門性の開示が求められたのである。

2　米国の取締役専門性に関する先行研究

⑴　取締役専門性に関する先行研究

　米国の株式会社は，取締役候補者が的確な専門性を有するかを株主が判断する上で有益な情報の開示が求められるようになった。これにより，米国では，開示された取締役に関する情報を基にした研究が進んでいる。たとえば，R. バン・ネス他（2010）は，SOX 法が施行されたことでの取締役会の構成の変化と業績の関係を分析している。彼らは，CEO と議長の分離，取締役の専門性，取締役会の規模および取締役会の在職期間は，業績に影響を与えるという関係性を見出している[32]。

　また，開示された情報を基に取締役の専門性を分類し，取締役会の専門性の構成を分析する研究も進められている。これには，D. キム，L. スタークス（2016）および R. アダムス他（2017）の 2 つの研究がある。D. キム, L. スター

クス（2016）の特徴は，ジェンダー・ダイバーシティという視点を加えていることである。男性の取締役と女性の取締役との専門性に関して，女性の取締役の方が取締役会に新たな専門性をもたらしていることを見出している[33]。一方で，R. アダムス他（2017）の特徴は，取締役の専門性に関する情報を活用して会社の業績パフォーマンスとの関係の実証分析を行っていることである。そして，取締役の専門性に関する情報開示が充実することで，会社の業績が向上すると主張している[34]。

　これらの先行研究には課題もある。最大の課題は，上場会社の取締役のデータを集め，業種を問わずに単純集計して合計処理していることである。すなわち，どのような業界の企業に，どのような専門性を有した取締役が就任しているのかという業界の特徴や傾向等の実質面での検討に課題が残されている。

(2)　米国一般企業の取締役専門性比較

　D. キム，L. スタークス（2016）および R. アダムス他（2017）の 2 つの研究によって分類された取締役の専門性の内容を確認し，両研究の分類結果を比較して考察する。前述したとおり，2 つの研究は，どちらも業種横断的に合計処理し分類されている。R. アダムス他（2017）は，取締役のべ 8990 人の専門性に関する情報を活用し，取締役専門性を 20 に分類している。また D. キム，L. スタークス（2016）は，S&P Small Cap600 社の取締役専門性を 16 に分類している。2 つの研究は，どちらも上場会社の取締役のサンプルデータを集めた集計である。本書は，この 2 つの研究結果を重ねて，米国一般企業に共通する専門性の抽出を試みた。

　その結果，R. アダムス他（2017）から示された 20 専門性と D. キム，L. スタークス（2016）から示された 16 専門性を重ねると，6 つの専門性が共通していることが確認された。その内容は，1．Finance and accounting，2．Risk management，3．Governance，4．Government and policy，5．Leadership，6．Technology である。また，R. アダムス他（2017）が示している Company business は，D. キム，L. スタークス（2016）が示した Operations に対応すると考えると，合計で 7 つの専門性が共通する。なお，R. アダムス他（2017）が示す Company business と D. キム，L. スタークス

(2016) が示す Operations は，本業のビジネスの専門性であり，これは，現代の取締役に求められる重要な専門性であると指摘されている[35]。

　以上の分析によって，米国一般企業の取締役は，1．本業のビジネスモデル，2．ファイナンス・会計，3．リスク管理，4．コーポレート・ガバナンス，5．規制，6．リーダーシップ，7．テクノロジーに関する専門性が共通していることが明らかになった。

(3)　先行研究を踏まえた課題

　先行研究を分析して，米国の上場会社，取締役は，7つの専門性が共通することを確認した。しかし，既に指摘したとおり，どのような業界の企業にどのような専門性を有した取締役が就任しているのかという業界の特徴や傾向等の実質面で課題が残されている。

　このような課題があるにもかかわらず，業種別に区分して，取締役の専門性を研究している例は見当たらない。たとえば，取締役の業界専門知識が取締役会の監視に有効であり[36]，業界専門知識によって研究開発投資の投資効率を高め[37]，また業界毎の専門性を考慮する必要があるとする研究がある[38]。しかし，業種毎に取締役の専門性を分類したものではない。また，米国銀行を対象に女性取締役比率と業績の関係の研究もあるが[39]，専門性に関する研究とはなっていない。

　したがって，米国一般企業取締役の専門性と対比して，地域銀行の専門性を調査し分析することは，本書の研究にとって有益なものとなることから，独自の調査を行うこととする。

3　米国地域銀行の取締役専門性調査

(1)　調査目的と対象銀行

　米国地域銀行取締役の専門性を，株主に対する開示資料に基づき調査する。

　調査の目的は，米国一般企業の取締役専門性に対比して，地域銀行の取締役に求められている業界固有の専門性を抽出することである。また，米国地域銀行の専門性を踏まえて，わが国地域銀行の社外取締役に求められる専門性を考

察するためである。

　調査対象に選定した米国地域銀行は，表 4-1 のとおりである。選定にあたっては，米国上場銀行 399 社の中で，地銀大手に位置し，従業員数等から規模的にわが国地域銀行持株会社と比較可能な銀行とした。さらに戦略的に特徴があり，ビジネスモデルにも特色を有する 4 行を抽出した。抽出した 4 行の売上高順位は，14 位，15 位，16 位，19 位の銀行である。4 行の特色は，次のとおりである。SVB Financial Group（以下「SVB」という）は，カリフォルニア州シリコンバレーに本店があり，シリコンバレーに集積するベンチャー企業を顧客とし，その中でもテクノロジーやライフサイエンス等の成長分野の企業に特化して融資等の銀行取引を展開している。First Republic Bank（以下「FRB」という）は，住宅ローン等銀行業・信託・資産運用サービスなど幅広くサービスを展開している。CIT Group Inc.（以下「CIT」という）は，2009 年に不良

表 4-1　調査対象米国銀行の概要

	SVB Financial Group（SVB）	First Republic Bank（FRB）	CIT Group Inc.（CIT）	Comerica Incorporation
本社	カリフォルニア州	カリフォルニア州	ニューヨーク州	テキサス州
創業	1983 年	1985 年	1908 年	1849 年
従業員数	3,564 人	4,812 人	3,609 人	7,708 人
総資産（百万 USD）	71,004	116,263	50,832	73,402
営業収益	3,220	3,279	2,228	3,275
純利益	1,136	930	529	1,198
予想 PER	9.43	18.7	7.16	6.97
売上高順位（全体 399 社）	16 位	14 位	19 位	15 位
特色	テクノロジーやライフサイエンスなどの成長分野に特化	住宅ローン等銀行業・信託・資産運用サービスなど幅広く展開	2009 年に不良債権問題で破綻したが中小企業向け貸出しに特化して再建	テキサス・ミシガン・カリフォルニア・フロリダに展開。法人カード発行
戦略的特徴	成長企業集中	広範囲サービス	中小企業特化	広域サービス

出所：各社 2020 年 Proxy Statement および米国会社四季報を基に筆者作成

債権問題で破綻したが中小企業向け貸出しに特化している銀行である。Comerica Incorporation（以下「Comerica」という）は，テキサス・ミシガン・カリフォルニア・フロリダの４つの州をサービス地域に展開している。加えて，法人向けプリペイドカード発行数が全米第３位であり，強みのあるビジネスモデルを有している。

(2)　取締役専門性の調査結果

　各銀行が株主に送付している Proxy Statement（わが国の株主総会議決権行使参考書類に相当）を用いて取締役の専門性を調査した。

　調査の結果，米国で進められている開示制度改革に基づいて，各銀行ともに取締役の専門性に関して詳細な情報開示をしていることが確認された。

　今回の調査によって判明したことは，取締役の個別の専門性の前に，銀行はどのような専門性を取締役に求めるのか，という要求事項を開示していることである。各銀行が求める取締役の専門性を整理して表4-2にまとめた。その専門性は，表の区分欄に記載したとおりである。１．顧客視点，２．銀行・金融，３．ファイナンス，４．リスク管理，５．規制，６．コーポレート・ガバナンスの６項目が，４行に共通している専門性であることが分かった。一方で，７．リーダーシップおよび８．テクノロジーは一部の銀行が求める専門性となっている。また，９．は，各銀行の戦略に応じて，独自に求める専門性の内容を記載していることが明らかになった。

　この中で，特に，１．の顧客視点は，各銀行が取締役に求める専門性として重視する項目である。各銀行が顧客視点で重視する内容とその理由は，次のとおりである。SVB は，テクノロジーやライフサイエンス等の成長分野にフォーカスすることから，「顧客の産業を評価する力」がビジネスモデルの重要なポイントになっている。これを踏まえて取締役には，テクノロジーやライフサイエンス等の成長分野に関する専門性を求めている。FRB は，住宅ローン等銀行業・信託・資産運用サービスなど幅広くサービスを展開していることから，銀行／不動産／ローン／証券の知識と経験を求めている。CIT は，中小企業向け貸出しに特化していることから，銀行経験，事業監視に役立つ専門性，知識，スキルを求めている。Comerica は，テキサス・ミシガン・カリフォルニ

ア・フロリダの4州をサービス地域に事業展開していることから，地域の専門
性を求めている。このように4行は，取締役に，顧客視点，銀行・金融，ファ
イナンス，リスク管理，銀行という規制業種に関する専門性，ならびにリー
ダーシップやコーポレート・ガバナンスの専門性を共通して求めている。さら
に各行の独自の要素を，グローバル，マーケティング，不動産等各々のビジネ
スモデルを踏まえて求めていることが判明した。

(3)　取締役会の専門性構成

　次に調査で分かったことは，取締役会が求められる専門性を満たしているか
を開示していることである。調査した4行の中でSVB，CITおよび
Comericaの3行が取締役に求める専門性に対する取締役会の充足状況を開示

表4-2　米国銀行が取締役に求める専門性

	区分	SVB	FRB	CIT	Comerica
1	顧客視点	顧客の産業	主要拠点の地域特性	地域の専門性	地域の専門性
2	銀行・金融	銀行・金融サービス	銀行／不動産／ローン／証券の知識経験	銀行経験事業監視に役立つ専門知識，知識	金融機関でのリーダーシップ
3	ファイナンス	ファイナンス・会計	会計・財務報告ポートフォリオ	ファイナンス・会計・資源配分	ファイナンス・会計・資源配分
4	リスク管理	リスク・オーバーサイト	リスク管理	リスクマネジメント	リスクマネジメント
5	規制	規制業種・ガバナンス	公的セクター	規制業種・ガバナンス	法務・規制
6	コーポレート・ガバナンス	上場会社のガバナンス	コーポレート・ガバナンス	投資家・株主視点ガバナンス	上場会社のガバナンス
7	リーダーシップ	リーダーシップ		リーダーシップマネジメント	リーダーシップマネジメント
8	テクノロジー			テクノロジー・サイバーセキュリティ	テクノロジー／サイバーセキュリティ
9	自行の戦略	グローバル		マーケティング／M&A	人事／不動産

出所：各社2020年Proxy Statementを基に筆者作成

している。以上の調査を踏まえて，米国の専門性開示制度に基づく開示は，次
のような三段階の構成になっていることが分かった。第1に取締役会は取締役
に求める専門性の要件を開示する，第2に取締役候補者は提示された要件を満
たすか株主が審査する上で専門性の詳細な情報を開示する，第3に，選任され
た取締役で構成される取締役会は，専門性要件を満たす構成になっているかを
株主に開示していることである。取締役会が，専門性要件を満たす取締役で構
成されているかの第3に関して，SVB，CIT および Comerica の3行の開示
内容を表4-3にまとめた。SVB は，1．顧客視点，3．ファイナンス，4．
リスク管理，5．規制，6．コーポレート・ガバナンスの専門性の充足状況が
高い。CIT は，4．リスク管理と6．コーポレート・ガバナンスの専門性の
充足状況が高い。Comerica は，1．顧客視点，3．ファイナンス，4．リス
ク管理および6．コーポレート・ガバナンスに関する専門性の充足状況が高い
ことが特徴的である。しかし，このような専門性開示には，課題もある。それ
は，各候補者が複数の要素に重複して充足を示していることである。これを肯
定的に捉えれば，求める要素の多くを充足するオールマイティな取締役を任用
しているとも言える。一方で，各取締役が専門性を持ち寄る集団と捉えて考え
た場合，実態としては，どの専門性に強みを持つのかが見え難くなっていると
いう課題があると言える。

表4-3　米国地域銀行の取締役会構成　　　　　（単位：人）

	取締役に求める専門性要件	SVB	FRB	Comerica
1	地域・顧客専門性	11	8	11
2	銀行・金融経験	4	7	5
3	ファイナンス・会計	11	9	11
4	リスク管理	10	10	8
5	規制業界	9	6	2
6	コーポレート・ガバナンス	11	12	9
7	テクノロジー・サイバーセキュリティ	－	2	2
	取締役合計	12 名	12 名	12 名

出所：各社2020年 Proxy Statement を基に筆者作成

⑷　専門性の具体的活用状況

　米国地域銀行は，調査の結果から明らかになった専門性を具体的にどのように活用しているのであろうか。取締役専門性の活用状況を，SVB の事例に基づいて，以下のとおり考察する。

　第1に，顧客視点での専門性である。具体的にはビジネスモデルに関する専門性である。SVB は，シリコンバレーのベンチャー企業・成長分野の企業など中小企業向け貸出しに特化している。ガバナンス委員会が設定した取締役に求める専門性は，「Client Industry 」を第一に掲げている。求める内容は，「当行が，マーケットを拡大しイノベーションを促進していく上での主要顧客産業であるハイテク，フィンテック，ライフサイエンス，ヘルスケアでの経験や専門知識」と詳細に記述されている。

　第2に，リスク審査に関する専門性である。リスクコントロールから収益を生み出す SVB のビジネスモデルは，業界固有のリスクやテクノロジーの審査がカギとなる。特に，ハイテクやライフサイエンス分野のベンチャー企業に対する与信審査能力がビジネスモデルのカギになる。ゆえに，SVB は，クレジットリスク委員会を設置し，委員長は社外取締役が務めている。このことからも社外取締役には専門性が求められることが明らかである。委員長は，バンク・オブ・アメリカ出身で銀行の専門性を有する。さらに委員の構成は，技術者でベンチャーキャピタル出身，ファースト・ユニオン銀行出身，コンサルタントでベンチャーキャピタル出身の計4名で構成されている。このように，技術やベンチャー企業の審査および銀行業務の専門性を有する社外取締役で構成されている。

　第3に，リスク量の統合管理に関する専門性である。具体的には，クレジットポートフォリオ管理に関する専門性である。SVB は，クレジットリスク委員会での与信審査を経て供与したクレジットリスクをリスク委員会がレビューする体制になっている。リスク委員会の委員長は監査法人出身者の社外取締役が務めている。委員の構成は，政府官僚出身，ベンチャーキャピタル出身，コンサルタント出身者である。さらに各委員会の委員長がリスク委員会委員として参加している。監査委員長（政府官僚出身），報酬委員長（NPO 出身），ファイナンス委員長（コンサルタント出身者），ガバナンス委員長（ベンチャー

キャピタル出身）が出席してリスクをレビューする体制になっている[40]。これらの委員は，すべて社外取締役であり，専門性を有しないと彼らとの議論に実質的に参加し貢献できないことになっている。

(5)　一般企業との比較

　これまでの検討結果を踏まえて，米国一般企業専門性と地域銀行取締役専門性を比較して検証する。具体的に，一般企業と地域銀行の取締役専門性を対比させた結果を表4-4に示した。この比較による検証結果からは，次の3点が示唆される。

　1点目は，一般企業と地域銀行の共通性である。米国地域銀行4行に共通する6項目の内，3のファイナンス・会計，4のリスク管理，5の規制，6のコーポレート・ガバナンスに関する専門性の4項目は，一般企業の専門性とも共通する。したがって，地域銀行に共通する4つの専門性は，銀行業に限らず一般企業も現代の取締役に共通して求められることが分かった。

　2点目は，一般企業と地域銀行の専門性が異なる点である。一般企業の専門性は，7のリーダーシップ，8のテクノロジー，さらに，マーケティングおよびグローバルの4つの専門性が共通していた。米国地域銀行では，7のリーダーシップが3行，8のテクノロジーが2行であり，マーケティングおよびグローバルは個別にみられる特徴である。このことから，一般企業に共通する4

表4-4　米国一般企業の取締役専門性と米国地域銀行取締役専門性の比較

	一般企業の専門性	米国地域銀行の専門性
1	事業内容	地域・顧客専門性
	―	銀行・金融経験
2	ファイナンス・会計	ファイナンス・会計
3	リスク管理	リスク管理
4	コーポレート・ガバナンス	コーポレート・ガバナンス
5	規制	規制業界
6	リーダーシップ	（リーダーシップ）
7	テクノロジー	（テクノロジー）

出所：筆者作成

つの専門性は，地域銀行では，必ずしも必要な専門性とまでには至っていないと推量される。

　3 点目は，一般企業と地域銀行の両方に共通する重要な専門性である。地域銀行の専門性は，4 行に共通するように，1 の顧客視点，2 の銀行・金融に関する専門性が重要視されている。これは，R. アダムス他（2017）で本業に関する専門性，キム，L. スタークス（2016）では業務の専門性とされている。

4　米国地域銀行のリスク管理と取締役専門性

(1)　不良債権管理と取締役専門性

　米国地域銀行は，取締役が専門性を有することで，どのように実効的な経営管理を行っているのであろうか。地域銀行 4 行の開示資料に基にして，不良債権の管理状況を表 4-5 にまとめた。これら 4 行に共通した最大の特徴は，不良債権の許容率を開示していることである。各行の取締役会は，どの程度まで不良債権を許容するかを決定する必要がある。したがって取締役には，信用リスク管理に関する高度な専門性が求められることになる。

　また各行は，取締役会で許容した不良債権許容率に対して，年度末の不良債権比率の実績を開示している。これによって株主は，不良債権比率が期初に設定した許容率の枠内にあるか，取締役のリスクコントロール能力を問うことが可能となる。ゆえに，米国地域銀行の取締役は，リスクコントロールが担える専門性を有しているのか，その巧拙が詳らかになるのである。

　各行の内容を具体的に見ていこう。SVB は，2019 年 12 月期のリスク許容比率を 0.91% に設定し，期末の実績は 0.32% である。したがって，同行の不良債権比率は，取締役会で許容された範囲内でコントロールされていることがわかる[41]。また，FRB の許容比率は 0.55% であり，期末実績は 0.12% であることから，同様に許容された範囲内にある[42]。なお，同行の不良債権比率が低い要因は，個人の住宅ローンを中心としていることにある。同行は，リスクの低い住宅ローンを提供することで不良債権比率を抑えて信用コストを最小化して収益を高めるビジネスモデルを築いている。このように，銀行の取締役は，ビジネスモデルに応じた不良債権比率によりリスクをコントロールして，収益との

表 4-5　米国地域銀行 4 行の不良債権の管理状況

SVB	2015/12 期	2016/12 期	2017/12 期	2018/12 期	2019/12 期
不良債権許容比率	1.29%	1.13%	1.10%	0.99%	0.91%
不良債権比率	0.73%	0.59%	0.51%	0.34%	0.32%
FRB	2015/12 期	2016/12 期	2017/12 期	2018/12 期	2019/12 期
不良債権許容比率	0.59%	0.59%	0.58%	0.58%	0.55%
不良債権比率	0.12%	0.07%	0.04%	0.05%	0.12%
CIT	2015/12 期	2016/12 期	2017/12 期	2018/12 期	2019/12 期
不良債権許容比率	1.14%	1.46%	1.48%	1.59%	1.56%
不良債権比率	0.83%	0.94%	0.76%	0.92%	1.05%
Comerica	2015/12 期	2016/12 期	2017/12 期	2018/12 期	2019/12 期
不良債権許容比率	1.29%	1.49%	1.45%	1.34%	1.27%
不良債権比率	0.78%	1.20%	0.84%	0.47%	0.40%

出所：各行の ANNUAL REPORT に基づいて筆者作成

バランスを図る専門性が求められる。他方，CIT は，対照的なビジネスモデルを構築している。同行の不良債権許容比率は 1.56% であり，比較的に高い値で設定している。期末の実績も 1.05% となっており，4 行の中では相対的に高い不良債権比率である[43]。これは同行が中小企業向け貸出しに特化したビジネスモデルを構築していることに由来する。一般に，中小企業向け貸出しはリスクも高まるが，リスクに応じた高い金利の設定が可能となる。したがって，取締役は，中小企業に対する不良債権比率のコントロールとリスクに応じた金利設定でいかに収益を確保するかという高度な専門性が必要になる。加えて，Comerica は，不良債権比率の上昇に対して取締役会がどのように対応しているかの事例である。同行の不良債権比率は，2015 年 12 月期の 0.78% から 2016 年 12 月期にかけて 1.20% に上昇した。これに対して同行は，迅速に専門性のある社外取締役を選任している。具体的に同行は，2017 年 3 月の株主総会にて，他行の役員経験者でフィラデルフィア連邦準備銀行のコンサルタントも務めていた人物，さらに大手監査法人に勤務し公認会計士資格を有する他社の役員経験者を新たに取締役に選任している[44]。これは，取締役会の不良債権比率の管理状況を株主に明らかにし，不良債権比率が高まった場合は所要の専

門性を有する取締役を迅速に補充する取締役会のコーポレート・ガバナンスが機能していることを表すのである。

(2)　与信期間リスク管理と取締役専門性

　米国地域銀行の取締役が専門性を有する，さらなるリスク管理の状況をFRBの事例で確認する。FRBの取締役会は，不良債権比率の管理に加えて，さらに事業構成及び与信供与期間を定量的に管理し開示している。その概要を表 4-6 に示した。同社の事業構成は，居住用住宅ローン60%，投資用不動産融資が19%，商業不動産融資が14%であり，住宅ローンが主要なビジネスであることを株主も確認できる[45]。また同行は，各事業の与信期間構成も明らかにしている。投資用や商業不動産融資の与信期間が適正な期間になっているか。15年を超える，それぞれ5%，17%の融資[46]はどのような内容なのか。地域銀行の取締役は，これらの具体的な内容やリスク管理の状況に関して取締役会に報告を求め，リスク量を把握し，十分な理解をして議論する専門性が必要となるのである。

表 4-6　FRB の事業構成と与信期間構成

事業区分	事業構成	与信期間構成				
		1 年以下	1 年超5 年以下	5 年超15 年以下	15 年超	全期間合計
居住用住宅ローン	60%	1%	1%	2%	96%	100%
投資用不動産	19%	6%	21%	68%	5%	100%
商業不動産	14%	62%	11%	9%	17%	100%
その他	7%	42%	32%	26%	0%	100%
事業区分合計	100%	13%	8%	17%	61%	100%

出所：FRB FORM10-K　ANNUAL REPORT December31,2019 p.98 を基に筆者作成

5　総括：米国社外取締役の専門性開示の要諦

　本節は，米国の開示制度改革の動向を確認し，開示内容を基にして米国地域銀行取締役の専門性を調査した。調査した結果，以下の4点の特徴が発見され

た。

　第1は，米国取締役の専門性開示は，三段階の構成になっていることである。取締役会は，まず，取締役に求める専門性の要件を開示している。その上で，候補者が示された要件を満たすか専門性の詳細な情報を開示していた。さらに，取締役会が専門性要件を満たす構成になっているかを株主に開示して，株主の審査を受ける構造になっていることが明らかになった。

　第2は，地域銀行4行の取締役に共通する専門性があったことである。また，先行研究による一般企業の専門性と比較し，地域銀行の取締役と共通する専門性があることも分かった。

　第3は，各銀行の戦略のオリジナリティに応じた専門性も存在していることである。各銀行は，それぞれの経営戦略を踏まえて，不動産，地域の文化や制度を踏まえた人事管理の専門性，グローバルな視点，マーケティングおよびM&Aに関する専門性を備える取締役が存在していた。

　第4は，銀行・金融に固有の専門性があることが分かった。具体的には，クレジットリスク審査に関する専門性である。また，リスク管理およびクレジットポートフォリオ管理に関する専門性である。これらは，リスクコントロールから収益を生み出すという銀行のビジネスモデルを踏まえて，クレジットリスク審査のカギになる。米国地域銀行は，取締役がリスク管理の専門性を有することで，このような取締役会の具体的なリスク管理機能が有効に機能していると思料される。

　以上からの示唆は，わが国地域銀行が，経営環境や自社独自の経営戦略に対応して，どのような専門性を社外取締役に求めるのかを明らかにすることである。わが国の地域銀行も，ビジネスモデル改革の方向性に有益な専門性を有する取締役が中心となるように取締役会を構成していく必要がある。したがって，わが国地域銀行は，ビジネスモデル改革を推進する上で，米国地域銀行の事例を参考にして，専門性のある取締役を主体とする取締役会改革が求められているのである。

第3節　調査：わが国地域銀行社外取締役の専門性

1　わが国の取締役選任議案における開示規定

⑴　株主の議決権行使制度

わが国は，会社法第310条1項により，株主総会に出席できない株主が代理人に意思表示を委任することを可能にしている。この条項は，株主が代理人を自発的に選任して議決権を行使させることを想定している[47]。ところが，現代では，株主が能動的に代理人を選任することは稀となっている。このことから，株主総会の定足数確保のために，代理行使の委任を勧誘する必要が生じる。

そこで，わが国は，1981年の商法改正（昭和56年法律第74号）によって書面投票制度を導入したのである[48]。同制度は，株主が書面投票によって株主総会に直接投票することを可能にしている。しかしながら，この書面投票制度には問題が内在している。わが国では，社内昇格の取締役が中心となり，新卒入社から経歴を積み取締役に昇進する体系を代表取締役が支配していることである。株主総会は，代表取締役の支配で指名した取締役候補者を承認する場となり，形骸化していくのである。

本来，書面投票制度は，株主総会の形骸化に対する改善策となるべき制度である。すなわち，株主が自ら取締役候補者の賛否を判断して議決権を行使する制度である。したがって，同制度が有効に機能するためには，株主の主体的な行動が重要になる。ゆえに，株主は，取締役候補者の知識や専門性を基に経営を委託するに相応しい人材かどうかを自ら積極的に評価し，判断することが求められている。

これを具体例で示せば，2019年6月25日のLIXIL株主総会で会社側は，株主に委任状を送付して現経営陣への委任を要請した[49]。そこで重要なことは，自身への委任を勧誘するにあたり，株主が判断する情報開示を充実させることである。つまり，経営側が引続き会社の経営を担うことを目指すのであれば，経営体制や取締役候補者にどのような専門性があるのかの情報を開示し，それ

を株主が評価できることが必要になるのである。

(2)　わが国取締役候補者の開示制度概要と課題

　前述のとおり，株主は，取締役候補者の知識や専門性を基にして，経営を委託するに相応しい人材かどうかを自ら積極的に評価し，判断することが求められている。しかしながら，その為に株主には，取締役候補者の専門性に関する詳細な情報が必要になる。米国のエンロン事件後の改革は，取締役候補者の専門性に関する詳細な情報を株主に提供することを定めた改革であった。このような米国の制度と比較して，わが国の取締役候補者の情報開示制度の現状と課題をレビューする。

　わが国では，取締役候補者の選任議案にあたっての参考情報の提供は，金融商品取引法（昭和23年法律第25号，平成19年9月30日より金融商品取引法にて施行）で規定されている。同法194条は，上場株式の議決権代理行使を勧誘する際の規制を課している。具体的には，金融商品取引法施行令36条の2（議決権の代理行使の勧誘）で規定している。その内容は，議決権の代理行使の勧誘を行おうとする者は，相手方に委任状用紙および代理権の授与に関して参考となるべき事項として内閣府令で定めるものを記載した参考書類を交付しなければならないことである。

　「上場株式の議決権の代理行使の勧誘に関する内閣府令（平成15年内閣府令第21号）」第2条（取締役の選任に関する議案）は，株式の発行会社の取締役が取締役の選任に関する議案を提出する場合，当該会社により，または当該会社のために当該株式の議決権代理行使の勧誘が行われるときに参考書類に記載しなければならない3項目を示している。1.候補者の氏名，生年月日および略歴，2.就任の承諾を得ていないときはその旨，ならびに3．当該会社が監査等委員会設置会社である場合の会社法第342条の2第4項の規定である。

　ところが，この取締役選任議案の記載内容の定めには課題がある。金融商品取引法が株主総会参考書類に記載を求める取締役候補者の情報は，氏名や生年月日と略歴の記載を求めているに過ぎないことである。

　また，社外取締役の候補者に関しては，会社法施行規則で参考情報の記載が求められている。同施行規則74条4項は，「二　当該候補者を社外取締役とし

た理由」の記載を求めている。さらに，経営に関与したことがない社外取締役候補者には，「五　社外取締役又は社外監査役以外で経営に関与したことがない者であっても社外取締役の職務を適切に遂行することができるものと判断した理由」の記載を求めている。しかし，同規則が参考書類に記載を要求している内容は，必ずしも十分ではない。株主が取締役候補者の知識や専門性を基に経営を委託するに相応しい人材かどうかを自ら積極的に評価する情報としては不十分である。つまり，同規則の問題点は，社外取締役はどのような専門性を有しているのか，会社の事業内容や経営課題に適合した専門性を有しているのかの記載を求めていないことである。したがって，わが国では，株主が社外取締役の選任議案に賛否を投じるにあたり，経営戦略上の重要な役割を担いうる専門性の有無を積極的に評価するための制度改善が必要になっている。

(3)　取締役選任議案における開示と課題

　わが国では，取締役に求める役割の開示を目指して法規則が改正されているが，これも効果を生んでいるとは言い難い。会社法施行規則改正（令和2年法務省令第52号）によって，「候補者が社外取締役に選任された場合に果たすことが期待される役割の概要」の株主総会参考書類への記載を求めた（会社法施行規則第74条4項第3号）。法務省は，この狙いを，会社の経営に関与したことがない候補者が社外取締役の職務を適切に遂行ができると判断した理由の記載（会社法施行規則74条4項2号および74条の34項2号）に対する手当と説明している。つまり，職務内容の記載が無いと，その職務を適切に遂行できるか判断することは困難であったことが理由である[50]。社外取締役に期待される役割を記載した上で，その役割の遂行ができると判断した理由を記載することとしたものである。

　しかしながら，これには，2つの問題がある。第1は，「期待される役割」の位置づけや趣旨が不明なことである。法務省は，「どのような視点から取締役の職務の執行の監督を期待しているかなど，株式会社が当該社外取締役候補者にどのような役割を果たすことを期待しているかについてより具体的に記載することを求めることとしている[51]」と解説している。これに対して，日本経済団体連合会は，パブリックコメントで[52]，求めている記載内容が明らかでな

いとして反対意見を提出した[53]。第2は，「期待される役割」と「遂行が出来ると判断した理由」を同時に掲載することである。米国の専門性開示制度に基づく開示は，三段階の構成になることを確認した。取締役会は，取締役に求める専門性の要件を開示し，その上で，取締役候補者は提示された要件を満たすか株主が審査する上で専門性の詳細な情報を開示するものである。

　この第2の問題は，改正後の記載状況を見れば，顕在化していることが分かる。2021年3月1日施行後の株主総会招集通知には，表題が，「社外取締役候補者とした理由」から「社外取締役候補者とした理由および期待される役割の概要」に形式的に変更になった。そして，そこに書かれている内容は，これまでの候補者の経験や実績を監視機能に「活かすことを期待」，という記述が加えられているに過ぎない。つまり，「候補者とした理由」が，「期待する理由」へと変わったに過ぎないのである。さらに，本来では，求められる役割を果たす専門性を有していない場合であっても，逆にその社外取締役のレベルに合わせて期待できそうな内容を記載すれば良いのである。すなわち，米国のように「会社の期待」が基点ではなく，「個人のレベル」に合わせた期待内容を記述する制度に陥っていると言えよう。

　したがって，この解決には，米国地域銀行の専門性開示で確認したとおり，まずは，取締役会が社外取締役に求める役割，専門性の内容や水準を明らかにすることである。

　本来，取締役会は，求めている専門性を，その候補者が満たし，役割を果たすかを説明する必要がある。すなわち，繰り返しになるが，社外取締役候補者にどのような専門性を求めるかを明らかにした上で，当該候補者が求められる専門性を充足すると判断し，どのような職務の遂行を期待しているのかを示すことである。これを踏まえて，株主は，取締役の専門性を評価した上で，自らの議決権を積極的に行使する。このような本来あるべき制度への改善策を検討することとする。

2　地域銀行社外取締役の専門性調査

(1)　調査目的と調査対象

　米国地域銀行取締役の専門性と比較して，わが国地域銀行取締役の専門性を考察する。米国地域銀行取締役は，各銀行の戦略に応じた専門性を有している。よって，ビジネスモデル改革が求められるわが国地域銀行も，米国の例を参考にして，専門性を有する取締役が主体となるように改革が必要と考えるからである。

　したがって，わが国地域銀行社外取締役の専門性を調査し，各行の戦略を踏まえたビジネスモデル改革に相応しい社外取締役が選任されているかを考察して制度改善の提言につなげるものとしたい。

　調査の対象は，地域銀行の銀行持株会社とした。銀行持株会社は，1998 年 3 月 11 日に施行された「銀行持株会社の創設のための銀行等に係る合併手続の特例等に関する法律」（平成 9 年法律第 121 号）により設立が認められた制度である。近隣に所在する銀行が経営統合する規模の拡大や経営の効率化を進める上で活用されている。銀行持株会社制度を活用する銀行は，ビジネスモデル改革に積極的と考えられるから，2020 年 3 月期を基準にして，地域銀行持株会社 15 社[54] を対象に社外取締役の選任状況を調査する。なお，地域銀行持株会社 15 社のうち，10 社は監査役会設置会社である。残る 5 社は，監査等委員会設置会社である。

(2)　社外取締役の選任状況

　まず，地域銀行持株会社で選任されている社外取締役の人数を調査した。コーポレートガバナンス・コード（2018 年 6 月改訂版）は，2 名以上の社外取締役選任を求めている。これを踏まえて，地域銀行持株会社のうち，監査役設置会社 10 社は，2 名以上の社外取締役を選任している。

　監査等委員会設置会社は，3 名以上の監査委員で構成され，その過半数は社外取締役でなければならないとされている（会社法 331 条 6 項）。監査等委員会設置会社を選択している地域銀行持株会社 5 社（第四北越 HD，三十三 HD，ほくほく HD，西日本 HD およびトモニ HD）は，各社とも 2 名以上の

社外取締役の監査委員を選任していることが確認された。

　また，同コードは，必要に応じて取締役会の中に 1/3 以上の社外取締役の選任を求めていることから，社外取締役の構成割合を確認した。フィデア HD および山口 HD の 2 社は，取締役会の構成で過半数の社外取締役が選任されている。池田泉州 HD，きらぼし HD，コンコルディア HD，関西みらい HD およびめぶき HD の 5 社は，1/3 の割合を満たしていることが確認された。

　以上から，地域銀行の持株会社は，全体での社外取締役の人数および構成割合が同コードの基準を満たし，さらにコードの要請を上回るケースも確認された。

　一方で，監査等委員会設置会社を選択している 5 社の中で，トモニ HD は，法令で定められている監査等委員の他に社外取締役を任意で 1 名選任している。しかし，残る 4 社は，監査等委員以外の社外取締役は選任していないことが確認された。

(3)　取締役選任基準の開示状況

　米国地域銀行は，取締役会が取締役に求める専門性を明らかにしていた。これに対して，わが国は，株主総会招集通知で取締役に求める専門性を明らかにしているかを調査する。

　まず，株主総会招集通知での選任基準の記載状況を調査した。調査の結果，取締役の選任基準を記載している会社は，池田泉州 HD および九州 HD の 2 社であった。しかし，2 社の記載内容は，「知識経験能力の多様性」および「ダイバーシティを高める」等簡潔な記述に留まっている。

　次に，各社の「コーポレート・ガバナンスに関する報告書」による開示状況を調査した。これは，コーポレートガバナンス・コードの原則 3-1（ⅳ）が取締役候補者選任の方針の開示を求め，補充原則 4-11 ①は，「取締役会の全体としての知識・経験・能力のバランス，多様性および規模に関する考え方を定め，取締役の選任に関する方針・手続と併せて開示すべき」と示しているからである。

　調査の結果，同報告書に選任方針の内容を記載している会社は，コンコルディア HD，第四北越 HD，じもと HD，池田泉州 HD および山口 HD の 5 社

表 4-7　コーポレート・ガバナンス報告書に記載状況

持株会社名	コーポレート・ガバナンス報告書への記載内容
コンコルディア HD	企業経営，財務，金融，経済，会計，税務，法務等の分野における豊富な経験と幅広い知見を有する者。自らの経験，知見に基づき，当社グループの持続的成長を促し中長期的な企業価値の向上をはかる観点から，取締役，経営陣に対して適宜，適切に意見，提言を行い得る者
第四北越 HD	企業経営，財務会計等の各専門分野における高い見識と豊富な経験を有する社外取締役
じもと HD	優れた人格・見識・能力および豊富な経験ならびに高い倫理観を有する者
池田泉州 HD	多様な知見やバックグラウンドを持つ者
山口 HD	多様な知見やバックグラウンドを持つ者

出所：2020 年 3 月期各社コーポレート・ガバナンス報告書を基に筆者作成

であった。残る 10 社は，自社の「コーポレート・ガバナンス・ガイドライン」に記載しているとし示し，掲示先の WEB サイトをリンクしていた。

さらに，コーポレート・ガバナンス報告書に記載されている内容を表 4-7 にまとめた。コンコルディア HD は，求める専門性等を詳細に記載している。第四北越 HD およびじもと HD の 2 社は，求める専門性の要旨の簡潔な記述である。池田泉州 HD 及び山口 HD の 2 社は，「多様な知見やバックグラウンドを持つ者」との記載に留まっており，その内容の詳細は明らかでなく，具体性に課題があると言えよう。

以上の調査によって，わが国地域銀行取締役に求める専門性や選任基準の開示は，不十分な状況であることが確認された。取締役選任基準は，株主に会社の考え方を示して，議案の賛否を問う基準となる。株主総会議案にも記載がなく，また「コーポレート・ガバナンスに関する報告書」を閲覧しても具体的な内容は記載されておらず，さらに他資料を確認する必要があるという状況になっている。このように多くの課題があることが分かった。

⑷　取締役会の専門性構成

わが国地域銀行持株会社の取締役会は，どのような専門性を持った社外取締役で構成されているのか。社外取締役の経歴を専門性に関する情報と見做して，取締役会の専門性構成を分析する。経歴情報は，取締役選任議案および

コーポレート・ガバナンス報告書での記述内容を利用した。取締役会の構成を
分析したところ，その特徴をタイプ別に区分して，表4-8にまとめた。

　既に述べたように，わが国の従前の社外取締役や監査役の選任理由は，「大
所高所から助言を頂く」という常套句が用いられている。池田泉州 HD は，造
船・電鉄等の大企業経営者を社外取締役に選任しており，伝統企業経営者型と
区分した。

　その後のわが国の社外取締役の選任に見られる特徴は，大企業経営者に加え
て大学教授等の学者や外資系コンサルタント・アナリストが増加したことであ
る。山口 HD は，経済界の実務経験，戦略的なコンサルティングおよび経営理
論のバランスを取った構成となっている。九州 HD は大企業経営者と銀行実務
経験者のバランスを取った構成となっている。これらもわが国に固有なバラン
ス型とした。

　本書の中心テーマである社外取締役の専門性に関しては，地域銀行でも銀行
実務経験者が社外取締役に就任するケースが増加してきている。前述の九州
HD はバランス型としたが，その中には銀行実務経験者が存在している。フィ
デア HD は，7 名の社外取締役の内，金融機関の経営者・銀行実務経験者で計

表 4-8　社外取締役の経歴の特徴からみた区分

持株会社名	社外取締役の主な経歴から特徴	特徴から区分
池田泉州 HD	造船・電鉄等大企業経営者	伝統企業経営者型
山口 HD	地元大企業経営者・外資・学者	バランス型
九州 HD	大企業経営者・銀行実務経験者	バランス型
フィデア HD	金融経営者・銀行実務経験者計 3 名	銀行・金融型
コンコルディア HD	外資系アナリスト経験者 2 名	銀行・金融型
めぶき HD	リスク管理及び財務ファイナンス経験者	リスク管理型 ファイナンス会計型
関西みらい HD	銀行リスク管理経験者	リスク管理型
きらぼし HD	地元行政関連と事業創造専門家	規制対応型
じもと HD	地元企業経営者・地元弁護士	規制対応型
ふくおか HD	外資系コンサル・外資マネジメント	独自性（戦略・IT）

出所：2020 年 3 月期各社株主総会選任議案，コーポレート・ガバナンス報告書を基に筆者作成

3 名を選任している。またコンコルディア HD は社外取締役 2 名が共に外資系
金融アナリストであり，銀行経営に専門性を持つ社外取締役である。これを銀
行・金融型と区分した。

　さらに，地域銀行の社外取締役に求められる専門性という視点では，米国と
同様にリスク管理面の専門性を有する社外取締役が見られる。めぶき HD は，
リスク管理及び財務ファイナンス経験者，関西みらい HD も銀行リスク管理経
験者の社外取締役が存在している。これらをリスク管理型とした。

　加えて，地域銀行は，日米ともに地域に根差して，各種規制等に対応した経
営が求められる。このような視点で見た場合，きらぼし HD は地元の行政出身
者，じもと HD も地元の弁護士が社外取締役に就任しており，これを規制対応
型とした。

　最後に，米国地域銀行の特徴は，独自性が高く特色のあるビジネスモデルを
構築していることであった。ふくおか HD は，そのような面で，外資系出身者
で戦略面と IT 関連企業のマネジメント経験を有する社外取締役が存在してい
る。これら社外取締役の専門性は，銀行のビジネスモデルの独自性とどのよう
に整合しているのかの確認が必要である。

　以上のとおり，社外取締役の経歴の構成から，社外取締役の専門性に関する
特徴を調査した。また，各取締役会は，どのような経歴を有した社外取締役で
構成されているのか，構成の特徴を分析して整理した。その結果，取締役の経
歴から各銀行の戦略との整合性の状況を確認することができた。整合性がある
程度見られる銀行と，整合性に課題がある銀行が分かった。次なる課題は，こ
のような社外取締役の構成からの特徴が，各銀行のビジネスモデル改革の方向
性とどのように関係しているかである。

(5)　社外取締役専門性とビジネスモデルとの整合性

　前項で分析した社外取締役の特徴からの区分に照らし，これらの社外取締役
の専門性は，地域銀行の戦略と整合的なのかを確認する。各社の戦略は，株主
総会招集通知に添付された事業報告書および公表されている中期計画等の資料
を参照した。社外取締役の構成からの区分と各社の戦略とを対比した。その結
果を表 4-9 に示した。

　バランス型に区分した山口HDは，外資系出身で消費者生活アドバイザー・良質な金融商品構築を目指す団体役員の社外取締役が在任している。社外取締役の経歴は，個人金融商品を多様化し，拡大していく戦略に活かすことが可能と言えよう。また，同区分の九州HDは，銀証信連携・観光・農林水産・PPP（Public Private Partnership: 官民連携）の推進を目指す戦略を明らかにしている。同社は，2015年6月に自動車会社元社長を社外取締役に選任した。自動車業界の経営経験が銀行や証券の経営に活かすことが可能なのか株主は知りたいのではなかろうか。また同社は，2018年6月にPPP分野の研究者を社外取締役に選任した。PPP分野の研究を実務にいかす専門性が期待されている。

　銀行・金融型のコンコルディアHDは，東日本銀行の地盤である東京地区，横浜銀行の地盤である神奈川地区を重視し，コンサル営業強化および海外展開や不動産融資拡大という幅広い戦略方針を打ち出している。この積極戦略に対応した専門性を有する社外取締役が得られるかが課題となる。同社は，2020年6月に外資系アナリスト出身者2名を社外取締役に選任した。コンサルタント出身の社外取締役は，同社の戦略の各分野で専門性を有して，有益な戦略議論やビジネスモデル改革に伴うリスクを的確に把握してコントロールすることが可能なのかが選任議案検討のポイントになるであろう。

　規制対応型のきらぼしHDは，独自性のある金融サービスによるビジネスモデルの構築を標榜している。同社は，ベンチャー協議会の役員を社外取締役に選任している。社外取締役がベンチャービジネスで培った専門性を独自金融サービスに活かすことが期待される。

　最後に，独自性のふくおかHDは，金融サービスのプロ集団を標榜して「いちばん先を行く銀行」を標榜している。さらに，必要なサービスを必要なタイミングで提供するas a Serviceというスキームを金融サービスに適用する方針を示している。このような金融プロ集団戦略とIT活用も必要になる斬新な銀行ビジネスモデルの戦略議論に有益な専門性を有する社外取締役が求められる。これに対して，同社は，2016年に外資系コンサルタント，2017年にグローバル企業経験者を社外取締役に選任している。外資系コンサルタント経験の中で，銀行の新たなビジネスモデルに知見や専門性を有しているか。社外取締役の経歴は，銀行コンサルティング経歴を有していることは確認されるが，

表 4-9　社外取締役の構成の特徴と戦略との対比

持株会社名	区分	戦略的特徴
山口 HD	バランス型	コンサルティング・保険・証券・自治体コンサル・人材紹介・地域商社
九州 HD	バランス型	銀証信連携・観光・農林水産・PPP
コンコルディア HD	銀行・金融	東京神奈川重視・コンサル営業・海外・不動産融資拡大
きらぼし HD	規制対応型	独自性のある金融サービス・信託参入・証券参入・コンサルティング機能・商社機能
ふくおか HD	戦略・IT	福岡・熊本・長崎　投信強化・みんなの銀行 Baas

出所：2020 年 3 月期各社有価証券報告書，株主総会招集通知事業報告書，決算説明会資料を元に筆者作成

その詳細を株主は知りたいと思われる。

⑹　日米比較による取締役専門性の考察

　以上の分析を踏まえて，日米の地域銀行取締役の専門性を比較する。米国地域銀行に共通する 7 つの専門性に対して，わが国地域銀行の専門性を比較して，日米の取締役専門性の相違を考察する。

　わが国地域銀行取締役の専門性開示は不十分であるが，米国の主な経歴を調査して作成した表 4-4 の内容を基にして，米国地域銀行の専門性に照らした比較を表 4-10 に示した。

　米国地域銀行取締役の専門性と対比すると，1 の銀行・金融の専門性に関しては，フィデア HD の金融・実務経験者 3 名，コンコルディア HD では，銀行・金融セクターのアナリスト 2 名が専門性を有していると思われる。

　2 のファイナンス・会計に関しては，めぶき HD の財務経験者の社外取締役が該当するが，わが国の一般企業でも同様にファイナンスに関する専門性が課題となっている。

　3 のリスク管理に関する専門性は，関西みらいＨＤおよびめぶきＨＤの社外取締役が該当すると思われる。なお，スルガ銀行事件で顕在化したとおり，リスク管理の専門性は大きな課題となっている。4 のコーポレート・ガバナンス

表 4-10　米国取締役と地域銀行取締役の専門性の比較

	米国地域銀行の専門性	日本の地域銀行の専門性
1	銀行・金融	フィデア HD コンコルディア HD
2	ファイナンス・会計	めぶき HD
3	リスク管理	関西みらい HD めぶき HD
4	コーポレート・ガバナンス	――
5	規制対応	きらぼし HD じもと HD

出所：筆者作成

に関する専門性は，地域銀行の社外取締役の経歴からは確認することができなかった。わが国は，社外取締役がコーポレート・ガバナンスの役割を果たすために，コーポレート・ガバナンスに関する専門性を有する人材の選任が大きな課題になっている。5の規制は，きらぼし HD が地元行政関連の社外取締役を選任し，じもと HD が弁護士を選任していることが該当すると思われる。

　以上，日米地域銀行社外取締役の専門性の特徴を対比させた。わが国の地域銀行の社外取締役の特徴を区分した結果，当てはまるケースも一部には見られる。しかしながら，特に3のリスク管理の専門性は，スルガ銀行事件で問題になったように，不動産融資等新たな事業に対するリスクへの専門性を有しているか確認することが大きな課題の一つと言える。

3　社外取締役専門性の現状と課題

　わが国地域銀行社外取締役の専門性調査によって，以下の4点が明らかになった。

　第1は，社外取締役の選任状況の実態である。各社は，コーポレートガバナンス・コードの要請内容に応じて，相応の人数や構成になっていることが確認された。

　第2は，取締役候補者の選任方針の開示の課題である。同方針の開示は，開示方法や開示された内容の両面で課題が確認された。選任方針を株主総会招集

通知に記載する会社は2社であり，内容も充実させる必要がある。また，コーポレート・ガバナンス報告書で開示している会社は，開示方法および内容の面に課題があることが分かった。

　第3は，社外取締役の構成とビジネスモデルの関係性である。経歴情報による社外取締役の専門性の特徴を基にして，各社の特徴を確認した。社外取締役の特徴は，目指すべきビジネスモデル改革の方向性に対応して，専門性を活かしていく方向性にあることの一端を確認ができた。

　第4は，米国地域銀行取締役との対比からの課題である。米国地域銀行の銀行・金融の専門性に関しては，わが国地域銀行では，銀行実務経験者や銀行・金融セクターのアナリストが該当した。ファイナンス・会計に関しては，財務経験者が該当した。しかし，わが国は一般企業でも同様にファイナンスに関する専門性に課題がある。リスク管理に関する専門性は，リスク管理経験者の専門性が該当した。しかし，わが国では，一般に，リスク管理の専門性は大きな課題となっている。コーポレート・ガバナンスに関する専門性は，地域銀行の社外取締役の経歴からは確認することができなかった。法規制は，地元行政関連および弁護士の専門性が該当した。

4　総括：社外取締役専門性開示制度の改革課題

　本章は，社外取締役が期待される新たな役割を果たすために，どのような専門性が求められるかを探求した。そのために，米国とわが国の制度と専門性の実態を調査した。

　調査結果を踏まえて，わが国は，以下の2つの視点での制度改革が求められている。

　第1は，取締役選任制度の形骸化に対する制度改革である。わが国は，米国の委任状制度に倣い，1981年の商法改正よって書面投票制度を導入した。これは，株主が書面投票によって株主総会に直接投票を可能にする制度である。ところが，株主は，提案された取締役候補者の適否の検討なしに承認してしまうと株主総会は形骸化する。わが国では，この株主総会の形骸化が問題になっている。したがって，わが国は，株主が取締役候補者の知識や専門性を基に，

自ら積極的に判断する制度改革が求められている。

　第2は，開示を求める内容の充実や改善である。わが国は，取締役に求める
役割を開示する法規則の改正があったが，効果を生んでいない。この原因は，
社外取締役に「期待される役割」が不明なことである。現在の規定では，予め
内諾を得た取締役候補者を対象に，その人物で可能と思われる役割を考えて，
その役割を会社の基準とすることが可能になってしまう。つまり，基準の後付
けである。

　米国の三段階開示は，最初に，取締役会が取締役に求める専門性要件の開示
を求めている。ゆえに，わが国でも取締役会が社外取取締役に求める専門性要
件となる「期待される役割」を明らかにさせる必要がある。その上で，取締役
候補者が，その役割を「遂行できると判断した理由」を記載させる制度改革が
求められているのである。

　これを踏まえて，次節で提言を行うものとする。

第4節　提言：社外取締役専門性開示制度改革に向けて

1　提言趣旨：社外取締役専門性開示制度改革に向けて

　米国の委任状制度改革は，株主総会形骸化の問題を改善し，株主主権確保を
目指す改革である。米国は，エンロン事件によって，米国証券取引所法に基づ
くSECの規制を強化した。米国の改革は，エンロン社の社外取締役がビジネ
スモデル改革に必要な専門性を有していないことが発端になった。また，エン
ロン事件は，株主総会の形骸化の進行により，株主が適切な専門性を有する取
締役を選任しないと大きな損害を受けることを知らしめた。これを踏まえて，
株主が，自ら積極的に取締役候補者の専門性を評価することを可能にする制度
改革が進められている。このように，米国取締役の専門性開示制度改革は，取
締役会と株主のコミュニケーション強化を目的にしている[55]。

　米国の制度改革と比較して，わが国の制度改革は立ち遅れている。戦後にわ
が国は，米国の証券取引法による委任状規則を継受した。しかし，わが国は，

米国のように委任状が経営者支配の道具と化したことへの反省に立つことなく，緩やかな規則であると指摘される[56]。また，わが国の規則は，経営者が株主総会の定足数を確保するための制度と批判されている[57]。

　このように，従前から制度に問題が指摘されていた中で，スルガ銀行事件によって，十分な専門性を有していない社外取締役の問題が顕在化した。

　ところが，未だわが国は，社外取締役の設置を法的に義務化することや，人数を増員する議論に力を注いでいる[58]。米国証券取引法の基本精神は，情報開示制度の充実により株主の主体的なコーポレート・ガバナンスを支えることである。わが国は，米国の根底にある主権者たる株主によるコーポレート・ガバナンスを促進する必要がある。このような見地から，取締役選任議案で，候補者の専門性に関する情報を充実させる制度改革を提言する。

　この提言により，社外取締役に求める専門性およびその専門性の充足状況に関する開示が制度化され，株主の主体的なコーポレート・ガバナンス機能を充実させるメカニズムを目指す。これは，米国の制度改革で確認したとおり，候補者を選定する側も慎重な候補者の選定を行う副次効果をもたらす。なぜなら，取締役会は，候補者の詳細な情報によって株主の審査を受けることから，より適切な候補者を選定するようになるからである。

2　改正案：会社法施行規則 74 条 4 項

　米国の三段階構成の専門性開示は，最初に取締役に求める専門性要件の開示を求めている。取締役に求められる専門性を明らかにし，取締役候補者の専門性を株主が判断できる開示制度改革が進められている。一方で，わが国社外取締役の専門性開示に関して，取締役会が求める取締役の専門性開示が遅れており，会社法施行規則の改正を提案する。

　具体的に，取締役選任議案の記載内容を定める会社法施行規則 74 条 4 項を，会社が社外取締役候補者に求める専門性を明らかにする記載を求める改正案を下記に示す。

4 項

第 1 項に規定する場合に，候補者が社外取締役であるときは，株主総会参考書
類には，次に掲げる事項（株式会社が公開会社でない場合にあって，第四号か
ら第八号までに掲げる項目を除く。）を記載しなければならない。

一　当該候補者が社外取締役である旨

二　当該候補者を社外取締役とした理由

三　当該候補者が社外取締役（社外役員に限る。以下この項にて同じ。）に選
任された場合に果たすことが期待される役割の概要

四　（略）

五　（略）

六　当該候補者が過去に社外取締役社外取締役又は社外監査役（社外役員に限
る。）となること以外の方法で会社（外国会社を含む。）となること以外の方法
で経営に関与したことがない者であるときは，当該経営に関与したことがない
候補者であっても社外取締役の職務を適切に遂行することができるものと当該
株式会社が判断した理由

三号および六号改正案

株式会社は，会社法第 361 条で決定した経営の基本方針および経営計画等重要
な方針に照らして，社外取締役候補者にどのような専門性を求めているのかを
明らかにしなければならない。株式会社は，経営の基本方針および経営計画等
を踏まえて，どのような職務の遂行を期待しているのかの理由を説明しなけれ
ばならない。株式会社は，当該候補者が経営の基本方針および経営計画等を遂
行する上で，求められる専門性を充足すると判断した候補者の専門性の詳細を
記載しなければならない。

3　改正案：コーポレートガバナンス・コード原則 4 − 9

　米国の専門性開示制度に基づく開示の三段階は，取締役に求める専門性要件
の開示に加えて，第 2 段階に候補者は専門性要件を満たすか株主が審査する上
での詳細情報の開示を求めている。

　本改正案は，これを踏まえた会社法施行規則の改正である。具体的に，コーポレートガバナンス・コードの原則4-9を，率直・活発で建設的な検討への貢献するためにはビジネスモデル改革の方向性を踏まえてどのような専門性を求めるかを明らかにし，また候補者の専門性の詳細を含めた選定理由を十分に説明するよう，求めるものである。その改正案は下記に示すとおりである。

原則4-9改正案

改正案：社外取締役候補者に求める専門性を明らかにして，会社が求める専門性を備える人物を社外取締役の候補者に選定するべきであり，候補者の専門性の詳細を含めた選任理由を選任議案で十分に説明すべきである。

　以上，株主に対して取締役候補者の専門性の詳細を提示し，株主が取締役候補者の専門性が会社の目指すビジネスモデル改革に役割を果たすかを積極的に評価する仕組みを示し，本章の結びとする。

[注]

1　SEC (2009), "SEC Approves Enhanced Disclosure About Risk, Compensation and Corporate Governance," Press Release No. 2009-268, Dec. 16.
2　スルガ銀行第三者委員会報告書（2018）pp. 216-217。
3　本章は，長谷川浩司（2022）「米国の取締役専門性開示改革を踏まえたわが国の地域銀行の取締役専門性に関する一考察」『日本経営倫理学会誌』第29号，pp. 269-285を基に加筆，修正した。
4　スルガ銀行第三者委員会報告書（2018），pp. 216-217。
5　金融庁（2018c）「スルガ銀行株式会社に対する行政処分について」2019年10月5日。
6　遠藤俊英（2018）「転換期の金融行政をどう進めていくのか？」『財界』2018年12月4日，p. 36。
7　山口利昭（2018）「スルガ銀行は不祥事を防ぎえたか」『金融財政事情』2018年10月8日，pp. 24-25。
8　中村直人（2018）「なぜ内部監査は機能しなかったのか」『金融ジャーナル』2018年12月。傍点は筆者。
9　金融庁（2007）「預金等受入金融機関に係る検査マニュアル」。
10　スルガ銀行第三者委員会報告書（2018），pp. 277-278。傍点は筆者。
11　スルガ銀行第三者委員会報告書（2018），p. 278。
12　樋口晴彦（2021）「スルガ銀行不正融資事件の事例研究（Ⅱ）」『千葉商大論叢』第58巻第3号，p. 143。
13　2017年6月9日終値2,604円から2018年12月25日には386円まで下落した。
14　筆者は2020年6月26日に開催されたスルガ銀行第209期株主総会に出席した。株主総会は経営陣に対する不正融資事件の責任を追及する質問，意見や激しい怒声が飛び交っていた。ところが取

締役選任議案に関して取締役候補者の適格性を問う意見はなかった。また事件が生じた投資用不動産融資に関する数々の質問に対して，議長はすべての質問の回答を不動産業界出身の副社長に担わせていた。これらを踏まえて筆者は，不動産業界出身の同副社長が代表取締役に就任予定であることに対して，社外取締役候補者は不動産融資に関する知見や専門性を持ち，代表取締役候補者の執行の牽制ができるのか質問に立ったが，明確な回答は得られなかった。

15　商事法務研究会（2020）「2020 年版株主総会白書アンケート速報版集計結果の概要」『商事法務』2248 号，p. 17。

16　商事法務研究会（2020），p. 18。

17　PWC あらた有限責任監査法人（2020）「2019 年度コーポレートガバナンスに関するアンケート調査」経済産業省委託調査，p. 22。

18　Emerson, F. D., & Latcham, F. C. (1954), *Shareholder Democracy a Broader Outlook for Corporations*, Cleveland the press of Western reserve university, pp. 3-11.

19　Davis, Joseph S. (1965), *Essay in the Earlier History of American Corporations*, Vol. 2, RUSSELL & RUSSELL INC., p. 322.

20　Axe, Leonard H. (1942), "Corporate Proxies," *Michigan Law Review*, Vol. 41, No. 1, p. 38, pp. 47-48.

21　大隅（1950），pp. 26-27。

22　Berle, Adolf A., & Means, Gardiner C. (1932), *op.cit.*, pp. 47-65.

23　Von Mehren, Robert B., & McCarroll, John C. (1964), "The Proxy Rules: A case Study in the Administrative Process," *Law and Contemporary Problems*, 2016 Vol. 29, No. 3, Duke University School of Law, p. 728.

24　前田重行（1974）「株主による会社経営者の支配についての一考察」鴻常夫編集代表『商事法の諸問題』有斐閣，pp. 461-463。

25　Emerson, F. D., & Latcham, F. C. (1954), *op.cit.*, pp. 3-11.

26　前田（1974），pp. 461-463。

27　Loss, Louis (1983), *Fundamentals of Securities Regulation*, Little Brown and Company.（日本証券経済研究所証券取引法研究会訳（1989）『現代米国証券取引法』商事法務研究会，p. 156, pp. 516-525。）

28　八田進二（2003）「会計不信一掃に向けた『企業改革法』が意味するところ」山地秀俊編『アメリカ不正会計とその分析』神戸大学経済経営研究所，p. 163，第 7 章。

29　SEC (2003), "Disclosure Regarding Nominations Committee Function and Communications Between Security Holders and Boards of Directors," Release No. 33-840, December 11, 2003.

30　SEC (2009), op. cit., Press Release No. 2009-268, Dec. 16, 2009.

31　Loss, Louis (1983), *op.cit.*, p. 156, pp. 516-525.

32　Van Ness, Raymond K., Miesing, Paul, & Kang, Jaeyoung (2010), "Board of Director Composition and Financial Performance in a Sarbanes-Oxley World," *Academy of Business and Economics Journal*, 10 (5), pp. 56-74.

33　Kim, Daehyun, & Starks, Laura T. (2016), "Gender diversity on corporate board: Do women contribute unique skills," *American Economic Review: Paper & Proceedings*, 106 (5), pp. 267-271.

34　Adams, Renée B., Akyol, Ali C., & Verwijmeren, Patrick (2017), "Director skill sets," Available at SSRN, pp. 1-57

35　Deloitte LLP & Society for Corporate Governance (2018), "Board Practices Report Common threads across boardrooms," p. 1.

36　Wang, Cong, Xie, Fei, & Zhu, Min (2015), "Industry Expertise of Independent Directors and Board Monitoring," *Journal of Financial and Quantitative Analysis*, Volume 50, Issue 5, October, pp. 929-962.

37　Faleye, O., Hoitash, Rani, & Hoitash, Udi (2018), "Industry Expertise on Corporate Boards," *Business Review of Quantitative Finance and Accounting*, pp. 160-181.

38　Drobetz, Wolfgang, von Meyerinck, Felix, Oesch, David, & Schmid, Markus (2018), "Industry Expert Directors," *Journal of banking & Finance*, Volime 92, July, pp. 195-215.

39　Pathan, S., & Faff, R. (2013), "Does board structure in banks really affect their performance?" *Journal of banking and Finance*, Vol. 37, pp. 1573-1589.

40　SVB "2020 PROXY STATEMENT notice of 2020 Annual Meeting of Stockholders" pp. 2-3.
　　このように厳正な与信リスクコントロールがされながら，その後に流動性の問題が生じた原因については，長谷川浩司 (2024)「経営戦略リスクマネジメントを担う社外取締役のコーポレート・ガバナンス」日本リスクマネジメント学会『危険と管理』No. 55 pp. 169-170 を参照されたい。

41　SVB FORM10-K ANNUAL REPORT, December 31, 2019, p. 56.

42　FRB FORM10-K ANNUAL REPORT, December 31, 2019, p. 69.

43　CIT FORM10-K ANNUAL REPORT, December 31, 2019, p. 39.

44　Comerica Proxy 2017, p. 19-22.

45　FRB FORM10-K ANNUAL REPORT, December 31, 2019, p. 98.

46　FRB FORM10-K ANNUAL REPORT, December 31, 2019, p. 98.

47　浜田道代 (1986)「委任状と書面投票」瀧田節・神崎克郎編『証券取引法大系』商事法務研究会，pp. 246-247。

48　谷川久 (1986)「第 4 章 株式会社　第 3 節 会社ノ機関前注〔会社の機関〕」上柳克郎・鴻常夫・竹内昭夫編集代表『新版注釈会社法 (5) 株式会社の機関 (1)』pp. 8-11。

49　このように現経営陣と新たに経営権の取得を目指す陣営が株主の委任状を争奪することは「委任状争奪戦」と表現されている。なお「委任状争奪戦」という表現は米国の「Proxy fight」の邦訳でもある。

50　渡辺諭・蘭牟田泰隆・金子佳代・若林功晃 (2020)「会社法施行規則等の一部を改正する省令の解説〔1―令和二年法務省令第 52 号〕『商事法務』2250 号，p. 10。

51　渡辺・蘭牟田・金子・若林 (2020), p. 10。

52　法務省「会社法施行規則及び会社計算規則の一部を改正する省令案に関する意見募集」2020 年 9 月 1 日。

53　日本経済団体連合会「会社法施行規則改正案への意見」2020 年 9 月 30 日。

54　フィデアホールディングス（以下「フィデア HD」），じもとホールディングス（以下「じもと HD」），第四北越フィナンシャルグループ（以下「第四北越」HD」），めぶきフィナンシャルグループ（以下「めぶき HD」），東京きらぼしフィナンシャルグループ（以下「きらぼし HD」），コンコルディア・フィナンシャルグループ（以下「コンコルディア HD」），三十三フィナンシャルグループ（以下「三十三 HD」），ほくほくフィナンシャルグループ（以下「ほくほく HD」），池田泉州ホールディングス（以下「池田泉州 HD」），関西みらいフィナンシャルグループ（以下「関西みらい HD」），山口フィナンシャルグループ（以下「山口 HD」），トモニホールディングス（以下「トモニ HD」），ふくおかフィナンシャルグループ（以下「ふくおか HD」），西日本フィナンシャルホールディングス（以下「西日本 HD」），九州フィナンシャルグループ（以下「九州 HD」）の 15 社である。

55　SEC (2003), op. cit., Release No. 33-840, December 11.

56　浜田 (1986), p. 250。

57　松下憲（2015）「再考・委任状勧誘規則〔上〕―米国の Proxy Regulation を参考にして―」『商事法務』2057 号，p. 16。

58　2020 年 10 月 23 日第 15 回「経済財政諮問会議」や 2020 年 11 月 18 日第 21 回「スチュワードシップ・コード及びコーポレートガバナンス・コードのフォローアップ会議」で社外取締役の比率を増加させる議論が展開された。

第Ⅲ部
社外取締役の新たな役割実証編

銀行頭取と社外取締役との関係構築 4Step Model

STEP1：頭取は，社外取締役をお客様や株主様として扱う。

⬇

STEP2：頭取は，社外取締役の発言に対して、即座に拒絶する。

⬇

//////// 社外取締役専門性の壁 ////////

STEP3：頭取は，社外取締役の専門的な発言に反対意見を呈し対立する。

⬇

STEP4：頭取は，社外取締役の意見に傾聴して効果的な議論を行う。

長いテーブルに座り 沈黙する（※）	意見に反対し 対立する	一つの船の舵取りを 専門性を持って議論する

※情報が提供されないので沈黙
※専門性がないので沈黙
※意見に自信がないので沈黙
※指示するまでの専門性がないので沈黙

第5章

事例研究：地域銀行取締役会の実態

第1節　事例研究の概要

1　目的：歴史的背景からの探求

　本章は，地域銀行ビジネスモデル改革に対する取締役会のコーポレート・ガバナンスのあり方を，経営史学的アプローチから事例研究で考察する。

　経営史学は，1927年にハーバード・ビジネス・スクールで講座が設けられた頃から始まる[1]。経営史学とは，歴史研究の上に経営学や経済学の研究成果を取り入れて，直面する経営課題を長期的な時間軸で考察する学問である[2]。1948年に設置されたハーバード大学企業家史研究センターは企業家に焦点を絞っていたが，戦略や組織の重要性を提起し，経営管理層を対象にした制度史としたのがA.チャンドラーである[3]。彼の功績は，米国経済の発展が市場メカニズムではなく，経営管理の調整メカニズムであったことを明らかにした点であると評価される[4]。

　また，デュポン社，ジェネラル・モーターズ社，スタンダード・オイル社およびシアーズ・ローバック社の4社の事例研究は，経営史学の先駆的な研究になった。A.チャンドラー（1962）は，管理組織の再編に着目して各社の管理組織の歴史的変遷を研究することで，事業部の管理統制機構がどのように生まれていったのかという過程を考察した。その結果，彼は，戦略と管理組織が密接に関わっている関係性を導き出した[5]。なお，同書が当初示したことは，戦略が組織構造に影響を与えることであった。しかし1990年のペーパーバック

版序文で，逆に，組織構造も戦略に効果を与えると新たに示した。そして，研究目的は，当初から「相互作用」の考察であったと説明した[6]。これはビジネスモデルとコーポレート・ガバナンスが密接な関係にあることの証左と言えよう。

　経営史の特徴は，企業行動の結果ではなく過程に着目し，経営課題に対応する戦略決定のプロセスや経営システムの変化を対象とすることにある[7]。よって，経営史の目的は，株式会社が直面する今日的な課題を展望することにある[8]。

　事例研究の有用性は，一般に利用可能なパターンの発見ではなく，背後にどのような狙いがあり，プロセスの変化があったのか行為やシステムを洞察し記述することである[9]。このように，経営史学の視点と事例研究の意義は，常に変化する外的環境に対処し，株式会社の組織構造や戦略がどのような相互作用によって適応していったのか過程に着目することである。また，定量分析では困難な戦略的意思決定プロセスや経営システム機能を担うコーポレート・ガバナンスの変化から示唆を得ることが可能である。たとえば，小方（2014）は，「歴史的視点で考えることにより，定量的分析で解明されていない，CSRと企業価値創造の関係に貴重な示唆を得られる[10]」と述べて，松下幸之助の経営に関する事例研究を行っている。

　地域銀行に関する研究を進める上では，朝倉（1961）が地域銀行の現在および将来を考えるためには過去を分析する必要があると述べている[11]。たとえば，大正期の北濱銀行の破綻を招いた拡大志向の経営に関する研究[12]，第百三十銀行の経営破綻を招いた経営者の利害関係先融資拡大の問題に関する研究がある[13]。一方で，ビジネスモデルの研究には経営史学の視座から歴代的変化の視点が欠けていると白鳥（2012）が批判している。その理由は，ビジネスモデルは，人の行為との因果関係の視点が重要になるからである[14]。つまり，経営史学の側からは，戦略的な分析視点を取込む必要があると示されている[15]。

　以上を踏まえて本章は，経営史の事例研究によって，地域銀行のビジネスモデル改革と社外取締役を含めた取締役会のコーポレート・ガバナンス機能との関係を考察する。

　なお，地域銀行の経営を経営史学の視点から研究することは，現代の地域銀行におけるコーポレート・ガバナンスの解決策を探る上で有益となる。本事例研究は，経営史学の視座を踏まえ，歴史的な視点から経営戦略の変化と社外取締役を中心としたコーポレート・ガバナンスの変化との関係の考察を深めることにもなると言えよう。

2　対象先と課題：第四銀行とスルガ銀行の比較理由

　事例研究の対象は，第四銀行とスルガ銀行の 2 行とした。その理由は，次のとおりである。

　第四銀行は，1872 年 12 月 3 日（明治 5 年 11 月 5 日）に布告された国立銀行条例（明治 5 年太政官布告第 349 号）に基づいて開業された銀行である。今日では国立銀行を母体とした銀行の多くが，姿を消している。第四銀行は，国立銀行からの経営が今日まで承継されている数少ない銀行の一つである[16]。1973 年 11 月に創立 100 周年を迎えた際に，当時の頭取は「新潟県の成立間もない明治 6 年に第四国立銀行として発足して以来，幾多の銀行を併合しながら100 年の風雪に耐え，新潟県の発展とともに歩んできた[17]」と述べている。すなわち，同行は，新潟県を地盤に 150 年を経て発展を遂げてきた銀行である。

　一方，スルガ銀行は，第四銀行とは対照的に，1895 年（明治 28 年）年 9 月に最小規模でスタートした銀行である[18]。このスルガ銀行は，リスクの高い投資用不動産融資へのビジネスモデル改革に取組んだところ，不正融資事件が判明して 2018 年 10 月に金融庁から業務改善命令が下された[19]。

　つまり，比較する 2 つの銀行は，設立の経緯，規模や経営方針等から対照的な銀行である。ケース・スタディを社会科学へ体系化した R.イン（1996）は，ケース・スタディが適正な研究成果と評価されるためには，決定的なケースとユニークなケースを比較する方法が有効と述べている[20]。これに照らして第四銀行は，取締役会が主体的に関与し成功した決定的ケースである。スルガ銀行は，リスクを冒してビジネスモデル改革に取組んだ結果，不祥事が生じたユニークなケースである。以上の視点を踏まえて，2 つの銀行の事例研究を行う。特にスルガ銀行の事例では，同行の社外取締役が不正融資を防止するため

に求められていた専門性とは何かという見地からも考察する。

　なお，スルガ銀行事件に関しては，第三者委員会の調査報告等をはじめとして様々な問題が指摘されているが，本書は，社外取締役の役割を中心としたコーポレート・ガバナンス上の課題を対象にして考察する。

3　研究課題：経営戦略とコーポレート・ガバナンスの歴史的変化

(1)　銀行のビジネスモデル改革に関する先行研究

　はじめに，地域銀行のビジネスモデル改革とコーポレート・ガバナンスに関係する先行研究を概観する。この研究は，3つに区分できる。

　第1は，家業から銀行業へと発展する過程での家業経営の限界に関する研究である。由井（1977）は，明治，大正期の株式会社経営の実態が，取締役の名称も不統一で重役の役割や職務も曖昧であったとする[21]。渋沢栄一も第一銀行の経営を「頭取ノ如キハ未タ一日モ其事ヲ執ラス[22]」と，頭取執務の実質的不在を述べている。当時の頭取や取締役は，家族的関係から共同経営への対応ができなかったのである[23]。また宮本（1999）は，番頭経営では限界があることを示した。その理由は，（1）番頭への委任事項は日常管理業務であり戦略的意思決定事項は含まれなかったこと，（2）番頭は奉公人の実務経験から家業を身に着けたが経営環境が大きく変化して役立たなくなったことである[24]。さらに，明治維新後に求められた新たな技術やニーズ，制度，知識を欠いたことである[25]。つまり，明治に生まれた近代的な地域銀行は，番頭的経営では経営環境の変化に適応が困難で生き残ることができなかった。このように，地域銀行は，明治維新後の近代的経営管理が可能な専門的知識を有する取締役を必要とし，その存在が発展の重要な要素であった。

　第2は，経営者のビジネスモデル改革に関する研究である。地域銀行は，明治後期に専門経営者を招いた[26]。明治30年代の大阪の銀行は，大蔵省や日本銀行等の行政官僚が新たな経営者の担い手となったが[27]，新たな経営者によるビジネスモデル改革は，何れも頓挫した。たとえば，三十四銀行[28]は，文部省から就任した小山が預金銀行の方針を示したにも拘らず，実際には工業向け貸付を行うビジネスモデルが進められた[29]。また，日本銀行から山口銀行[30]の頭

取に就任した町田忠治は，安全な資産運用銀行のビジネスモデルを示したが，退任後に改革は停滞した[31]。これら先行研究は，経営者に招かれた小山や町田の改革が組織の持続的ビジネスモデルに定着しなかったことを示している。その原因は，経営者が進めたビジネスモデル改革は，銀行の性格と反する方向にあったことである[32]。銀行の性格とは，経営者個人の志向ではなく，組織全体の方向付けである。ビジネスモデル改革が持続するためには，組織全体が意思決定に関与し合意する必要がある。これは，現代における取締役会のコーポレート・ガバナンス機能と言えよう。

　第3は，特定の銀行の一時期の経営や破綻に関する研究である。銀行の経営破綻に関する研究は数多い。たとえば，両羽銀行の債権整理，若尾銀行の破綻，信濃銀行の整理，日向中央銀行の破綻などの研究がある[33]。また，北濱銀行[34]の破綻は，岩下清周の積極的拡大志向にあり[35]，松本重太郎が第百三十銀行[36]の破綻を招いた教訓は，規模拡大に伴った経営管理組織の構築である[37]。これらの先行研究を踏まえて，地域銀行がビジネスモデル改革を推進するためには，経営を監視するコーポレート・ガバナンス機能が重要になる。

　ところで，これまでの先行研究の問題点は，経営者の一時期の改革に関する分析に過ぎないことである。戦後の56名の銀行経営者を対象とした研究もあるが[38]，在任期間の限られた研究である。第四銀行藤田頭取の経営を対象とした研究もあるが[39]，同頭取は1953年5月に就任した第6代頭取である。同頭取就任までに同行は80年に及んで堅実経営を継承してきている。したがって，同行の80年の経営を考察した上で，同頭取が踏襲した内容および新たに果たした内容の評価が必要になる。

　以上，先行研究からの課題は，地域銀行を経営史研究の視座で事例研究することである。A. チャンドラーは，特定の会社の経営史を分析することで，戦略と組織に相互作用があること導き出した。経営史研究の視座での第四銀行およびスルガ銀行の事例研究によって，地域銀行のビジネスモデル改革とコーポレート・ガバナンスの関係を導き出すこととする。

⑵　ビジネスモデル改革に取締役が果たす役割に関する先行研究

　銀行の取締役会および社外取締役を対象とした2つの事例をレビューする。

　第1は，経営者のビジネスモデル改革を創業家が支援した事例である。三井銀行は，1876年（明治9年）7月に三井家による私盟会社として設立された。創業期の三井銀行は，官金出納を受け持つ特権を獲得し，その特権が政府との情実融資に結びついたビジネスモデルであった。これに対して，1892年（明治25年）に常務となった中上川彦次郎は，情実融資を断ち切り，不良債権回収を断行して悪縁を断ち切り，貸付，荷為替および商業手形割引を中心とした近代的商業銀行のビジネスモデルに改革した[40]。中上川のビジネスモデル改革は，三井家理事の益田孝らの抵抗を受けが，三井家の総長であった三井高保が中上川の改革を支援した。ところが中上川の死後，改革に対抗していた益田孝は，多額の有価証券や土地保有の固定化など中上川改革の問題点を指摘して，改革路線の変更を試みた。しかし三井高保は，自ら意見書を作成して三井家の理事会に提出した。三井高保は，益田の批判に反論して中上川改革を高く評価し，ビジネスモデル改革の継続を支持したのである[41]。

　第2は，第一銀行の改革に対する取締役の役割に関する事例である。なお，筆者は，渋沢栄一が現在で言う社外取締役の役割を果たしていたのではないかと考えている。

　第一銀行は，国立銀行条例に基づいて，1873年（明治6年）7月20日に開業した銀行であり，わが国の最初の株式会社となった[42]。同行は，江戸時代の有力商家の三井組と小野組の共同出資により設立されたが，開業間もなく小野組が破綻して，経営組織が揺らぐ事態となった。事態の収拾を図るために，同行の設立に奔走した渋沢栄一が1875年（明治8年）7月11日に開催された臨時株主総会で頭取に就任した[43]。しかし渋沢は，実質的に第一銀行の経営には専念できないことから，佐々木勇之助に経営を一任した[44]。ところが，経営を任された佐々木は，渋沢の意見に反する方向のビジネスモデル改革を推進したのである。渋沢は，近代化が遅れる東北地方に文明の恵沢を広げたいと東北各県に支店網を拡大した。これに対して佐々木は，採算を重視する方針によって東北地方の支店を整理する改革を行ったのである。渋沢は，このような考え方の相違があっても，「佐々木の意見は非常に綿密で切実であったので大小に拘わらず相談した[45]」と述べている。なお佐々木は，大蔵省御雇外人アラン・シャンドの銀行簿記の伝習生となり，英国風サウンド・バンキング[46]の考え方

も学び[47]，英国流の商業銀行を理想とした[48]。

　以上の先行研究および事例からの示唆は，経営者のビジネスモデル改革に対する組織のコーポレート・ガバナンスの重要性である。この示唆を踏まえて，事例研究に取組むこととする。

(3)　先行研究を踏まえた事例研究の課題

　前述のとおり，地域銀行の研究は，特定の経営者を焦点に，その在任期間における成否が多く，一つの銀行を長期時間軸で捉えた研究が欠けている。第四銀行藤田頭取の経営に関する研究[49]では代々の頭取が堅実経営を継承し続けた要因や承継メカニズムは解明できていない。そこで第四銀行の事例では，番頭経営から経営環境変化に適応する能力を備えた専門経営者が出現し，堅実経営を承継して組織全体に定着した成功要因を考察する。

　また，スルガ銀行の不動産担保融資の構造と変遷の研究や[50]，創業者の経営に関する研究があるが[51]，これらの研究では創業者退任後のコーポレート・ガバナンスの変化と不正融資事件との関係は解明されていない。そこでスルガ銀行の事例では，創業者退任後のスルガ銀行のビジネスモデル改革とコーポレート・ガバナンスの関係を考察する。なお，先行研究は，健全な銀行経営には執行と監視のバランスが重要で，ビジネスモデル改革は経営組織が意思決定に関与することで定着すると示唆している。これを踏まえて，第四およびスルガ銀行のビジネスモデル改革は，経営組織が意思決定に関与し，定着するものになっていたのかという視点からも解明を試みる。

　特に本章は，歴史的な視点から経営戦略の変化と社外取締役を中心としたコーポレート・ガバナンスの変化の関係を考察する。ところで金融庁は，スルガ銀行事件後に，新たなビジネスモデルから生じるリスクを社外取締役がコントロールする役割強化を求めている[52]。この方針も鑑みて，社外取締役が不正融資を防止するために求められていた専門性とは何か，事例研究をとおして社外取締役の専門性の考察を行うこととする。

第2節　事例研究：第四銀行はなぜ堅実経営を維持できたのか

1　第四銀行の概要と特徴

　第四銀行は，国立銀行条例に基づいて，1873年（明治6年）11月2日に新潟県の官民が力を合わせて設立された銀行である。同行の創設は，新潟県令の楠本正隆[53]が管内の富豪を招致して，他府県に先立って創立を切望したことに端を発する[54]。

　第四銀行の創業当初は，頭取や取締役が名ばかりで機能しておらず，創業3年目で初代頭取は退任した。その後，1876年（明治9年）10月に第2代八木朋直頭取（以下「八木頭取」という）が新潟県から就任して，創業期の経営基盤を構築し，新潟県との取引関係を強化した[55]。同頭取は，新潟県で会計に関する職を経験した専門経営者であり，約20年に亘って同行の経営を担った。1896年（明治29年）12月に主要株主から第3代頭取[56]に就任した白勢春三頭取（以下「春三頭取」という）は，堅実経営を徹底させて約150年に亘る第四銀行の経営基盤構築に多大な貢献をした[57]。

　創業期のビジネスモデルの特徴の一つには，景気変動の調整機能がある。それは同行が，創業当初から東京支店を設置したことにある。新潟経済の不況期には，同支店の貸出を強化した。一方で，新潟が好景気の際は，同支店の資金を新潟県の貸出に振り向けた。このように同行は，新潟と東京の景気変動の相違を調整する機能を備えるビジネスモデルを創業期に構築した[58]。

　ところが東京支店は，1881年（明治14年）1月の銀行局検査で多額の不良債権が発覚した。八木頭取は，自ら同支店の検査を実施して資産内容を調査し，支店の監督機能を強化した[59]。

　第四銀行の堅実経営の堅持を可能にした要因は，このように頭取が率先して支店の監督機能強化にあたった姿勢にもあると言える。また，同行は，新潟と東京との間で貸出や預金の調整を行うことで，貸出先に困って不動産融資に傾斜するようなことがなく，堅実経営を堅持した。このように第四銀行は，頭取の堅実経営を守り抜く行動とビジネスモデルの構築が相互に結びついたこと

で，長く堅実経営が継承されていくことになった。

2　第四銀行のビジネスモデル改革

(1)　堅実経営へのビジネスモデル改革

　　第四銀行のビジョンは，新潟県令の楠本正隆が示したものである。彼は，「物産の繁殖，農工商業の振興を企図し，此条例により銀行を創立し，勉めて愛国報恩を謀らば，上下の福祉を得るのみならず，各自も亦其資金を擁護し，且つ収益を増加することが多かるべし[60]」と示した。

　　ところが開業後には，大地主である農業を基盤としたビジネスが早くも頓挫した。創業期の同行は，大地主が主要株主となっており，新潟県の立地条件からも農業向けの貸付件数は開業後1か月半に100件にも及んだ。しかし，大地主や農地担保貸出は，多くの延滞が発生する事態となった。1875年（明治8年）2月の株主総会では，貸出に不正があったとして株主が押し掛ける事態が生じ，役員全員が就任辞退に至った。このような開業後の経営危機を立て直し，銀行経営の基盤を築いたのは，新潟県の職員から就任した八木頭取である。

　　八木頭取は，次のような3点のビジネスモデル改革の方針を示した。第1は堅実経営，第2は新潟県との関係緊密化，第3は商業金融中心である。特に，第1の「堅実経営」は，第四銀行の経営理念として深く浸透し，その後の代々の頭取もこの理念を徹底した[61]。この堅実経営を守り抜いたことが，今日まで1世紀半に亘り同行が存続している最大の要素となっている。

　　また，同頭取の方針は，自己資金を運用する貸金会社的な性格から脱却して，預金等から拠出された擬制資本を基にして，取引先に資金を供給し，与信期間に応じた利益を得る，商業金融機能を目指すビジネスモデルに変革したものであった[62]。

(2)　第四銀行のビジネスモデルの特徴

　　その後の第四銀行のビジネスモデルの特徴は，2点で表される。第1は，堅実経営のビジネスモデルとなる商業金融中心としたことである。第2は，不動

産担保に依存しなかったことである。第四銀行は，不動産担保によらず有価証券担保を重視した。第1の商業金融中心は，八木頭取が示した方針に基づく。同頭取は，商業金融を中心とし，貸出の相手方も商業向けを中心とするビジネスモデルを確立した。このビジネスモデルは，データからも確認される。第四銀行の貸出金相手方の推移を図 5-1 に示した。第四銀行の貸出先の相手方は，1882 年（明治 15 年）に一時的に商業向けが減少したが，その後は，6 割前後が商業向けとなっており，商業金融のビジネスモデルを堅持していたと言えよう[63]。

　第2の特徴である不動産担保に依存しないビジネスモデルは，八木頭取の不動産担保に対する方針に始まる。同頭取は，不動産担保は最終的に処分して回収することになることから「死抵当」と称した。同頭取は，不動産担保は借入人のためにもならないと考えて，不動産担保に基づいた延滞貸出の回収を進める方針を示した。また，同頭取は，不動産担保に変わり，米穀の商取引に対する貸出を強化する方針を示した。これは，商業金融機能を目指したことに由来する[64]。

　このような八木頭取の方針によって第四銀行は，不動産担保の削減を進め

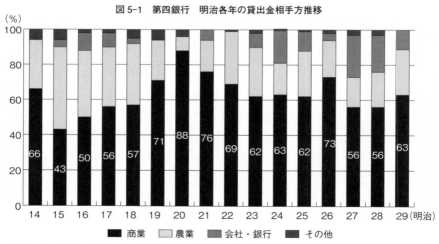

図 5-1　第四銀行　明治各年の貸出金相手方推移

出所：第四銀行企画部行史編集室編（1974）『第四銀行百年史』第四銀行 p.122 表 1-39 を基に筆者作成

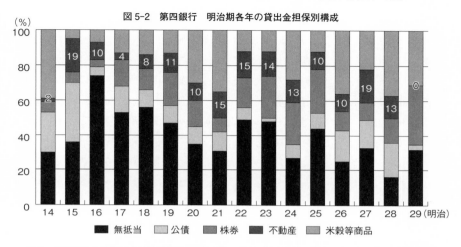

図5-2　第四銀行　明治期各年の貸出金担保別構成

出所：第四銀行企画部行史編集室編（1974）『第四銀行百年史』第四銀行 p.122 表 1-40 を基に筆者作成

た。この推移を確認するために，貸出金の担保構成を図5-2に示した。不動産担保は，明治15年および27年に一時的に19％に増加しているが，概ね15％以下と低い水準で推移している。また，不動産担保に代わって，明治14年および26年以降は，米穀等商品担保が増加していることが確認される。

(3)　堅実経営を支えるコーポレート・ガバナンス

　次に第3代春三頭取も，第四銀行の堅実経営のビジネスモデルの確立に多大な貢献をした。たとえば，1925年（大正14年）1月に不動産担保貸出に関して厳重注意を通達した。また同頭取は，1930年（昭和5年）7月には，儲けがなくても貸し倒れが無いようにすべしとの考えから，目先の利益よりも資産の健全性を優先する明確な理念を示した。さらに，春三頭取は，量を追い求めることなく，質に重点を置き良質な取引先を増やす方針を示したのである[65]。
　続いて，第4代の白勢量作頭取（以下「量作頭取」という）は，1943年4月の5行統合後の最初の支店長会議で，合併により統合した支店長にも第四銀行の堅実経営の方針を示した。同頭取は，地方銀行は地方の開発に寄与することを職責とし，利益の多寡を論ぜずという方針を示した[66]。このように，第2

代八木頭取の掲げた堅実経営の理念を第3代，第4代頭取が大正を経て昭和の
前半まで徹底させたことが，同行の経営基盤の確立に繋がったと思料される。

　第四銀行の堅実経営の理念は，八木頭取が方針を示してから80年が経過す
る1950年代や1960年代でも貫かれている。1953年5月に第6代頭取として
藤田耕二頭取（以下「藤田頭取」という）が就任した。藤田頭取は，同年6月
の支店長会議で，堅実経営に基づいて地元の中小企業を育成すると示した。会
議の中で，安易な大口貸出の推進に釘を刺している。大口貸出は調査が簡単
で，審査の手間を省略できるが，第四銀行の使命は地元中小企業の育成である
と示達した[67]。1956年4月の支店長会議で，同頭取は，貸出先が大口融資先に
集中することを回避し，また，貸出資産の管理の強化を指示した[68]。同頭取が
このように，堅実経営を徹底させる具体的な指示を矢継ぎ早に行った背景に
は，過去の体験があったようである。同頭取は，1927年（昭和2年）4月の昭
和金融恐慌時に本店に勤務していたが，取付け騒ぎの影響は受けずに，却って
預金額が増加したという鮮烈な記憶を持った。藤田頭取は，金融恐慌の中で預
金が増加した要因には，春三頭取の築いた堅実経営の成果があり，堅実経営を
踏襲することの重要性を改めて実感したのである[69]。

3　第四銀行ビジネスモデルとコーポレート・ガバナンスのその後

(1)　堅実経営ビジネスモデルの動向

　1970年5月に就任した第7代亀沢善次郎頭取（以下「亀沢頭取」という）
が示したビジネスモデルは，第1に個人取引，第2に商工ローンの推進であっ
た。なお亀沢頭取は，北海道拓殖銀行に勤務していたが，若くして第四銀行に
入行し経験を積んだ人物である[70]。1972年11月に第8代頭取として就任した
鈴木正二頭取（以下「正二頭取」という）は，コミュニティバンキングという
第四銀行のあり方を示した。さらに1983年3月に就任した第9代中村正秀頭
取は，同行の基本方針を，第1にコミュニティバンクに徹すること，第2にゼ
ロ成長でも耐えうる効率化を図ることと示した。これは，正二頭取の掲げたコ
ミュニティバンキング路線の踏襲を示している[71]。

　1990年3月に就任した第10代鈴木治輔頭取（以下「治輔頭取」という）

は，堅実経営を踏襲し，社会貢献の方針を加えた。治輔頭取は，堅実経営を堅持し，借りてくださいという銀行側の押し付けだけは絶対になくす方針を示した[72]。また金融というハード面だけでなく，文化や社会生活などソフト面でも地域に貢献する方針を示した[73]。このように，第四銀行は，1990年代に入っても堅実経営を堅持する方針が継承されている。

2008年4月に就任した第13代小原雅之頭取（以下「小原頭取」という）も，引続き堅実経営を踏襲している。小原頭取の示した方針は，第1に堅実経営，第2に新潟県の地域に拘わること，第3に総合金融サービスへの展開である。具体的には，収益性と健全性のバランスを保つこと，新潟県で必要とされる銀行であり続けること，さらに，専門分野に特化せず総合金融サービスの確立を目指すという方向性であった[74]。このように1990年前後のバブル期から2000年代にかけても，第四銀行の堅実経営は引続き踏襲されているのである。

(2)　収益性と貸出先構成の状況

地域銀行の収益性の低下が課題になっているが，第四銀行の業績にも収益性の課題が見られる。同行の業績は，1980年代までは順調に進展したが，1990年3月期をピークに下降している。具体的に同行の経常収益は，1990年3月期の156,977百万円をピークに2005年3月期には80,800百万円まで減少している。その後の同行の経常収益は，2005年3月期から2018年3月期まで横ばいで推移している[75]。

また同行の貸出金平均残高と貸出利回りを図5-3に示した。同行の業績が1990年3月期をピークに減少した要因は，貸出利回りの推移に表れている。同行の貸出利回りが1975年3月期から低下していることが分かる。利回りは，1990年3月期に5.4％であったが，2005年3月期には1.87％にまで大きく低下した。一方で，同行の貸出金平均残高は，2005年3月期以降に拡大に転じていることが分かる[76]。したがって，同行の近年の経営は，貸出利回りの低下に対処して，貸出金平均残高を増加させることで収益を確保していると考察される。

第四銀行のビジネスモデルは，商業金融中心主義である。同行は，このような方針に則って，製造業，卸・小売業を中心にして貸出を行ってきた。同行の

図 5-3　第四銀行 貸出金平均残高と貸出利回りの推移

単位：百万円（左軸）

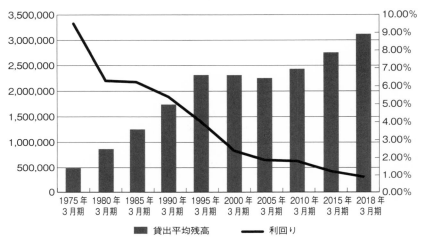

出所：第四銀行有価証券報告書を基に筆者作成

貸出金は，表 5-1 で示したとおり，1975 年 3 月は製造業が 37％，卸・小売業
が 31％と主要な構成を占めていた。ところが貸出残高の増加に伴って変化が
見られる。製造業向けの貸出比率は，徐々に低下して 2018 年 3 月期には 10％
にまで低下した。卸・小売業向け貸出比率も低下し，2018 年 3 月期には同じ
く 10％にまで低下している。一方で 2018 年 3 月期に個人向けが 24％，不動産
物品賃貸業が 15％，地方公共団体向けが 15％と増加し，製造業や卸・小売業
への貸出を中心とするビジネスモデルに変化がみられる[77]。

(3)　社外取締役と社外監査役の変化

　第四銀行の経営体制は，株式所有構成の変化によってどのような影響があっ
たのか。これを有価証券報告書を基にして確認してみよう。同行の 1975 年 3
月期の取締役総数は 14 名，監査役は 2 名で合計 16 名であった。取締役 14 名
の内，2 名が社外取締役に就任していた。この社外取締役の 2 名は，主要株主
の白勢家と，新潟商工会議所会頭の等々力英雄であった[78]。すなわち，第四銀
行のコーポレート・ガバナンスは，主要株主である白勢家と地元新潟県の経済

表 5-1　第四銀行 貸出金の構成

	1975 年 3 月期	1980 年 3 月期	1985 年 3 月期	1990 年 3 月期	1995 年 3 月期	2000 年 3 月期	2005 年 3 月期	2010 年 3 月期	2015 年 3 月期	2018 年 3 月期
製造業	37%	29%	29%	21%	21%	18%	14%	15%	12%	10%
建設業	9%	8%	10%	9%	12%	11%	7%	6%	4%	3%
卸売・ 小売業	31%	31%	30%	24%	22%	19%	14%	14%	12%	10%
金融・ 保険業	1%	1%	2%	11%	7%	5%	6%	5%	10%	9%
不動産・物 品賃貸業	3%	2%	3%	4%	4%	6%	6%	11%	13%	15%
サービ ス業	6%	8%	9%	13%	15%	13%	12%	9%	7%	7%
地方公 共団体	2%	3%	4%	3%	4%	6%	10%	13%	15%	15%
その他 個人等	9%	14%	9%	11%	12%	17%	21%	20%	23%	24%

出所：第四銀行有価証券報告書を基に筆者作成

界の重鎮からなる社外取締役が担う仕組みであった。これが，第四銀行の堅実経営が継承された一因と言えよう。

　第四銀行の社外取締役は，その後，1980 年 3 月期は 2 名であったが 1985 年 3 月期は 1 名に減少し，2000 年にはゼロになった。株式所有構造の分散に伴い，同行を支えてきた株主や地元経済界の社外取締役が経営監視機能を果たす仕組みは終了することになった[79]。

　また，同行の社外監査役は，1995 年 3 月期から 2 名存在していた[80]。この社外監査役 2 名は，新潟日報社と弁護士からなる体制が固定化されており，言わば，指定席のようになっていることが懸念される。第四銀行は，個人や法人株主の株式保有比率が低下し，金融機関の保有比率が増加した。これは，創業時から株式の保有を続けてきた創業家の個人株主が低下して，それに代わって金融機関の株式が増加していることを表している。金融機関の保有する株式が，いわゆる持ち合い株式となった場合，その実質的な議決権は経営陣が保有することから，経営陣と経営陣が選任する内部昇格の取締役が増加する。同行の頭

取は，近年，内部昇格の頭取が継続されている。これらを踏まえて，第四銀行株主の健全な監視が機能していくのか，今後注視していく必要があると考えられる。

4　小括：堅実経営の要諦とコーポレート・ガバナンス

　第四銀行の堅実経営とは，どのような内容であったのか。1974年に公表された100年史に，同行が100年にわたって経営基盤を保つことができた要因は，堅実経営にあると記されている。この堅実経営は，開業に先立ってアラン・シャンドから学んだ英国流の商業銀行主義に基づくサウンド・バンキングであり，これを経営活動の規範と位置づけて，受け継いできたと記している[81]。しかし，同行は，「経営がどのような発展の道をたどるかは，経営主体の意識的活動の問題であるとともに，経営を取り巻く諸条件によっても規制されざるを得ないので，堅実経営の態様は，そのときどきの経済情勢によって多様な変化をみせることになる[82]」と述べている。A. チャンドラーは，戦略と組織が経営環境変化に適応しながら影響を与えていく関係性を導き出したが，第四銀行の記述は，経営環境変化に適応して堅実経営の態様を変化させながら，堅実経営を継承していくことを導き出していると評価できる。

　同行が態様を変化させながら築いた堅実経営は，第1に商業銀行主義，第2に新潟県との密接な関係，第3に本店の商業金融と東京支店の運用調整機能，第4に低利安定した預金の確保にある[83]。

　これに対して，事例研究からは，同行のビジネスモデルの特徴を，以下のとおり抽出した。第1は，堅実経営を徹底する経営が承継されてきたこと。第2は，ビジネスモデルを商業金融中心としたこと。第3は，多くの銀行を破綻や経営危機に招く不動産担保に依存しなかったこと。第4は，東京支店を活用し，地域経済の景気変動の影響を回避したことである。なお，進藤（1977）の銀行経営の評価軸によれば，不動産担保が少なく東京支店の活用を行う第四銀行は，先進型銀行に分類される[84]。また筆者は，自身の銀行実務経験からも，第四銀行の方針が徹底されていることを評価する。筆者が経験した銀行の現場は，堅実経営という言葉は良く使われるが，一方で，過大な収益目標が課され

て，目標の達成が最優先となる。よって現場では，堅実経営と収益のどちらを
優先するのか混乱する。これに対して，同行は，収益目標が未達であっても堅
実経営を優先するという明快な方針が示されていることは特筆に値する。

　最後に，堅実経営の承継を可能にした取締役会のコーポレート・ガバナンス
の特徴を確認する。これは，現在のコーポレート・ガバナンス改革の方向性と
の重なりが見出される。具体的には，以下の各点である。

　1 点目は，社外取締役が中心の取締役会構成である。同行は，1896 年（明治
29 年）12 月に国立銀行の営業満期到来により株式会社の銀行に移行した[85]。
当時の取締役 7 名のうち，三菱会社・日本郵船の支店長で新潟株式取引所理事
長の浜政弘取締役，小千谷銀行役員の西脇寛蔵取締役，新潟財界の長老である
清水芳蔵取締役および八木会長の 4 名が社外取締役であった。また監査役 3 名
のうち，柏崎銀行元頭取で宝田石油社長の牧口義方監査役および新潟三大財閥
の斎藤家の斎藤庫吉監査役の 2 名は社外監査役であった[86]。このように，外部
の経営実務経験を有する取締役および監査役が取締役会の中心になっている。

　2 点目は，頭取と取締役会議長の分離である。1896 年（明治 29 年）に同行
は，取締役の互選によって専務取締役を選任し日常事務を主掌させ，春三頭取
を専務取締役に選任した[87]。前頭取の八木会長が取締役会議長となった。これ
は，今日の社長と議長の分離をいち早く取り入れていたと評価できる。

　3 点目は，取締役会の開催頻度である。第四銀行は，行務の大綱を議論する
ため，取締役会を毎週土曜日午後に開催し，細部にわたる事項も評議した[88]。
銀行業務に精通していない社外取締役中心の取締役会は，毎週議論することで
業務内容の把握に努め，銀行業務に専門性を高めていたと考えられる。

　4 点目は，監査役会の設置である。八木会長の新潟市長就任に伴い，議長は
白勢専務が務め，取締役会も毎月 1 回になった。これに伴い同行は，新たに監
査役会を設置して監査機能を強化したのである[89]。堅実経営の承継は，このよ
うに，取締役会開催頻度の減少というマイナス面が生じた場合，その代替策を
講じることでコーポレート・ガバナンス機能を強化する自律的な能力にある。

　5 点目は，取締役および監査役が監査を行う体制である。同行は，1913 年
（大正 2 年）6 月の取締役会で，取締役，監査役は毎月決算期前に本支店，出
張所を監査することを決議した。同行の経営監視面のコーポレート・ガバナン

スの実効性は，「取締役と監査役によって，必ず検査を行うように制度化され
ていった[90]」ことに表れている。八木頭取や春三頭取も支店を直接検査した。
これは，検査と同時に，現場の行員の状況を把握し，行員から情報を収集する
目的もあったようである[91]。

　このように，代々の取締役会が経営環境の変化に適応しながら，主体的に取
締役会の監視を含めたコーポレート・ガバナンスに手を加えて，より実効的な
機能となるように整備してきた第四銀行の事例は，成功した事例に位置づける
ことができる。

第3節　事例研究：スルガ銀行事件原因にある取締役会と社外取締役

1　スルガ銀行の概要と特徴

　スルガ銀行は，1895年（明治28年）9月に設立された根方銀行を起源とす
る。創業地の静岡県には，すでに1878年（明治11年）5月に国立銀行として
三十五銀行が設立されていた。対照的に同行は，地域は農村部に，規模は最小
規模[92]で，組織は私立銀行として設立されたのである。このため同行は，競争
に勝ち残る独自のビジネスモデルを余儀なくされた。その独自のビジネスモデ
ルを築いたのが創業者の岡野喜太郎（以下「創業者」という）である。同行
は，生き残りを求めて早速，設立の翌年には本店を沼津に移し，駿東実業銀行
に改称した（1912年7月に駿河銀行，2004年10月には現在のスルガ銀行に改
称）。

　創業者は，独自のビジネスモデルを築き，多くの苦難を乗り越えながら事業
を拡大し，1957年（昭和32年）11月まで頭取，1965年（昭和40年）6月ま
で会長を務めた。同行は，その後も創業家が頭取職を継承し，1985年（昭和
60年）5月には第5代岡野光喜頭取（以下「光喜頭取」という）が就任した。
このようにスルガ銀行は，創業者から始まり，岡野一族が頭取の地位を継承し
てきた銀行である[93]。

2　創業者のビジネスモデル改革

(1)　初期のビジネスモデルの確立

　創業者が築いた独自のビジネスモデルとは何か。その特徴は，次の4点である。第1に毎月の定額積立金の推進，第2に積立金の運用は産業資金への貸付とする，第3に担保は田のみとする，第4に貸付は担保評価額の2分の一とすることである。これは，貯蓄貯金を集積させて産業に資金を供給することを意図したものであり，その後もビジネスモデルの骨格になっている。

　創業者には，創業時にどのような苦難があったのであろうか。最小規模でスタートした同行は早々に経営難に直面したが，創業者は，陣頭指揮をして苦難を乗り越えた。これが創業者の経営力を強固なものにしたのである。具体的には，1900年（明治33年）の金融恐慌により，主要取引先であった沼津乾燥会社が破綻した。窮地に陥った創業者は，実家に支援を依頼して先祖伝来の田畑を担保に第三銀行からの借入れに成功して，沼津乾燥会社に対する不良債権を処理した。また，1913年（大正2年）には，主要取引先の駿豆電気鉄道が経営危機に瀕した。同社への支援は，最小規模でスタートし，沼津で事業展開する同行が単独では対処しきれない難題であった。これに対して創業者は，東京にある東京海上保険の本社を自ら訪問して，経営トップと直接交渉を重ねた末に，駿豆電気鉄道への支援交渉をまとめ上げて難局を乗り切った[94]。同行は，このように創業者が融資先の不良債権に対処し，経営支援交渉をまとめ上げるなど自ら苦難を乗り越えて，事業の拡大を図っていったのである。

(2)　不動産担保重視のビジネスモデル

　創業者が築いたビジネスモデルの特徴の3点目は，担保を田に限るとしたことであった。この理由は，どこにあるのであろうか。それは，田が米の収穫を生み出す収益性資産だからである。創業者は，貸付先の事業が失敗した場合，田から収穫された米という独立した収益から回収することが可能になるビジネスモデルを構築したのである。その後も不動産担保を中心にして事業を展開したことで，同行は，不動産担保貸出中心の典型的な地方銀行と位置づけられた[95]。これを貸出担保種類別の構成で確認してみよう。表5-2の貸出担保種類

表5-2　スルガ銀行 不動産担保構成比の推移　　　　　　　　（単位：％）

	明治									大正								昭和		
	28年	30年	32年	34年	36年	38年	40年	42年	44年	元年	2年	4年	6年	8年	10年	12年	14年	元年	2年	4年
土地建物	20	52	44	42	62	65	71	73	74	71	73	75	59	51	57	60	59	55	58	55
有価証券	0	10	23	23	14	16	17	15	11	13	14	14	24	26	24	21	20	20	21	16
信用	77	27	14	25	23	16	10	10	12	14	11	9	9	16	11	6	6	9	8	18
その他	3	12	19	10	1	3	2	2	3	2	2	3	9	7	9	13	15	15	13	12

出所：駿河銀行七十年史編纂室編（1970）『駿河銀行七十年史』駿河銀行 pp.242-270 のデータを基に筆者作成

別構成比の推移で示したとおり，同行は，不動産担保の割合が高いことが分かる。同行の貸出に対する不動産担保の構成比率は，1897年（明治30年）には52％，その後の1903年（明治36年）には62％，1907年（明治40年）には71％に達していた[96]。

　ところで，当時の銀行のビジネスモデルはどのようなもので，その中でスルガ銀行はどのように位置づけられたのであろうか。進藤（1977）は，戦前の地方銀行を3つの類型に分類している。1番目は，不動産担保が少なく東京・大阪に支店を持つ銀行である。これを先進型としている。2番目は，不動産担保が少なく，東京・大阪に支店を持たない銀行である。これを中進型としている。3番目は，不動産担保が多く，東京・大阪に支店を持たない銀行である。これを後進型としている。この類型に照らすと，不動産担保が多いスルガ銀行は，3番目の後進型に分類されることになる[97]。同行は東京で預金を集めて地元で運用することを目的に[98]東京支店を開設したが，成果が上がらず1年半で閉鎖したのであった[99]。

　他方，前節で分析した第四銀行は，資金運用先に東京支店を活用し，また不動産担保も少ないことから，1番目の先進型に分類される。

　なお，スルガ銀行と同様に不動産担保比率が多い銀行には，常磐銀行と第五十銀行があった。両行は，不動産担保金融による経営の行き詰まりから，1935年7月に合併して，新設の常陽銀行を設立し，旧行の不良資産の処分を断行したのである。

　これに対して，不動産担保が多く後進型と分類されたスルガ銀行は，どのように生き残りを図っていったのか。その後のビジネスモデルの展開と生き残り策を次に検討する。

⑶　神奈川県進出と競争環境の激化

　スルガ銀行のその後の発展は，神奈川県への進出による事業の拡大である。この神奈川県への進出は，創業者の機微による。神奈川県は，1923 年（大正 12 年）の関東大震災で甚大な被害を受けた。しかし，静岡を拠点としたスルガ銀行は，大きな影響を受けず，神奈川県下の支店で率先して預金の払戻しに応じ，また積極的に復興資金の融資を行った。このような創業者の機微と積極的な営業姿勢が，同行の神奈川県内の事業の拡大に繋がったのである[100]。

　1895 年（明治 28 年）に最小規模の銀行でスタートした同行は，このような積極的な営業展開によって，1935 年（昭和 10 年）末の預金残高ランキングで，全国で 23 位となった。預金残高 3000 万円以上の銀行 33 行の中で，静岡県の銀行は三十五銀行，駿河銀行，旧静岡銀行および遠州銀行と 4 行がランキングされるなど有力銀行が多い。一方で神奈川県には，横浜興信銀行の 1 行のみであった[101]。したがって，創業した静岡県は有力銀行が多く競争も激しいが，関東大震災を機に進出した神奈川県は有力銀行が少なかったことから，同行が事業を拡大する市場基盤になった。

　ところが，大蔵省（現財務省）が昭和初期から 1 県 1 行政策を推進していたこともあり[102]，静岡県では，1943 年（昭和 18 年）に静岡三十五銀行と遠州銀行が合併して静岡銀行が誕生した。また，神奈川県では，横浜興信銀行が 1928 年（昭和 3 年）に第二銀行を統合し，1941 年（昭和 16 年）には川崎財閥系の明和銀行や鎌倉銀行も統合して，1957 年（昭和 32 年）に横浜銀行という有力銀行が誕生することになった。

　このように，静岡県と神奈川県の両方に有力な地域銀行が誕生したことで，スルガ銀行は，営業エリアを挟められることになった。また，創業者が築き上げた産業資金貸出のビジネスモデルも，静岡県および神奈川県の有力銀行の攻勢に晒されることになった。すなわち，スルガ銀行は，地域に留まって，静岡県および神奈川県の両地域の有力銀行と競争するか，あるいは，競争の激しい

地域から離れた新たなビジネスモデルへの改革が求められることになった。このビジネスモデル改革は，次世代の頭取に託されることになったのである。

3　創業者が築き上げたコーポレート・ガバナンス機能

(1)　地元有力者を活用したエリア拡大戦略

　スルガ銀行は，本店を沼津に移転し，三島や御殿場に営業エリアを拡大していった。小規模銀行が，どのようにして信用を得て事業を拡大することができたのであろうか。同行の飛躍のポイントを考察する。

　スルガ銀行は，支店を設置して営業エリアを拡大するにあたっては，地場の有力者を支店長に起用して原動力とした[103]。地元有力者を引き入れることに成功し，進出地域での信用を得られたことが事業基盤拡大の原動力となったのである。スルガ銀行70年史には，支店開設に功労があった地場の有力者が記載されている。たとえば，1899年（明治32年）9月に設立した三島支店の功労者は三島商業銀行の頭取をしていた水口常平であり，1900年（明治33年）4月に開設した御殿場支店は御殿場銀行の頭取であった滝口寿雄，ならびに1903年（明治36年）12月に開設された狩野代理店は村長で創業者と同窓であった山田信治である[104]。

　同行は，このように地場有力者の信用を活用して預金を集め事業拡大に成功した。これは，創業者が築いたビジネスモデルの特徴と評価されよう。因みに，このような同行の戦略は，米国最大の銀行となったバンク・オブ・アメリカの戦略とも共通性を見出すことができる。米国では，多店舗規制があったが，その対策を同行の創業者A. ジアニーニは，規制の打破を目指してカナダの経営手法を参考にした。すなわち，A. ジアニーニは地方の名士を株主に取込んで助言機関を組成した。さらに地元出身者を積極採用したことで全米各地に支店を展開し，全米最大の銀行を築いたのである[105]。

(2)　外部役員の地域専門性によるコーポレート・ガバナンス

　長期にわたり頭取，会長を務めた創業者は，ワンマン経営を行っていたのであろうか。

　創業期のコーポレート・ガバナンスの特徴は，地場の有力者を経営にも活用したことである。1896 年（明治 29 年）年 8 月から 1904 年（明治 37 年）10 月まで約 8 年間にわたり長倉誠一郎，1906 年（明治 39 年）4 月から 1907 年（明治 40 年）7 月までの短期間であったが湯山寿介が頭取を務めた。長倉誠一郎は，沼津の地主であり，湯山寿介は，駿東郡の有力者であった[106]。スルガ銀行は，沼津の地に進出する上で地場の有力者である長倉誠一郎を頭取とすることで地盤の拡大を図った[107]。

　その後の発展期のコーポレート・ガバナンスの特徴は，さらなる社外役員を活用していたことである。地元の大企業等の有力者が社外取締役および監査役に就任した。具体的には，1949 年 10 月に日本興業銀行から政府系金融機関や大蔵省嘱託等の経験を有する大川忠一郎を社外監査役に迎えた。また 1961 年 4 月には，静岡県の代表的企業である大昭和製紙社長の斎藤了英を社外監査役に迎えた。さらに 1964 年 10 月には，中部地域の代表的企業である中外製薬の取締役で，昭和電工の社長であった安西正夫が社外取締役に就任した。同時期には，神奈川県内大手企業相模運輸取締役で地場大手百貨店さいか屋の経営者，さらに横須賀商工会議所の会頭を務める岡本伝之助を社外監査役に迎えた。このように，神奈川県内の産業界の有力者を役員に迎えた意図は，同行が神奈川県に営業基盤を拡大していくための戦略であった。また，1966 年 10 月に岳南鉄道の監査役であった岡本文弥，1979 年 6 月には日本放送協会名誉顧問であった前田義徳およびクミアイ化学工業の会長であった望月喜多司を社外監査役に迎えた。1987 年 6 月には，同クミアイ化学工業の社長であった望月信彦を社外監査役に迎えた。

　以上のとおり，創業者の経営は，地場の有力者や地場の大企業のトップを取締役会の一員とすることで，取締役会のコーポレート・ガバナンス機能を構築していたのである[108]。ところが，このように創業者が築き上げた外部役員を招いたコーポレート・ガバナンス機能は，崩れ去ることになったのである。その過程を次項で考察する。

4　光喜頭取のビジネスモデル改革

⑴　光喜頭取の就任と改革の方向性

　1985 年 5 月に光喜頭取が当時地方銀行で最年少となる 40 歳でトップに就任した。光喜頭取は，米国留学を経て富士銀行（現在のみずほ銀行）に入り，外国為替部門やロンドン駐在を経て 1975 年にスルガ銀行に入行した。1979 年に 34 歳で取締役外国部長に就任し，1980 年に常務取締役，1983 年には専務取締役に就任した[109]。

　光喜頭取は，就任後に矢継ぎ早に経営改革を迫った。1986 年 6 月に発表した方針にその考えが表れている。その内容は，第 1 に指揮官先頭，第 2 に即日処理，第 3 に必勝の精神，という厳しいものであった[110]。2018 年に判明したスルガ銀行事件の背景には，このような厳しい姿勢が関係しているのではなかろうか。

　また光喜頭取は，創業者が築いたビジネスモデルとは異なる方向性を志向した。第 1 に海外拠点およびディーリングの強化，第 2 に IT 活用の強化，第 3 に個人取引の強化である[111]。

　第 1 の海外拠点の強化は，海外への積極展開である。就任間もない 1985 年 7 月にニューヨーク駐在員事務所，1986 年 6 月に香港駐在事務所を開設した。また，1989 年 10 月にニューヨーク，1995 年 4 月に香港をそれぞれ支店に昇格させた。さらに，1987 年 7 月に東京本部にディーリングルームを開設し，同年 10 月には個人金融部を個人市場室に改組した。これらは，創業者が築いたビジネスモデルとは異なる方向性にあったと考えられる。第 2 の IT 活用の強化は，インターネット関連の新たな金融サービスの志向である。携帯電話を活用した 24 時間 365 日の新しいサービスというビジョンを示した[112]。また，マサチューセッツ工科大学の e Business 研究プロジェクトに参加して，インターネットを利用した新たな銀行業務を目指したのであった[113]。第 3 の個人取引の強化は，個人向け住宅ローン相談窓口「ドリームプラザ」を開設したリテール業務の拡充，また他業態との提携など独自の営業戦略を矢継ぎ早に打ち出したのである。

⑵　ビジネスモデル改革の進捗と経営状況

　光喜頭取は，前述のような新たなビジネスに取り組んだが，何れも困難な状況に陥った。第 1 に，海外拠点からの撤退である。1985 年 7 月に開設したニューヨーク駐在員事務所，1986 年 6 月に開設した香港駐在事務所は，何れも 1998 年 3 月に閉鎖することになった。

　第 2 に，IT 活用の強化を目指したシステム開発の頓挫である。スルガ銀行は，IT 活用による近代化に向けた基幹システムの刷新を目指し，2004 年 9 月に日本 IBM 社と 95 億円で契約をして着手した。ところが同社に委託したシステム開発は頓挫した。同行は，2008 年 3 月に 111 億 7000 万円の支払いを求めて提訴した。2012 年 3 月 29 日第一審東京地裁は日本 IBM 社に対して 74 億円の支払いを命じたが[114]，2013 年 9 月 26 日の高裁判決で支払額は 41 億 7210 万円にまで大幅に減額され[115]，2015 年 7 月 8 日に最高裁が上告の不受理を決定して結審した。このように，2004 年に着手したシステム開発は頓挫し，11 年の係争を経て終結するに至った。

　第 3 に，住宅ローンビジネスの頭打ちである。同行は，2008 年 10 月 1 日に「ドリームプラザ仙台」，2009 年 4 月 1 日には「ドリームプラザ京都」を開設し，本店から離れた地方都市での住宅ローン拡大を目指した。ところが，住宅ローン市場は既に頭打ちにあった。住宅金融支援機構が公表する住宅ローン市場の動向によれば，住宅ローンの新規融資は 1995 年をピークに大きく減少し，住宅ローン残高も 2001 年をピークに緩やかに減少[116]しており，市場は縮小していた。つまり，光喜頭取は個人取引の強化を目指した住宅ローン市場も，市場自体が既に鈍化していたのである。

　以上のとおり，光喜頭取が推進したビジネスモデル改革である海外，IT 活用，個人住宅ローンは何れも困難な状況に陥った。このように困難な経営状況もあり，同行の業務純益は 2009 年 3 月期には赤字に転じている[117]。また同行は，貸金業者丸和商事の民事再生手続開始申立てで，169 億円の回収不能見込額発生を公表し[118]，2011 年 3 月期当期純利益は，前期比 119 億円の減益となる 21 億円に低下した[119]。このような経営状況を踏まえて，同行はさらに，新たなビジネスモデルへの改革が求められることになったのである。

⑶　投資用不動産融資へのビジネスモデル改革

　スルガ銀行は，2011 年頃から個人への投資用不動産融資ビジネスを始めた。これは，同行が住宅ローン以外の新たな収益モデルを求めたものと思料される。同行の融資実行額の推移を図 5-4 に示した。同行の融資実行額の内訳を確認すると，収益不動産の割合が年々高まっている傾向が分かる。2009 年 3 月期の融資実行額合計 2,751 億円の内訳は，投資用不動産融資額が 1,181 億円である。これは，収益不動産融資全体の 43％であった。ところが，同融資の割合は年々急速に増加し，2013 年 3 月期の融資実行額の合計 3,323 億円に対して，投資用不動産融資額は 2,651 億円に上り，全体の 80％にまで及んでいる[120]。

　さらにスルガ銀行には，大幅に増加した投資用不動産融資の内容にも問題があった。増加した融資は，急成長していたスマートデイズが販売したシェアハウスを購入する個人投資家に対する高リスク融資であった[121]。スマートデイズは，シェアハウス[122]を個人投資家に購入させ，家賃を保証するサブリース事業を展開する会社であった。同社からシェアハウスを購入する個人投資家は，銀行から多額の融資を受けて，賃料収入も保証される。このような表面上のスキームを安易に信用する個人投資家が増加し，融資が拡大した。しかしながら，これは，スマートデイズの賃料保証に依存したリスクの高いスキームによ

図 5-4　スルガ銀行 収益不動産融資実行額推移　　　　（単位：億円）

出所：スルガ銀行株式会社第三者委員会（2018）「調査報告書（公表版）」pp.13-16 を基に筆者作成

るものであった。とはいえ，個人投資家には，スマートデイズに賃料保証の履行能力があるかを疑う意識が乏しかった。スルガ銀行も，シェアハウスと称した寄宿舎に投資する個人投資家の資力を十分審査することなく，過度のリスクを負担していた。すなわち，個人投資家とスルガ銀行のリスクの源泉は，突き詰めれば，スマートデイズの家賃保証の履行能力がどこまで継続されるかという点にあったのである。ところが，シェアハウスへの入居者は増えずに，空室率が高まった。スマートデイズは，保証した家賃の支払資金を新たに契約した個人投資家からの投資資金で賄うという自転車操業に陥った。まもなく，資金も底を付き 2018 年 1 月に支払停止した。そして同社は，民事再生法の適用を申請したが，裁判所は再生可能性を認めず，破産手続きとなった。その結果，個人投資家は，融資の返済が困難となり，被害者弁護団は，スルガ銀行に融資契約の撤回を要求した。このような状況下，金融庁は，2018 年 10 月 5 日に同行に新規の投資用不動産融資の停止命令を含めた行政処分を下した。同行のコーポレート・ガバナンスの問題が，大規模な不正融資事件となって顕在化したのである。

5　光喜頭取就任後のコーポレート・ガバナンス

(1)　光喜頭取就任後の取締役の変化

　　光喜頭取就任後のスルガ銀行のコーポレート・ガバナンスを改めて考察する。光喜頭取就任後に取締役会は，コーポレート・ガバナンス機能を果たしていたのであろうか。その懸念は，以下の 3 点に由来する。

　　第 1 は，内部昇格の役員が増加し，社外役員が減少したことである。株主総会招集通知および有価証券報告書を基に，取締役会の構成を調査した。1984 年の取締役は 16 名であったが，1985 年の光喜頭取の就任後には取締役数が増加し，1990 年には 20 名となった。しかし，この中に社外取締役は不在である。つまり内部昇格の取締役のみが増加した。また，1984 年に社外監査役が 2 名在任していたが，1987 年には社外監査役は 1 名に減少した[123]。社外監査役の員数が法的要件を満たすとしても，社外監査役を減らす理由を明らかにすべきであったのではなかろうか。すなわち，光喜頭取は，就任後に取締役の実質

的な選任権を掌握し，取り巻く社内取締役を増加させ，社外取締役や監査役の牽制機能は大幅に低下した懸念が数値から窺われる。

　第2は，取締役の任期途中での退任が続出したことである。光喜頭取就任間もない1986年1月に2名の取締役（鎌野常務取締役および前島取締役）が期中で退任した[124]。また，1987年3月に1名（榊原取締役），5月にも1名（米山取締役）が退任した[125]。つまり，期中に合計4名の取締役が退任したことになる。なお，鎌野常務取締役は，1985年10月に常務取締役に就任し，わずか4か月で退任した。その後も，1992年7月に1名（加藤取締役）[126]，1993年6月に1名（只野常務取締役）が退任している[127]。

　1995年8月に第3代社長を務めた実父が逝去した。その後の11月に光喜頭取は，尾上常務取締役および堀内常務取締役を専務取締役に，宮崎取締役を常務取締役に昇進させている。ところが，尾上専務は翌年11月に退任し，12月には近藤常務も退任している[128]。また，1997年5月に藤本取締役，6月に増田取締役および青木常勤監査役が相次いで退任した[129]。さらに1998年4月に8名の取締役（石川常務，佐野取締役，小川取締役，朱宮取締役，大岩取締役，岡村取締役，木下取締役および勝又取締役）ならびに2名の監査役（大畑常勤監査役および増田常勤監査役）が期中で退任している[130]。加えて，1995年に昇進した堀内専務および宮崎常務までも，1999年6月に退任したのである[131]。

　第3は，光喜頭取が1992年に「影の部長となって施策を頭取に提言する[132]」としたシャドーGM会議の開催である。その詳細は不明であるが，頭取に権限や情報を直接的に集中させる仕組みは，取締役に委嘱された権限や責任，職務権限規程等による統制，ならびに組織の経営管理機能を無機能化する弊害が懸念される。さらに，同行は，1999年4月に役員を対象にして，成果主義の新人事制度を導入している[133]。

　以上のとおり，不正融資事件が発生する前の段階で，取締役会構成やコーポレート・ガバナンスの大きな変化が牽制機能を無機能化させたのではないかという課題が浮かび上がる。しかしながら，事件後のスルガ銀行第三者委員会の調査は，事件発生前のこのような取締役会の変化や取締役の選任および解任状況の調査には至っていないのである。

(2)　ビジネスモデル改革の方向性と社外役員の実効性

　スルガ銀行は，2000 年 6 月の株主総会で 3 名の社外取締役を選任して，新たな体制を目指した。コンサルティング会社会長，IT 会社社長および経営管理分野大学教授の 3 名が社外取締役に就任した。光喜頭取は，創業者の築いたビジネスモデルとは異なる方向性を志向したものと言えよう[134]。前述した海外拠点およびディーリングの強化，IT 活用の強化，個人取引の強化という方向性に対して，新たに就任した社外取締役は，主に IT 分野の強化への対応を理由に選任されたと推量される。しかし，これには大きく二つの問題が見られる。

　第 1 は，社外役員の実効性の問題である。2008 年 6 月の株主総会参考書類によれば，IT 会社社長の社外取締役の取締役会への出席状況は 11 回中 8 回の出席であった[135]。これは，同取締役が投資コンサルティング会社経営者で多くの上場企業，ベンチャー企業のコンサルティングや経営に関与していたことによると推量される。また社外監査役の出席状況も，2011 年 6 月株主総会参考書類によれば，監査役 1 名の取締役会の出席は 11 回中 8 回，監査役会の出席は 12 回中 9 回であった[136]。

　さらに，社外取締役に対する会社の評価にも差異が見出される。それは，2009 年 6 月株主総会における社外取締役の選任理由の説明に表われている。大学教授の選任理由は，「実業界での長年にわたる経験と慶應義塾大学常務理事として蓄積した幅広い経営手腕と見識，それに加え，スタンフォード大学経営学博士および慶應義塾大学大学院経営管理研究科教授としての研究成果に基づく深い見識と洞察力を有しております。また，同氏は業務執行の責を負う当社経営陣から独立した立場に立ち，極めて鋭く客観的な意見を述べてきた今日までの実績に鑑み，当社取締役会として，当社経営に資するところが大きいと判断し，選任をお願いするものであります[137]」と高く評価している。

　一方で，IT 会社社長に対しては，「株式会社の社長として長年企業経営に携わり，ＩＴ分野および経営に関する豊富な経験や実績，幅広い知識と見識を有し，また業務執行の責を負う経営陣から独立した立場であり，社外取締役として，当社経営に資するところが大きいと判断し，選任をお願いするものであります[138]」と記載されている。このように社外取締役に異なる評価をしているこ

とが分かる。

　第2は，社外取締役の専門性の不整合である。同行は，ビジネスモデル改革の方向性に対応する専門性を有した社外取締役が不足していた。光喜頭取は，海外拠点およびディーリングの強化，IT活用の強化，個人取引の強化を志向した。しかし，IT関連企業およびコンサルティング経験，外資系大手コンサルティング会社の経験，経営管理分野であり，主にIT分野の強化に対応していると思われる。一方で，海外拠点やディーリングの強化，および個人取引の強化に対応する専門性は十分ではなかったと言えるのではなかろうか。

6　小括：スルガ銀行事件の背景とコーポレート・ガバナンス

　スルガ銀行事件から経営者主導のビジネスモデル改革とコーポレート・ガバナンスの関係を考察する。

　先行研究で見たとおり，三十四銀行の改革は，頭取が預金銀行の方針を示したが，工業向け貸付ビジネスモデルが進められた 。また山口銀行の改革は，頭取が安全な資産運用銀行のビジネスモデルを示したが退任後に停滞した 。その原因は，経営者が進めたビジネスモデル改革が銀行の性格と反する方向にあったことである。これら先行研究の示唆は，持続的な改革となるためには組織全体が意思決定に関与し，機関として合意形成を行うことである。これが現代における取締役会のコーポレート・ガバナンス機能と言えよう。

　筆者は，スルガ銀行事件には2つの影が重なり，これが本質的な課題を見え難くしていると考える。これを解くカギは，光喜頭取の経営にまなざし[139]を向けた考察にある。

　一つ目の影は，光喜頭取が目指した新たなビジネスモデルが，組織の性格として定着しなかった影である。光喜頭取が取締役会を支配したことで自身の方針を進め易くなった。一方で，その方針を理解し，銀行業務と新たなビジネスモデルにも専門性を有し，組織の性格として定着させるコーポレート・ガバナンスという光が失われたのではなかろうか。A.スローンは，「経営トップはときには面倒な討議の過程を経ず自ら決定を下したいという誘惑に強くかられる。しかし，GMは組織の意思決定により自動車産業の大きな変化に適応する

ことができた[140]」と述べている。これは，自らの経営を監視する機能は，実は光になることを示唆しているのではなかろうか。

　二つ目の影は，光喜頭取が目指した方向ではない投資用不動産融資への傾斜に対する影である。このビジネスモデルから生じるリスクを適切に把握する専門性を有する社外取締役の不在が影となり，重大な事件に繋がった。光喜頭取は，自らの想いと異なるビジネスモデルのリスクを適正に管理する光を求める必要があったのではなかろうか。

　すなわち，光喜頭取が目指したビジネスモデル改革は頓挫し，その一部に対応した社外取締役は，新たに傾斜した投資用不動産融資に関する専門性を有していなかった。ゆえに，光喜頭取の周りには，この2つの影が折り重なっていたのではと思われるのである。

第4節　検討：地域銀行社外取締役に求められる専門性

1　専門性検討：スルガ銀行社外取締役に求められていた3つの問題点

(1)　スルガ銀行事件での社外取締役の課題

　スルガ銀行第三者委員会は，同行の社外取締役に3点の問題があったと指摘している。その3点とは，第1に情報収集の限界，第2に発言内容の限界，第3に発言の影響力の限界である。第1は，社外取締役の情報収集手段が取締役会の場に限定されていたことである。社外取締役に提供される情報は，執行側によって選択された議題に関する情報に限られていた。第2は，社外取締役の発言が効果的ではなかったことである。同行の社外取締役は，積極的に発言はしていた。ところが，発言した内容は，「アドバイス」や「自己の専門の知見の披露等」であり，効果的な指摘ではなかった。第3は，取締役会の結論には影響を与えなかったことである。同行の取締役会は，社外取締役の発言で議案の是非が議論となったことはなく，議案の否決，修正や差戻しはなかった[141]。そして，同行の社外役員は，職責を果たしたとは言い難く，取締役会機能の形骸化を放置したことに善管注意義務違反が認められるとまで指摘されてい

る[142]。

　すなわち，同行の３名の社外取締役は，取締役会で積極的に発言していたことも確認されているが，３名という形式や積極的な発言のみでは，コーポレート・ガバナンスは効果を生まない。取締役会は，社外取締役の経験や知見を披露する場ではない。取締役会とは，議論を深めて，効果的な決定を行う場である。したがって社外取締役には，効果的な意思決定に貢献する役割が求められているのである。

(2)　社外取締役の３つの課題の考察と専門性

　前記第１の情報収集の限界に関して，寺田（2019）は，社外取締役に情報収集の主体性が欠如していたと問題視している。その理由として，社外取締役は，受け身で情報を待っていれば良いはずはないと指摘する[143]。すなわち，情報収集という言葉からも分かるとおり，本来は社外取締役が主体的に情報を収集する必要がある。この取締役会で情報を待っているだけでは的確な情報を得られないという視点は，多くの社外取締役経験者も指摘し，具体的にどのようにすべきか行動のあり方も示している。

　たとえば，清水（2019）は，ユーグレナの社外取締役経験に基づき，出席義務のない会議にも出席して積極的に情報を取りに行くことが重要であると指摘している[144]。また，吉田（2019）は，用意された情報以外にも追加で入手したい情報を依頼し，現場の雰囲気を知るルートを持つ必要があると指摘している[145]。

　なお，2007年の金融検査マニュアルの中でも，主体的な情報収集が示達されている。金融庁は，経営陣の「そんな実態になっているとは知りませんでした」とか，「そんな重要な問題だという認識に欠けておりました」という弁明は，「知らないでは済まされない」と記述している。さらに，現場の情報が経営陣に集約されているかを重視するよう求めている。具体的に，業務上のレポーティングラインを通じて，情報が的確に取締役会に届いているかを確認するよう示達している[146]。

　前述の寺田（2019）は，スルガ銀行の経営目標値を定める議案に目標数値の記載もなかったことは，議案の明らかな不備であり，これに賛成するような者

は社外取締役になるべきではないと主張する[147]。すなわち，当時のスルガ銀行社外取締役は，情報収集の主体性や情報の捉え方に問題があったと言わねばならないであろう。

　ところで，発言内容の限界および発言の影響力の限界は，社外取締役の専門性欠如の問題でもある。なぜなら，ビジネスモデルに関する専門性を有しない社外取締役は，情報収集の指示もできず，また有効な議論に参加できないからである。社外取締役が役割を果たすためには，会社の事業や特性を理解する専門性が必要となる。これに関して，たとえば，富永（2009）は，社外取締役が会社に関する知識なしには経営計画や投資の議論は無理としている[148]。また，伊藤（2021）は，社外取締役の職責を遂行するためには，能動的に収集して分析した上での判断に基づく発言をしないと，「大変貴重なお言葉有難うございます」と言われてしまうと指摘する[149]。さらに松崎（2021）は，有効な監視を行う上で社外取締役に欠けているのは，会社の事業や機能に関する情報であると述べている[150]。加えて，碓井（2004）は，不都合な情報は社外取締役には知らせたくない心理から，差し障りのない情報しか届かないので，現場に足を運んで，自分の目，耳，感性で確かめて自ら掴んだ情報を「取締役会という経営のまな板に載せることも社外取締役の務め[151]」と述べている。

2　専門性検討：地域銀行社外取締役に求められる 3 つの要点

⑴　リスク管理に関する専門性に基づいた役割

　第 4 章で述べたとおり，米国地域銀行の取締役は，リスク管理に関する専門性を有していた。わが国地域銀行の社外取締役は，具体的に，どのような専門性が求められるのであろうか。

　金融庁は，地域銀行取締役会で社外取締役に求められるリスク管理の役割を，次の 3 点で示している。1 点目は，リスク審査体制の確認である。社外取締役は，投資用不動産融資への傾注に対して，どのような審査体制で，どの程度のリスクを負担しているかを把握し，管理する必要がある[152]。ミドルリスク融資[153]を拡大するのであれば，社外取締役には，ミドルリスクによって高まる与信リスクをコントロールする役割が求められるのである。

　2点目は，リスクと経営理念との整合性の確認である。社外取締役は，投資用不動産融資のような過大なリスクを負担することが，経営理念と合致しているか，取組むべきビジネスモデルであるのかを取締役会で問い，議論する役割がある[154]。

　3点目は，経営体力に応じたリスクの適正量の把握である。金融庁は，多くの地域銀行が経営体力や能力と比較して，リスクテイクが過大な状態になっていると指摘している[155]。

　このようにスルガ銀行の社外取締役には，投資用不動産融資のビジネスモデルを理解し，リスク負担の程度や管理の状況を把握し，さらには経営理念との整合性を取締役会で議論する専門性が求められていた。社外取締役は，これらの役割を果たしていたのであろうか。

　1点目のリスク審査体制の問題は，空室リスクを勘案した審査をせずに返済原資に懸念ある貸出を急増させたことが明らかである[156]。取締役会が融資決裁に一切関与しなかったことも問題視されている。このような実態に疑問を持たなかった社外取締役は，銀行の取締役としての専門性を欠いていたと言わざるを得ない[157]。

　2点目の経営理念との整合性からリスク負担の是非を問うべきという点は，次の発言内容によって，その実態や考え方を窺い知ることができる。取締役会の実態は，「岡野会長が面白いからすぐやろう，それはまだ無理，考え直せと最終的な意思決定をどんどんして，初期のマイクロソフトの役員会議のようであった[158]」とされる。あくまで一資料に基づいた断片的推論にはなるが，記載された発言からは，社外取締役に求められるリスク管理の視点や問題意識を確認することは困難と言えよう。金融庁は，社外取締役に対して，反対意見の表明や十分な議論を求めている[159]が，このような意識や行動が不足していたのではなかろうか。

　3点目のリスクの適正量を把握する役割も果たされなかった。リスクの高い投資用不動産融資を推進してリスクが増大し，リスクに見合うプライシングも行わなかったと指摘されている[160]。

　スルガ銀行社外取締役は，ビジネスモデルのリスクが高まる重要な局面にあったにもかかわらず，リスク適正量の把握どころか，どの程度のリスクを

表 5-3　スルガ銀行 不良債権額の推移　　　　（単位：百万円）

	2017 年 3 月期	2018 年 3 月期	2019 年 3 月期
正常債権	3,245,539	3,194,644	2,546,981
要管理債権	8,512	13,874	125,099
危険債権	12,724	47,722	136,477
破産更生債権	7,721	10,573	108,391
債権合計額	3,274,496	3,266,813	2,916,948
不良債権比率	0.9%	2.2%	12.7%
第四銀行 不良債権の比率	1.6%	1.3%	1.2%

出所：スルガ銀行および第四銀行有価証券報告書を基に筆者作成

表 5-4　スルガ銀行 不良債権と収益不動産融資の実行額推移　　（単位：百万円）

	2010 年 3 月期	2011 年 3 月期	2012 年 3 月期	2013 年 3 月期	2014 年 3 月期	2015 年 3 月期	2016 年 3 月期	2017 年 3 月期
債権合計額	2,463,773	2,545,266	2,630,881	2,773,900	2,900,191	3,031,903	3,158,685	3,274,496
不良債権比率	2.2%	3.0%	2.0%	2.0%	1.8%	1.5%	1.2%	0.9%
収益不動産融資実行額	117,000	154,600	221,000	265,100	278,200	309,600	390,400	387,800

出所：スルガ銀行有価証券報告書およびスルガ銀行株式会社第三者委員会（2018）「調査報告書（公表版）」pp.13-16 を基に筆者作成

　負っているのかの把握も十分ではなかった。この証左は，有価証券報告書からも伺い知ることができる。同行の不良債権の開示状況を表 5-3 に示した。事件の発覚前の 2017 年 3 月期不良債権比率は，わずか 0.9% と公表していた[161]。これは，堅実経営を貫く第四銀行の不良債権比率[162]よりも低い。ところが，事件発覚後の 2019 年 3 月期の同比率は 12.7% に急増している[163]。これは，公表数値の正確性に疑義があると同時に，取締役会が把握していたリスク状況の認識にも大きな相違があったと言わざるを得ない。

　また，不良債権と収益不動産融資の実行額の推移を表 5-4 に示した。事件の原因となった収益不動産融資は，2011 年 3 月あたりから増加していた。リスクの高い融資が増加しているにもかかわらず，不良債権比率は，低下している

ことになっていた。社外取締役は，このようなビジネスモデルの動向とリスク量が整合していないことに疑問を抱いて取締役会で問うことがなかったのであろうか。取締役会には情報が上がらなかったと抗弁しても，公表されている有価証券報告書の数値を見れば，問題の発見は十分に可能であったハズである。すなわち，社外取締役は，リスクの高い収益不動産融資の増加と不良債権比率の関係から疑問を抱く専門性が求められていたのである。

(2)　リスクポートフォリオ管理に関する専門性

　米国地域銀行の取締役は，リスクポートフォリオ管理に関する専門性を有している。これに対して，スルガ銀行は，「自行の貸出ポートフォリオの構造すら把握せず，適切に監督機能を果たさない[164]」と指摘されている。

　同行のポートフォリオ管理の機能不全は，経営者の発言からも窺い知ることができる。当時の社長は，ポートフォリオに対する認識を問われた際に，「いちばんに考えるべきはお客さまのニーズやウォンツであって，そこに注力することがわれわれの責務[165]」と答えている。さらに同社長は，「顧客のニーズやウォンツに対応するためには，リスクアセットをいくら出せるかが重要になる。当社では自らリスクを計量し，自らリスクをとり，顧客が何かを欲しているときにオンタイムで融資を出す。（中略）当社のポートフォリオは相対的に高めの金利で構成されているが，『金利をあげよう』『この金利で出そう』といったことは意識していない[166]」と述べている。つまり，銀行経営に重要なリスクポートフォリオ管理を問われていることに対して，同社長の発言は，問題認識を欠いていたと言わざるを得ないであろう。

　社外取締役には，このような社長の発言に対して，リスクポートフォリオ管理を問う専門性が求められていた。たとえば，小林（2021）は，資料を具体的に示してポートフォリオの状況を執行側に考えさせる行動が社外取締役の役割と述べている[167]。また，第三者委員会委員長も，融資の急増に対して社外取締役が能動的に関与する余地は十分にあったと指摘している。中村（2018）は，「リスクの変化，所在を把握して，リスクのありそうな部分を集中的にチェックしていくといった当たり前のことをしなければ，新しく発生するリスクへの対応は絶対に出来ない[168]」と指摘している。

(3)　情報を収集する上での専門性

　社外取締役は，ビジネスモデルの実態やリスク状況を把握し，疑問を呈して議論する役割が求められていた。ところが，既に指摘したとおり，同行社外取締役は，投資用不動産融資に関する専門性を有しないことから，必要な情報が何か分からず，情報を収集する指示も出来なかった。第三者委員会は，「取締役会の側から必要な情報を指定し，その情報収集の仕方も指示をして，更にそれを検証する仕組みを構築することが考えられる[169]」と述べて，解決策を示している。つまり，社外取締役には，的確な情報を求めて具体的な指示をするためのビジネスモデルに関する専門性が必要になる。

　金融庁元長官は，取締役会がビジネスモデル改革の是非を検討した形跡はなく，現場で何が行われているかをチェックしなかったと指摘する[170]。また社外取締役には，業界の実態や商品等を深く知る必要がある。なぜなら，会社を深く知らないと，執行側から，この程度の説明で十分だとみられるからである。利益の源泉，顧客，商品，コスト構造などを徹底的に勉強する必要があり，そうでない人が社外取締役をやること自体が無責任である，とまで述べている[171]。さらに社外取締役は，会社が何で稼いでいるかを理解し，高収益商品であれば，その裏に潜む高リスクを理解する必要があり，情報を待つのではなく能動的，積極的に情報を取りに行く姿勢が求められる[172]。このように，社外取締役がビジネスモデルやリスクを理解する専門性が必要なことは多く指摘されている。

　ところで，投資用不動産に関するトラブルは続出し，社会問題化していた。したがって，社外取締役は，取締役会での報告が無くても，このような情報は容易に得られたと思われる。具体的に，投資用不動産に関するトラブルは，1990 年代には訴訟が増加し[173]，2000 年代には社会的問題となって顕在化し，2011 年の国土交通省の規制強化に繋がっている。また，投資用不動産のサブリース（土地所有者等が賃貸住宅を建設し，管理業者が一括で借り上げて転貸する仕組み）は，一括借り上げ条件や家賃収入の保証に関してトラブルが続出したことで，国土交通省は相次ぐ規制を行っていた。2011 年賃貸住宅管理業者登録規定（国土交通省告示第 998 号），賃貸住宅管理業務処理準則（同省告示第 999 号），賃貸住宅管理業者登録制度の施行（12 月 1 日），2016 年 9 月 1

日の「サブリースに関するトラブル防止に向けて」の課長通知等である。さらに，スルガ銀行の融資に関するトラブルは，金融庁にも多くの相談が寄せられていたことが分かっている。その件数は，2011年4件，2012年2件，2013年4件，2014年3件，2015年5件，2016年8件である[174]。

　すなわち，社外取締役は，専門性を有しないと，必要な情報が何か分からず，業界情報や社会問題からの問題把握を含めて，情報収集する指示も出来ない。したがって，社外取締役には，リスク管理に関する基本的な専門性が求められているのである。

第5節　総括：事例研究からのコーポレート・ガバナンスと社外取締役専門性

1　事例研究の総括

　第四銀行が堅実経営を守ることに成功した要因は，行政や主要株主等の出身者で異業種の経営経験も有する外部の視点を持った頭取の経営があった。これは，取締役会の内側から外部視点で経営監視機能が働いていたと推察される。また同行取締役会は，主要株主から頭取，社外取締役および社外監査役が就任し，取締役会が外部の視点から経営を監視する機能が働いてきた。

　スルガ銀行の不正融資事件のみに着眼した場合，同行取締役会は，機能不全であったという見方に留まる。しかし，長期の視点で捉えた場合，創業期は，地場の有力者や地元大企業のトップを社外取締役や社外監査役に迎えて取締役会の一員とするコーポレート・ガバナンスを構築していた。同行が地域で信頼を得るために，取締役会の内部に地元有力者の監視の目が働いていた。すなわち，地場の有力者を活用したビジネスモデルの推進と，地場の有力者による監視機能の相互作用が機能していた。第四銀行の堅実経営とスルガ銀行の創業者の経営は，外部の視点が組み込まれたコーポレート・ガバナンス機能を果たしていた共通性が見出される。

　ところが，スルガ銀行事件の背景は，創業者が築いた経営監視機能が崩壊したことにある。創業者は，地域や顧客から信頼を得て持続的に発展していくた

めに，自らを牽制する仕組みを構築していた。しかし，創業理念が明文化され
ず，創業過程の苦難を乗り越えた経験値から自らを牽制する機能が定着しない
と不正の温床となることが証左された。

2　事例研究から社外取締役に求められる専門性

　第四銀行のコーポレート・ガバナンスの要諦は，外部からの専門性を有する
経営者を得て，代々の頭取が堅実経営の理念を承継していったことである。ま
た取締役会の中で，社外取締役や社外監査役が監視機能を担ってきたことであ
る。同行の社外取締役や社外監査役は，主要株主であり新潟の設立賛同者で
あった。仮に，たとえば，新潟県から離れた都心部で投資目的の不動産融資に
傾注するようなビジネスモデルに対しては，取締役会の経営監視機能が働くこ
とが期待できる。社外取締役には，ビジネスモデル改革の方向性を理解し，経
営理念や方針と合致するか深く十分な議論をする役割が求められている。
　金融庁からも指摘されたように，スルガ銀行の社外取締役には，創業理念か
らビジネスモデルが逸脱していないか，長年築き上げてきた経営基盤に照らし
て適正か，また新たな事業におけるリスクとその対応策は適正か判断が求めら
れていた。社外取締役がこれらの役割を果たすためには，投資用不動産融資の
ビジネスモデルを理解し，リスク負担の程度や管理状況，さらには経営理念と
の整合性を取締役会で議論する専門性が求められる。ところが，スルガ銀行の
社外取締役は，取締役会の意思決定に何ら影響を与えずコーポレート・ガバナ
ンスが機能しなかったのであった。
　本章は，社外取締役がビジネスモデル改革にあたって求められる専門性を考
察した。第 4 章で確認したとおり，米国地域銀行の取締役は，クレジットリス
ク管理，クレジットポートフォリオ管理およびビジネスモデルに関する専門性
を有していた。スルガ銀行の事例では，地域銀行の社外取締役には，投資用不
動産融資のビジネスモデル改革に対して，不動産融資の審査やリスクの把握，
評価により適正なプライシングに基づいたポートフォリオ管理を問う専門性が
必要であることを改めて確認した。
　すなわち，社外取締役が有効な役割を果たすためには，会社の事業や特性を

理解する専門性が必要になるという点をもって，本章の結びとする。

なお，地域銀行のビジネスモデル改革の状況と課題および取締役会がビジネスモデル改革を推進するために求められる社外取締役の専門性に関しては，さらに掘下げた調査が必要となることから，次章で検討する。

[注]
1 安部悦生（2019）『経営史学の方法―ポスト・チャンドラー・モデルを求めて―』ミネルヴァ書房，pp. 7-12。
2 湯沢威（2005）「総論：経営史学の発展」経営史学会編『外国経営史の基礎知識』有斐閣，p. 10。
3 米倉誠一郎（1994）「経営史学への招待：歴史学は面白い」『一橋論叢』第 111 巻第 4 号，pp. 639-641。
4 米倉（1994），p. 641。
5 Chandler, Alfred D., Jr. (1961), *Strategy and Structure: Chapters in the History of the American Industrial Enterprise*, Beard BOOKS, MIT Press.
6 Chandler, Alfred D., Jr. (1990), *Strategy and Structure: Chapters in the History of the American Industrial Enterprise*, Beard BOOKS, pp. 1-17.
7 森川英正（1981）『日本経営史』日経文庫，pp. 11-12。
8 橘川武郎（2014）「経営史からの企業家研究」宮本又郎編『企業家学のすすめ』有斐閣，p. 43。
9 沼上幹（1999）『液晶ディスプレイの技術革新史―行為連鎖システムとしての技術』白桃書房，p. 23；沼上幹（2000）『行為の経営学―経営学における意図せざる結果の探求』白桃書房，p. 219。
10 小方信幸（2014）「社会的責任投資における投資哲学とパフォーマンス」青山学院大学大学院博士学位論文，p. 86。
11 朝倉孝吉（1961）『明治前期日本金融構造史』岩波書店，p. 3。
12 伊牟田敏充（1968）「岩下清周と北浜銀行―明治・大正期における『機関銀行』に関する覚書―」大塚久雄他編『資本主義の形成と発展』東京大学出版会，p. 321。
13 宮本又郎（2006）「松本重太郎―拡大路線で墓穴を掘った『西の渋沢』」日本経済新聞社編『経営に大義あり日本を創った企業家たち』日本経済新聞社，pp. 183-184。
14 白鳥圭志（2012）「書評」『経営史学』第 47 巻第 2 号，pp. 86-89。
15 黒澤隆文・久野愛（2019）「経営史研究の方法・課題・存在意義 英語文献における研究動向と論争（下）」『経営史学』第 53 巻第 3 号，pp. 40-41。
16 2021 年 1 月 1 日，北越銀行と合併し第四北越銀行となった。1876 年 7 月 20 日（明治 9 年 8 月 1 日）国立銀行条例改正（明治 9 年太政官布告第 106 号）後に設立された銀行の中では，十六銀行，七十七銀行，百五銀行，百十四銀行が設立時の銀行番号を承継している。
17 第四銀行企画部行史編集室編（1974）『第四銀行百年史』第四銀行，p. 646。
18 朝倉孝吉（1978）『銀行経営の系譜』日本経済新聞社，p. iii。
19 金融庁（2018c）。
20 Yin, Robert K. (1994), *Case Study Research*, 2nd Edition, Sage Publication, Inc.（近藤公彦訳『ケース・スタディの方法〔第 2 版〕』千倉書房，pp. 55-56。
21 由井常彦（1977）「日本における重役組織の変遷―明治大正期の研究―」明治大学経営研究所『経営論集』第 24 巻第 3・4 号，p. 24。
22 第一銀行八十年史編纂室（1957）『第一銀行史 上巻』第一銀行，p. 195。

23　由井 (1977), p. 28。

24　宮本又郎 (1999)『日本の近代 11　企業家たちの挑戦』中央公論新社, pp. 77-79。

25　森川 (1981), p. 28。

26　杉山和雄 (1982)「『地方的銀行合同』の人的側面―専門経営者の台頭」編者代表逸見謙三『経済発展と金融』創文社, pp. 388-389。

27　宮本又次 (1977)『宮本又次著作集』講談社, p. 196。

28　1878 年（明治 11 年）4 月に設立され, 1933 年 12 月に鴻池銀行および山口銀行と合併して三和銀行（その後に合併により UFJ 銀行となり, さらに合併により現在の三菱 UFJ 銀行）となった。

29　杉山和雄 (1970)「明治後期・大正初期における預金銀行の工業金融形態―三十四銀行を素材として―」『地方金融史研究』第三号, pp. 44-57。

30　1879 年（明治 12 年）月に百四十八銀行として設立され, 1933 年 12 月に鴻池銀行および三十四銀行と併して三和銀行（その後に合併により UFJ 銀行となり, さらに合併し現在の三菱 UFJ 銀行）となった。

31　高嶋雅明 (1997)「大阪における銀行業の発展と銀行経営者」『近代大阪の企業者活動』思文閣出版, p. 237。

32　加藤俊彦 (1970)『日本の銀行家　大銀行の性格とその指導者』中公新書, pp. 19-20。

33　石井寛治・杉山和雄編 (2001)『金融危機と地方銀行　戦間期の分析』東京大学出版会。

34　1897 年（明治 30 年）1 月に設立され, 第四十二国立銀行の営業を継承したが, 1914 年（大正 3 年）9 月に実質的に経営破綻した。

35　伊牟田 (1968), p. 321。

36　明治 11 年 12 月に国立銀行として設立されたが, 大正 12 年 11 月に保善銀行（後の安田銀行で, その後に富士銀行となり, 現在は合併によりみずほ銀行）に吸収合併された。

37　宮本 (2006), pp. 183-184。

38　杉山和雄編 (2001)『戦後日本の地域金融―バンカーたちの挑戦』日本経済評論社。

39　内藤隆夫 (2019)「第四銀行と藤田耕二」伊藤正直・佐藤政則・杉山和雄編『戦後日本の地域金融―バンカーたちの挑戦』日本経済評論社, pp. 91-96。

40　三井銀行八十年史編纂委員会編 (1998)『三井銀行八十年史』ゆまに書房, pp. 123-136。

41　三井銀行八十年史編纂委員会編 (1998), pp. 156-159。

42　菅野和太郎 (1966)『日本会社企業発生史の研究』経済評論社, pp. 314-320。

43　第一銀行八十年史編纂室 (1957), p. 251, p. 877。

44　渋沢栄一述／小貫修一郎編著／高橋重治編纂『青淵回顧録』青淵回顧録刊行会, p. 158。

45　渋沢栄一述／小貫修一郎編著 (1957), p. 157。

46　サウンド・バンキングとは, 健全な銀行経営を意味する。英国の銀行は, 伝統的に健全な銀行経営を目指して, 商業銀行（商業取引に対する金融）業務を中心とする考え方である。

47　加藤 (1970), p. 144。

48　第一銀行八十年史編纂室 (1957), p. 911。

49　内藤 (2019), pp. 91-96。

50　朝倉 (1978), pp. 66-75, pp. 156-160。

51　佐藤政則 (2019)「駿河（スルガ）銀行と岡野喜太郎」伊藤正直・佐藤政則・杉山和雄編『戦後日本の地域金融―バンカーたちの挑戦』日本経済評論社, pp. 91-96。

52　金融庁 (2018b), pp. 1-7。

53　1875 年内務大臣, 1877 年東京府知事, その後衆議院議長を務めている。

54　第四銀行企画部行史編集室編 (1974), pp. 39-40。

55　第四銀行企画部行史編集室編 (1974), pp. 75-78。

56　第四銀行は，明治 29 年から専務取締役が業務執行を統括する体制を取ったためにその間は専務取締役であったが，大正 11 年 7 月に頭取職を復活させて頭取となった。

57　第四銀行企画部行史編集室編（1974），pp. 177-184。

58　第四銀行企画部行史編集室編（1974），pp. 58-59。

59　第四銀行企画部行史編集室編（1974），pp. 81-82。

60　第四銀行企画部行史編集室編（1974），pp. 55-56。

61　第四銀行企画部行史編集室編（1974），pp. 75-78。

62　第四銀行企画部行史編集室編（1974），pp. 75-76。

63　第四銀行企画部行史編集室編（1974），p. 122, 表 1-39。

64　第四銀行企画部行史編集室編（1974），pp. 75-76。

65　第四銀行企画部行史編集室編（1974），p. 304, p. 313。

66　第四銀行企画部行史編集室編（1974），p. 373。

67　第四銀行企画部行史編集室編（1974），p. 477。

68　第四銀行企画部行史編集室編（1974），p. 516。

69　内藤（2019），p. 92。

70　第四銀行企画部行史編集室編（1974），p. 580。

71　中村正秀（1983）「『殿さま銀行』からの脱皮―第四銀行頭取中村正秀氏（新社長登板）」『日経産業新聞』1983 年 4 月 21 日，23 面。

72　鈴木治輔（1993）「この人と語る―第四銀行頭取鈴木治輔氏―」『金融ジャーナル』8 月，pp. 121-136。

73　鈴木治輔（1990）「第四銀行頭取鈴木治輔氏―証券部門などに人材投入（新頭取・社長に聞く）」『日経金融新聞』1990 年 4 月 6 日，第 3 面。

74　小原雅之（2009）「地域に貢献し地域と共に発展する総合金融サービス業を目指して」リッキービジネスソリューション運営『銀行員 .COM』2009 年 3 月 19 日。

75　第四銀行の各年の有価証券報告書記載数値に基づいて作成した。

76　第四銀行（2005），平成 17 年 3 月期有価証券報告書。

77　第四銀行の各年の有価証券報告書記載数値に基づいて作成した。

78　第四銀行（1975），昭和 50 年 3 月期有価証券報告書。

79　第四銀行（2000），平成 12 年 3 月期有価証券報告書。

80　第四銀行（1995），平成 7 年 3 月期有価証券報告書。

81　第四銀行企画部行史編集室編（1974），pp. 7-8。

82　第四銀行企画部行史編集室編（1974），p. 8。

83　第四銀行企画部行史編集室編（1974），pp. 8-10。

84　進藤寛（1977）「大正後期・昭和初期における地方銀行の不動産担保貸出」『金融経済』165・166 号，金融経済研究所，pp. 348-351。

85　大正 6 年 1 月 20 日までの間は株式会社新潟銀行の商号を用いていた。

86　第四銀行企画部行史編集室編（1974），pp. 177-178。

87　第四銀行企画部行史編集室編（1974），p. 177。

88　第四銀行企画部行史編集室編（1974），p. 183。

89　第四銀行企画部行史編集室編（1974），pp. 183-184。

90　第四銀行企画部行史編集室編（1974），p. 192。

91　第四銀行企画部行史編集室編（1974），p. 324。

92　資本金は 10,000 円であり，1895 年（明治 28 年）12 月第 1 期決算時の預金額は 1,310 円であった。スルガ銀行（1995）『百年航海：スルガ銀行 100 年史資料集』p. 156。

93　スルガ銀行（1995）『百年航海：スルガ銀行 100 年史資料集』pp. 16-21。

94　橋本求（1952）『岡野喜太郎伝：人とその事業』大日本雄弁会講談社編纂岡野喜太郎翁寿像建設会，pp. 94-116。

95　朝倉孝吉（1982）「『経済発展と金融―私の研究遍歴―」編者代表逸見謙三『経済発展と金融』創文社，p. ii。

96　駿河銀行七十年史編纂室編（1970）『駿河銀行七十年史』駿河銀行，pp. 242-270。

97　進藤（1977），pp. 348-351。

98　駿河銀行資料編纂室（1985）『＜するが＞90 年の歩み』駿河銀行，p. 5。

99　スルガ銀行（1995），p. 58。

100　スルガ銀行（1995），p. 191。当時の創業者が対処した詳細は，岡野喜太郎（1958）『私の履歴書第 5 集』日本経済新聞社，pp. 95-100；橋本求（1952）『岡野喜太郎伝：人とその事業』大日本雄弁会講談社編纂，岡野喜太郎翁寿像建設会，pp. 124-137。

101　大蔵省銀行局（1936）『第 60 次銀行局年報』日本金融史資料昭和編第 3 巻，大蔵省印刷局，p. 693。

102　昭和 11 年 5 月に馬場大蔵大臣から表明されたが，すでに大正末から昭和の初めには大蔵省で推進されていた。渡辺佐平（1966）「序編」渡辺佐平・北原道貫編『現代日本産業発達史第 26 巻　銀行』交詢社，p. 13；内田賢一（2001）「北海道における銀行合同」石井寛治・杉山和雄編『金融危機と地方銀行―戦間期の分析―』東京大学出版会，p. 133。

103　駿河銀行七十年史編纂室編（1970），pp. 1060-1061。

104　駿河銀行七十年史編纂室編（1970），pp. 190-228。

105　James, Marquis, & James, Bessie Rowland (1954), *Biography of a Bank The Story of Bank of America N.T. & S.A.*, Harper & Brothers.（三和銀行国際経済研究会編『バンク・オブ・アメリカ―その創業と発展―』東洋経済新報社，p. 64）。

106　駿河銀行七十年史編纂室編（1970），pp. 1060-1061。

107　駿河銀行七十年史編纂室編（1970），pp. 1060-1061。

108　駿河銀行七十年史編纂室編（1970），pp. 1060-1061。

109　スルガ銀行（1995），p. 216。

110　スルガ銀行（1995），p. 218。

111　スルガ銀行（1995），p. 218。

112　岡野光喜（2001）「コンシェルジュ・バンクをめざす　時空を超えた金融ビジネスが台頭」『金融ジャーナル』2001 年 1 月，p. 39。

113　スルガ銀行（2000）『第 189 期定時株主総会招集通知』2000 年 6 月 8 日，p. 5。

114　東京地判平成 24 年 3 月 29 日『金法』1952 号，p. 111。

115　東京高判平成 25 年 9 月 26 日『金商判』1428 号，p. 16。

116　住宅金融支援機構（2019）「業態別の住宅ローン新規貸出額及び貸出残高の推移」。

117　スルガ銀行の各年の有価証券報告書記載数値に基づいて作成した。

118　スルガ銀行（2011）「債権の取立不能又は取立遅延のおそれに関するお知らせ」2011 年 4 月 8 日。

119　スルガ銀行（2015），平成 23 年 3 月期有価証券報告書。

120　スルガ銀行第三者委員会報告書（2018），pp. 13-16。

121　スルガ銀行第三者委員会報告書（2018），p. 11。

122　マンションの内部に間仕切りを設けた販売手法に対して建築基準法違反を指摘され，その後は，「寄宿舎」として販売していた。

123　スルガ銀行の各年の株主総会招集通知及び有価証券報告書に基づいて作成した。

124　スルガ銀行（1995），p. 218。
125　スルガ銀行（1995），p. 219。
126　スルガ銀行（1995），p. 223。
127　スルガ銀行（1995），p. 223。
128　スルガ銀行（1997）「第186期定時株主総会招集ご通知」平成9年6月11日，p. 11。
129　スルガ銀行（1998）「第187期定時株主総会招集ご通知」平成10年6月9日，p. 11。
130　スルガ銀行（1999）「第188期定時株主総会招集ご通知」平成11年6月10日，p. 12。
131　スルガ銀行（2000）「第189期定時株主総会招集ご通知」平成12年6月8日，p. 12。
132　スルガ銀行（1995），p. 223。
133　スルガ銀行（2000）「平成12年3月期有価証券報告書」p. 6。
134　岡野光喜（2001）「コンシェルジュ・バンクをめざす　時空を超えた金融ビジネスが台頭」『金融ジャーナル』2001年1月，p.39。
135　スルガ銀行（2008）『第197期定時株主総会招集通知』2008年6月8日，p. 15。
136　スルガ銀行（2011）『第200期定時株主総会招集通知』2011年6月8日，p. 16。
137　スルガ銀行（2009）『第198期定時株主総会招集通知』2009年6月8日，p. 68。傍点筆者。
138　スルガ銀行（2009）『第198期定時株主総会招集通知』2009年6月8日，p. 68。
139　まなざし（le regard）論は、サルトルから始まりフーコーでは実在しない監視機能が論じられた。取締役会やコーポレート・ガバナンス機能をまなざし論に照らして考えてみることも有益と思われる。
140　Sloan, Alfred P., Jr. (1963), *My Yaers with General Mototors*, Doubeday & Company, Inc.（田中融二・狩野貞子・石川博友訳『GMとともに』ダイヤモンド社，p.554.）
141　スルガ銀行株式会社第三者委員会（2018），pp. 216-217。
142　樋口（2021），p. 143。
143　寺田昌弘（2019）「スルガ銀行不正融資問題に係る第三者委員会報告書の分析と企業対応」『ビジネス法務』2019年3月，pp. 123-126。
144　清水誠（2019）「経験者の専門家はどう考えているか　社外取締役の現状と今後の役割」『経理情報』2019年1月1日（No. 1533），p. 20。
145　吉田恵子（2019）「経験者の専門家はどう考えているか　社外取締役の現状と今後の役割」『経理情報』2019年1月1日（No. 1533），p. 22。
146　金融庁（2007）「預金等受入金融機関に係る検査マニュアル」。
147　寺田（2019），pp. 123-126。
148　富永誠一（2009）『独立社外取締役』商事法務研究会，p. 142。
149　伊藤邦雄（2021）経済産業省『社外取締役の実像─15人の思想と実践─』金融財政事情研究会，pp. 93-105。
150　松崎正年（2021）経済産業省『社外取締役の実像─15人の思想と実践─』金融財政事情研究会，pp. 125-144。
151　碓井慎一（2004）「社外取締役の仕事と処遇」中谷巌監修全国社外取締役ネットワーク編著『＜社外取締役＞のすべて』東洋経済新報社，p. 141，第4章。
152　金融庁（2018a），p. 10。
153　伝統的に銀行は、健全な銀行経営の要請から、返済能力の高い融資先に対する貸出しを中心としたビジネスモデルであったが、返済能力の高い融資先への貸出金利が低下して収益を確保することが困難になったことから、リスクを一定程度許容した中位リスク（ミドルリスク）の貸出である。
154　金融庁（2018a），p. 6。

155　金融庁（2018a），pp. 2-3。

156　金融庁（2018a），pp. 2-3。

157　神吉正三（2018）「金融機関の経営の健全性と取締役会が果たすべき役割─マネジメント・モデルの取締役会を前提として─」『龍谷法学』No. 51-4，pp. 45-47。

158　ビジネス研究レポート　スルガ銀行「結果につなげる『経営会議』は，ここが違う」『週刊現代』2017 年 9 月 23 日・30 日合併号，講談社，p. 64 での成毛眞に対する取材記事。

159　金融庁（2018a），p. 6。

160　吉澤亮二（2018）「活路がになった今，残された道は限られている」『金融財政事情』2018 年 10 月 8 日，pp. 18-19。

161　スルガ銀行（2017），2017 年 3 月期有価証券報告書，p. 16。

162　第四銀行（2019），2017 年 3 月期有価証券報告書，p. 20。

163　スルガ銀行（2019），2019 年 3 月期有価証券報告書，p. 26。

164　金融庁（2018b）「スルガ銀行株式会社に対する行政処分について」2019 年 10 月 5 日，p. 1。

165　米山明宏（2016）「トップインタビュー　顧客ニーズを徹底的に追求したい」『金融財政事情』2016 年 8 月 22 日，p. 24。

166　米山（2016），p. 24。

167　小林善光（2021）経済産業省『社外取締役の実像─15 人の思想と実践─』金融財政事情研究会，pp. 59-69。

168　中村直人（2018）「なぜ内部監査は機能しなかったのか」『金融ジャーナル』2018 年 12 月，pp. 24-27。傍点筆者。

169　スルガ銀行第三者委員会（2018），pp.277-278。傍点筆者。

170　遠藤俊英（2018）「転換期の金融行政をどう進めていくのか？」『財界』2018 年 12 月 4 日，p. 36。

171　斎藤惇（2021）経済産業省『社外取締役の実像─15 人の思想と実践─』金融財政事情研究会，pp. 46-49。

172　寺田（2019），pp. 123-126。

173　筆者が在籍した大和銀行も 1990 年代にサブリース関連融資で訴訟が発生するようになった。同行は管理体制を強化して，たとえば，不動産投資を行おうとしている個人がリスクを認識しているかの面談は役職者を加えた複数名で行い，裁判所に証拠として提出ができるよう面談記録も整備した。金融業界の知識があれば，サブリース関連融資に関するリスク管理のあり方を認識している。このような視点からの助言や牽制が，銀行の取締役に求められる専門性として必然であったと考えられる。

174　第 198 回国会衆議院財務金融委員会平成 31 年 2 月 19 日委員会での金融庁栗田輝久監督局長答弁。

第6章

実証研究：取締役会および社外取締役の実態と提言

第1節　アンケート調査

1　アンケート調査の検討課題

　会社法は，362条2項1号にて取締役会は業務執行の決定を行うことを規定し，4項で取締役会は，「次に掲げる事項その他の重要な業務執行の決定を取締役に委任することができない」と示している。ところが，コーポレートガバナンス・コードは，原則4-1取締役会の役割・責務（1）にて，「取締役会は，会社の目指すところ（経営理念等）を確立し，戦略的な方向付けを行うことを主要な役割・責務の一つと捉え，具体的な経営戦略や経営計画等について建設的な議論を行うべきであり，重要な業務執行の決定を行う場合には，上記の戦略的な方向付けを踏まえるべきである」と示している。すなわち，コーポレートガバナンス・コードは，取締役会が重要な業務執行の決定を行うにあたり，戦略的な方向付けが十分にできていないという問題の改善を求めている。また，同コードは，取締役会に対して，具体的な経営戦略や経営計画の建設的な議論を求めていると解される。さらに，同コードの原則4-7独立社外取締役の役割・責務を，「（ⅰ）経営の方針や経営改善について，自らの知見に基づき，会社の持続的な成長を促し中長期的な企業価値の向上を図る，との観点からの助言を行うこと」「（ⅱ）経営陣幹部の選解任その他の取締役会の重要な意思決定を通じ，経営の監督を行うこと」に求めている。つまり，コードの記述によれば，（ⅰ）は，重要な意思決定への関与であり，社外取締役は，助言機能が

期待されている。また，（ⅱ）は，第3章で指摘したとおり，正しくは監視機能であり，社外取締役は，経営監視機能が期待されている。

　このように，社外取締役は，経営戦略など価値創造プロセスに関する建設的な議論によって，助言機能およびリスク管理機能の両面から取締役会での経営戦略に関する有益で効果的な発言が求められている。しかし，実際に，社外取締役が議論の中で有益で効果的な発言の役割を果たすためには，第5章の事例研究で考察したとおり，ビジネスモデルの本質やリスク要因を理解した専門性が必要になる。

　すなわち，現代に求められる取締役会と社外取締役を中心とした経営のあり方の中で，経営の実態を確認する必要がある。そこで本章は，地域銀行の経営の実態を調査する。調査する内容は，地域銀行は戦略的な議論を取締役会で行っているのか，取締役会での戦略議論は建設的な議論になっているかという点である。また，地域銀行の社外取締役は，取締役会での戦略的な議論に建設的で効果的な発言をする役割を果たせているかである。さらに，地域銀行の実態が，取締役会で戦略的な議論を行っていない場合，そのような議論はどこで行われているのか。取締役会で議論されない原因はどこにあるのか。社外取締役が参加しない場で戦略議論が行われているのであれば，社外取締役との戦略議論を持たない原因はどこにあるのかである。以上のような検討課題に対して，本章は，アンケートおよびインタビューで取締役会と社外取締役のコーポレート・ガバナンスに関する実態調査を行う。

2　アンケートの目的および概要

　前述の検討課題を踏まえて，本節は地域銀行に対して実施したアンケートに基づいた実証研究を行う。

　アンケートの目的は，地域銀行のビジネスモデル改革の状況とコーポレート・ガバナンスの実態を把握することである。地域銀行がビジネスモデル改革を進める上で直面している課題と取締役会および社外取締役が果たすべき役割を考察した上で，改善に向けた提言に繋げることとしたい。

　アンケートは，2020年8月から9月にかけて地域銀行持株会社15社，地方

銀行64行，第二地方銀行38行の計117の銀行および持株会社を対象に，調査票を郵送する方法で実施した。

アンケートの質問項目は，1）ビジネスモデル改革の方向性，2）ビジネスモデル改革による収益拡大の戦略，3）ビジネスモデル改革が困難な理由，4）ビジネスモデル改革は，取締役会で議論がされているのか，またはどのような会議体で議論されているのか，5）ビジネスモデル改革を取締役会で議論していくためにどのような機能が必要か，6）取締役会でビジネスモデル改革を議論していくために社外取締役にはどのような専門性を期待するか，7）今後補充したい社外取締役はどのような専門性か，8）社外取締役を補充するにあたってどのような課題があるのか，の8項目である。

アンケート調査票の宛名および送付先は，会長，社長，頭取[1]，経営企画担当役員，経営企画所管部長とした。その結果，期限までに合計9社から回答を得た。一般に，銀行は極めて保守的であり外部機関からのアンケートへの対応は慎重であるとされる[2]。本調査は，このような保守的な業界と言われる地域銀行から回答を得られたものである。

なお，地域銀行に対してアンケートを実施した先行研究には，経済産業研究所が主体の学術プロジェクトによる研究がある。しかし同研究は，銀行の支店長を対象とする調査[3]である。それ以外には，地域銀行取締役会を対象とするアンケートによる実態調査の先行研究はみられない。したがって，本書は新たな研究成果と位置づけられる。

3　アンケートの結果と考察

(1)　ビジネスモデル改革の方向性

質問1は，「ビジネスモデル改革の方向性」である。質問1の内容と回答結果は，以下のとおりであった。

■質問1

ビジネスモデル改革に関する取締役会議論を踏まえて，どのような改革を目指していく方向性でしょうか。

最も当てはまると考える項目一つに○を記入してください。（どれか一つに○）

ビジネスモデル改革の方向性	回答数
資金収益の拡大を目指していく方向である。	1
役務収入の拡大を目指していく方向である。	2
合併等を含め事業規模・エリアの拡大を目指していく方向である。	0
新たな事業進出を含めて事業を多角化していく方向である。	0
戦略分野を明確にして選択と集中を進めていく方向である。	5
その他の記入欄：地域と共に成長	1
回答合計	9

　質問1の趣旨は，地域銀行は，ビジネスモデル改革が求められる中で，今後のビジネスモデルの展開をどのように考えているのかという点である。地域銀行が，現時点で考えているビジネスモデル改革の方向性を探ることを狙いとする。

　質問1の回答は，「戦略分野を明確にして選択と集中を進めていく方向である」とする地域銀行が5件と最も多かった。地域銀行は，ビジネスモデル改革が求められている中で，戦略分野を明確にして選択と集中という経営のメリハリを明確にしていこうとする方向性が多いことが分かった。

　地域銀行の経営環境は，低金利政策の影響もあり貸出金利の低下への対処が喫緊の課題となっている。これに対して，「資金収益の拡大[4]を目指していく方向である」は1件であり，貸出収益の低下を補う方策と考えられる「役務収益[5]の拡大を目指していく方向である」は2件であった。これらの回答結果から，地域銀行は，収益力を短期的に強化する方策よりも，本質的なビジネスモデル改革を志向していると思料される。選択と集中というビジネスモデル改革の検討は，経営戦略の最重事項であることから取締役会の場で効果的な議論や検討を進めていくことがカギになる。したがって，地域銀行は，取締役会の場で適切で有効な議論が行われているかを確認する必要がある。

⑵　収益拡大の方向性

　質問2は，「収益拡大の方向性」である。質問2の内容と回答結果は，以下

のとおりであった。

■質問2

　ビジネスモデル改革に関する取締役会議論を踏まえて，収益を拡大していくためにどのような戦略を考えておられるでしょうか。（最も当てはまると考える項目一つに○を記入）

収益拡大の方向性	具体策	回答数
資金収益	リスクに応じた適正利鞘	3
役務収入	コンサルティング収入拡大	3
規模・エリア	戦略エリアに絞り込み地域密着	3
多角化	事業の多角化	0
回答合計		9

　質問2の趣旨は，ビジネスモデル改革の方向性を収益拡大策に絞り，地域銀行の収益面での方向性を探ることである。

　質問2の回答は，「リスクに応じた適正利鞘の確保」，「コンサルティング[6]収入拡大」および「戦略エリアの絞り込みにより地域密着」が各3件の同数であった。「多角化」を志向するものはゼロであった。

　地域銀行は，ゼロ金利政策[7]により金利低下や優良貸出先の発掘が困難になっている。リスクに応じた適正な利鞘を確保するためには，リスクの高い貸出先に対して，リスクを適正に判断し，リスクをコントロールしていくことが求められる。また，戦略エリアとなる地域や地場産業に関する取締役の知識や専門性が必要になる。第4章で確認したとおり，米国地域銀行の取締役は，地域に関する知識を有し，地場の産業や戦略的な業種の特性に応じた専門性を有している。また，コンサルティング収入の拡大を目指していく場合は，コンサルティングビジネスに伴う専門性が必要になってくる。すなわち，取締役会は，ビジネスモデル改革の方向性に応じて，目指すべきビジネスモデルの議論が可能な専門性が必要になる。具体的には，貸出先のリスクの適正な評価で利鞘を確保するビジネスモデル，営業エリアを絞り込む上での地域の特性に関する知見，コンサルティングサービスに関する知見や専門性および，それらに伴うリスクを対象としたコーポレート・ガバナンスが重要になる。

(3)　ビジネスモデル改革の課題

　質問３は，「ビジネスモデル改革が困難な理由」である。質問３の内容と回答結果は，以下のとおりであった。

■質問３

　ビジネスモデル改革に関する取締役会議論を進めていくうえで，ビジネスモデル改革が困難な理由は，どのような点でしょうか。（最も当てはまると考える項目一つに○を記入）

ビジネスモデル改革が困難な理由	回答数
地域経済を担う責任から，業務の縮小や撤退等が柔軟に行えない。	3
地域金融を担う公共性と収益追求する株式会社の両面のバランス	3
地域経済自体が低迷しており，ビジネスモデルの選択肢が限定的	3
戦略分野を絞り込む意思決定を行うための議論が十分ではない。	0
新たな分野へ進出する事業計画検討の議論が十分ではない。	0
回答合計	9

　質問３の趣旨は，ビジネスモデル改革が求められる地域銀行はなぜ改革が進まないのか，改革が困難な理由を確認することである。ビジネスモデル改革を進める上で，どのような問題があるか地域銀行の経営実態を探る。

　質問３の回答は，「地域経済を担う責任から，業務の縮小や撤退等が柔軟に行えない」が３件，「地域金融を担う公共性と収益追求する株式会社の両面のバランス」が３件，「地域経済自体が低迷しており，ビジネスモデルの選択肢が限定的」が３件であった。

　この結果から「地域経済を担う責任から，業務の縮小や撤退等が柔軟に行えない」および「地域金融を担う公共性と収益追求する株式会社の両面のバランス」を合計すると６件が地域の公共性への配慮という戦略を検討する上で制約があるとしている。また，「地域経済自体が低迷しており，ビジネスモデルの選択肢が限定的」の回答が３件あり，これは経営環境がビジネスモデル改革を困難にしていることが示唆されている。

　ビジネスモデル改革やコーポレートガバナンス・コードから経営戦略の方向

付けが求められている。しかしながら，地域銀行は，地域金融に果たすべき責任を踏まえて，責任を果たしながらどのようなビジネスモデル改革を行っていくべきなのかという具体的な戦略議論が課題になっている。

　一方で，質問1は，選択と集中を進めていく回答が多かったが，質問3で「選択と集中を行うための戦略分野の絞り込むための意思決定の議論が十分ではない」とする回答はなかった。よって地域銀行は，地域との関係性に関する課題がより重要性が高いと思料される。

(4)　経営戦略を議論する仕組みや会議体

　質問4は，「戦略議論の仕組みや会議体」である。質問4の内容と回答結果は，以下のとおりであった。

■質問4

　ビジネスモデル改革等の戦略議論は，取締役会での議論が中心になっておりますでしょうか。もしくは，現時点では，どのような仕組みや会議体での議論が中心になっておりますでしょうか。（最も当てはまると考える項目一つに○）

戦略議論の仕組みや会議体	回答数
取締役会において，社内・社外取締役による議論が中心になっている。	0
取締役会より，経営会議や常務会等で議論を行うようにしている。	7
取締役会より，社外取締役も参画する委員会等で議論を行うようにしている。	1
経営トップ主導で，タスクフォース等での検討を進めている。	1
経営企画部等所管部門で検討を進めている段階である。	0
回答合計	9

　質問4の趣旨は，地域銀行は経営戦略をどのような会議体で議論しているかを確認することである。これにより，地域銀行の経営戦略議論の実態を探る。
　質問4の回答は，「取締役会より，経営会議や常務会等で議論を行うようにしている」が7件と最も多かった。また，「経営トップ主導で，タスクフォース等での検討を進めている」が1件あった。一方で，「取締役会において，社

内・社外取締役による議論が中心になっている」とするものはゼロであった。会社法は，取締役会で重要な業務執行の決定を求めているが，取締役会は形式的な決定の場になっていると考えられる。また，コーポレートガバナンス・コードは，取締役会に対して，経営計画や経営戦略等の重要な業務執行の決定を行う場合に建設的な議論を要請している。アンケート結果によって，地域銀行取締役会の実態からも，同コードが要請している課題が確認された。そして，この事実を踏まえた解決策が必要であることが分かった。

そもそも経営会議は，代表取締役や業務執行取締役を中心にして銀行の内部者を中心に構成されるものである。一方で，ビジネスモデル改革には，視野を広げて，経済や経営環境等の外部環境を洞察して新たな視点でビジネスモデルのあり方を議論する必要がある。なぜなら，内部メンバーのみで議論した場合は，多角的な視点や多様な意見，新たな発想が生まれず議論が深まらないからである。社外取締役に期待されている役割は，このような外部の視点，新たな視点や発想をビジネスモデル改革の議論に持ち込むことである。会社法やコーポレートガバナンス・コード等の法制度改革により，いくら社外取締役の設置が促進されても，社外取締役が出席する取締役会の場では議論されないため，十分な役割を果たし得ない実態が浮かび上がった。

(5) 取締役会での議論を強化するための方策

質問5は，「取締役会で議論を深めていくために強化していく必要がある機能」である。質問5の内容と回答結果は，以下のとおりであった。

■質問5

ビジネスモデル改革を取締役会で深く議論していくために，強化していく必要がある機能は，どのような機能でしょうか？（最も当てはまると考える項目一つに○）

区分	取締役会で議論を深めていくために強化していく必要がある機能	回答数
社内取締役	執行取締役や所管部門が戦略オプションを提示する提案力	6
社外取締役	社外取締役が議論に積極的に参加する外部の視点からの貢献	2

代表取締役	代表取締役が改革議論を先導していくリーダーシップの発揮	1
外部	外部のコンサルタント等専門会社からの提案	0
投資家	投資家がビジネスモデルをどのように評価するかの対話の仕組み	0
回答合計		9

　質問5の趣旨は，経営戦略議論が行われていない取締役会が重要な意思決定機能を果たすための改善策を探り，また，地域銀行の考え方を確認することである。

　質問5の回答は，「執行取締役や所管部門が戦略オプションを提示する提案力」が6件で最も多かった。「社外取締役の外部からの視点からの貢献」が2件あり，「代表取締役が改革議論を先導していくリーダーシップの発揮」が1件であった。

　この結果は，取締役会で経営戦略の議論が行われていないとする質問4の回答と整合的である。会社法は，取締役会に重要な業務執行の決定を求めていることから，執行取締役や所管部門に提案させ，承認自体は取締役会で行う構造が見られる。すなわち，取締役会は，経営戦略を議論する場ではなく，提案を承認する場になっていると考えられる。

　金融庁は，地域銀行がビジネスモデル改革を促進するために，社外取締役を含めた取締役が役割を果たすことを求めている。しかし，その前提となる取締役会は，社外取締役を含めた議論により戦略を深める役割を果たしていないと思料される。

　このように，取締役会で議論されない原因はどこにあるのか。社外取締役が参加しない場で戦略を議論している場合，社外取締役との建設的な議論を期待しない原因はどこにあるのかをさらに確認する必要がある。

(6)　取締役会での議論を強化するための社外取締役の役割

　質問6は，「取締役会での議論を強化するための社外取締役の機能」である。質問6の内容と回答結果は，以下のとおりであった。

■質問6

ビジネスモデル改革を取締役会で深く議論していくために，社外取締役の機能として，強化していく必要がある機能は，どのような機能でしょうか？（最も当てはまると考える項目一つに○）

社外取締役の役割	取締役会での議論を強化するための社外取締役の機能	回答数
多様性	社外取締役の経験・知見に基づいた多様な発想からの意見	7
専門性	社外取締役の専門性に基づいた助言	1
地域性	社外取締役の地域特性や市場ニーズに基づいた助言	0
経営者	社外取締役の経営者経験からの議論の掘り下げ	0
監督	社外取締役のリスク判断・ブレーキ機能	1
回答合計		9

　質問6の趣旨は，取締役会で経営戦略議論を行うために，地域銀行が社外取締役にどのような機能を期待しているのかを確認することである。

　質問6の回答は，「社外取締役の経験・知見に基づいた多様な発想からの意見」が7件と最も多かった。「社外取締役の専門性に基づいた助言」が1件，「社外取締役のリスク判断・ブレーキ機能」が1件あった。

　回答結果から，地域銀行は，社外取締役に対して外部の経験や知見からの多様な発想，新たな視点や考え方を取締役会に持ち込むことへの期待が高いことが分かった。

　わが国のコーポレートガバナンス・コードや会社法の改正に関する議論の中で社外取締役に求める役割は，助言機能とする意見と監視機能とする意見の両方からの主張が対立して，両者の意見が相互に譲られることなく平行線の議論が交わされることが多い。しかし，今回のアンケート結果からは，社外取締役に求められる役割とは，助言機能か監視機能かの2分論ではなく，知見や経験および多様な発想を取締役会にもたらすことを求めていることが分かった。

(7)　期待する社外取締役の専門性

　質問 7 は，「期待する社外取締役の専門性」である。質問 7 の内容と回答結果は，以下のとおりであった。

■質問 7

　取締役会でビジネスモデル改革の深い議論をしていくために，社外取締役に期待する専門性を記入してください。(**最も当てはまると考える項目一つに○**)

期待する社外取締役の専門性	回答数
営業地域に関する知見・経験・人脈	4
異業種の経営者としての経験・実績	4
上場会社のコーポレート・ガバナンス経験・実績	1
回答合計	9

　質問 7 の趣旨は，取締役会でビジネスモデル改革の深い議論をするために，地域銀行は社外取締役にどのような専門性を期待しているのかを探ることである。

　質問 7 の回答は，地域銀行が期待する社外取締役の専門性で，「営業地域に関する知見・経験・人脈」が 4 件，「異業種に関する経験，実績」が 4 件と多かった。

　アンケート結果から，「営業地域に関する知見・経験・人脈」とする回答 4 件は，質問 3 の回答と整合的である。ビジネスモデル改革を進める上での困難な課題を，「地域経済を担う責任」3 件，「公共性と株式会社としての収益追求のバランス」3 件の合計 6 件が地域の公共性という制約を回答している。

　質問 3 の回答で浮かび上がった地域の責任に対する課題を踏まえて，地域銀行は，社外取締役に地域との関係性を重視したビジネスモデル改革議論を深める専門性を求めている。すなわち，地域銀行のビジネスモデル改革に関する議論とは，地域金融の責任を果たし，その上でどのようなビジネスモデル改革が可能なのかという実態を捉えた戦略議論である。したがって，地域金融の実情の理解や専門性なくして，大会社トップの経験が地域銀行社外取締役に適切なものになるとは限らない。地域銀行には，スルガ銀行事件で社外取締役の発言

が効果的でなかったという指摘も踏まえて，戦略的課題を踏まえた専門性が求められている。

　また，「異業種に関する経験，実績」とする回答が多かったが，これは質問6の回答で，「社外取締役の経験・知見に基づいた多様な発想からの意見」が多かったことと整合的である。

(8)　社外取締役補充の課題

　質問8は，「社外取締役を補充する上での課題」である。質問8の内容と回答結果は，以下のとおりであった。

■質問8

　次回株主総会で，社外取締役を補充するにあたり，どのような課題がありますか。課題となる点に○をしてください。（いくつでも可）

社外取締役を補充する上での課題	回答数
期待する役割を担う適切な人材が見つかるかどうか	6
移動も含め，取締役としての十分な時間の確保ができるか	1
収益が低迷している状況を踏まえて，コストが負担できるか	1
地域の特性や企業文化等を含めてチームワークが保たれるか	1
銀行業という特殊事情を理解して，銀行業の議論に貢献できるか	4
その他過去の経験等から社外取締役の実質的な効果に不安がある	0
回答合計	13

　質問8の趣旨は，求められるような社外取締役を補充するために，地域銀行には，どのような課題があるのかを確認することである。

　質問8の回答は，「期待する役割を担う人材が見つかるかどうか」が6件で最も多かった。地域銀行が社外取締役の補充を推進していく上での最大の課題は，期待する役割を担う人材がみつかるかどうかであることが分かった。

　ところで，質問3からは，地域で果たす公共性や責任との関係に苦慮していること，質問7からは社外取締役に営業地域に関する知見・経験・地盤に関する専門性を期待していることが分かった。

　これらの回答結果を踏まえて，地域銀行が求める社外取締役は，公共性や責任に配慮しながら営業地域の経験や知見を活かすことが可能な人材となる。ところが地域銀行は，このような人材に適合する取締役候補者の確保に苦慮しているのである。

　次に，社外取締役を補足する上での課題は，銀行業という特殊性を理解して議論に貢献が可能かという回答が4件あった。この結果は，銀行業という特殊性を踏まえて，銀行業のビジネスモデル改革の議論に参加して有効な議論に貢献する人材が求められていることを示す。つまり，地域銀行は，社外取締役を補充する上で，地域を理解し，銀行業の特殊性を理解してビジネスモデル改革の議論に貢献が可能となる人材の発掘を求めていると思料される。

4　総括：取締役会での戦略議論の実態と社外取締役の課題

　アンケート結果を踏まえて，地域銀行取締役会の実態と社外取締役の課題をまとめる。

　地域銀行の戦略の方向性と状況は，次のとおりである。まず，ビジネスモデル改革の方向は，戦略分野を明確にして選択と集中を目指す銀行が多い。次に収益拡大の方向性は，リスクに応じて適正利鞘の確保，コンサルティング収入の拡大および戦略エリアを絞り込んだ地域密着という方向に分かれる。また，地域銀行が直面する状況に関して，ビジネスモデル改革が困難な理由は，地域経済を担う責任および公共性と利益追求のバランスという経済主体と公共性の両立である。かつて，A. バーリ，G. ミーンズは，鉄道セクターの株式会社化を quasi-public（準公的）と表現した。地域銀行取締役会は，このような地域金融の責任と収益性向上という極めて高度な経営戦略機能なのである。

　これに対して取締役会は，ビジネスモデル改革等の戦略議論を行っているのか，大きく2点の課題がある。

　第1は，取締役会の場では戦略議論が行われていないことである。戦略議論の場は，経営会議とする回答が多かった。地域銀行は，地元出身の役職員が大半を占めるので，情報が限られ，意見が同質化すると指摘されている[8]。このような視点から，会社法やコーポレートガバナンス・コードは，取締役会の主

体的議論及び意思決定を求めているのである。これを踏まえて，地域銀行は，経営会議での内部議論ではなく，取締役会で外部の視点を取り入れた議論が求められている。

　第2は，社外取締役の専門性に関する課題である。アンケート結果から地域銀行は，社外取締役に対して，営業地域に関する知見・経験などの専門性を求めている。また地域銀行は，銀行業を理解して，そのビジネスモデル改革議論に参加し，議論の活性化に貢献する人材発掘に課題を抱えているのである。

　第4章で米国地域銀行は，銀行経営に関して専門性を有していることを確認した。これに対して，わが国地域銀行は，低収益から脱却するビジネスモデル改革が求められながら，経営環境や規制動向等に関する議論に貢献する専門性を有する社外取締役の選任には至っていない課題が明らかになった。今回のアンケート結果は，地域銀行ではそのような社外取締役を獲ていないことから，経営会議で戦略を議論する，という実態を表していると解釈される。

　この実態を踏まえて，それでは取締役会で戦略議論が行われるためには，社外取締役にどのような専門性が求められるのであろうか。また，見方を変えて言えば，どのような専門性を備えれば，取締役会で有益な議論ができると判断して，戦略議論を行うようになるのであろうか。

　以上を踏まえて，さらに取締役会と社外取締役に関する実態や課題を地域銀行の頭取および社外取締役等にインタビューして，その解決策を次節で検討することとする。

第2節　インタビュー調査

1　インタビューの目的および概要

(1)　インタビューの目的

　地域銀行取締役会は，戦略を議論する場となっていない。アンケートは，戦略議論が経営会議で行われ，執行担当者が中心となっている実態を浮かび上がらせた。さらに地域銀行は，取締役会の機能充実よりも執行部門の提案力に期

待している実情も明らかになった。これらによって，取締役会を戦略議論の場として機能を発揮するためには課題があることが分かった。

　本節は，アンケートで明らかになった課題に対して，さらに実態の確認や改善策を探るために，インタビューを実施して検討する。

　インタビューで検討する課題は，次の3点である。第1は，地域銀行取締役会の実態である。取締役会は，経営戦略議論の場として本当に機能していないのか。機能しない原因や課題を確認し，改善策を検討する。第2は，取締役会のビジネスモデル改革機能である。ビジネスモデル改革を議論するために，取締役会にはどのような機能強化が求められるのかを検討する。第3は，地域銀行の社外取締役に求められる専門性である。社外取締役は，本当にビジネスモデル改革を議論して効果的な意思決定を導き出す役割を果たしていないのか。ビジネスモデル改革や戦略議論に貢献するために求められる専門性とは何か。また，地域銀行社外取締役は，銀行業務に関する専門知識がないと本当に有効ではないのか。さにあらば，効果を生むための社外取締役の専門性とは何か。これらの点をインタビューで検討する。

⑵　インタビューの概要

　インタビューは2020年7月から9月にかけて行った。地域銀行の取締役会は秘匿性が高く，その実態を詳細に把握することは困難と言われる。そのような中で，今回，大手地域銀行の元頭取（以下「元頭取A氏」という）にインタビュー[9]を実施した。特定の銀行のみでは固有の事情に偏重した意見となることから，多くの地域銀行へのコンサルティング経験を有するコンサルタント（以下「コンサルB氏」という）にもインタビュー[10]に応じて頂いた。また，複数の地域銀行の社外取締役を担う弁護士（以下「社外取締役C氏」という）にもインタビュー[11]に成功した。さらに地域銀行を所管する金融庁の当時の地域金融企画担当官（以下「金融庁D氏」という）にもインタビュー[12]に応じて頂いた[13]。

　以上のとおり，地域銀行を取り巻く関係者から多面的な視点でのインタビューを行うことができた。

2　インタビューの結果と考察

　インタビューを行った相手方は，前述のとおり元頭取 A 氏，コンサル B 氏，社外取締役 C 氏および金融庁 D 氏である。インタビューの目的は，地域銀行取締役会の実態，取締役会のビジネスモデル改革の機能，地域銀行の社外取締役に求められる専門性の 3 点である。3 点を踏まえてインタビューした結果，その内容を（1）取締役会の実態，（2）取締役会の実態を踏まえた改善策，（3）ビジネスモデル改革の機能，（4）社外取締役の専門性の 4 項目に整理した。その概要は表 6-1 のとおりである。

　それでは以下のとおり，インタビューから得られた 4 項目の内容を検討する。

(1)　取締役会の実態

　アンケートからは地域銀行取締役会が経営戦略を議論する場として機能していないことが分かった。この実態をインタビューした結果，元頭取 A 氏，コンサル B 氏，社外取締役 C 氏の何れも同様の認識であることが確認された。また，金融庁 D 氏も地域銀行取締役会での戦略議論が不足している実態を認識していた。このように，取締役会が経営戦略を議論する場になっていない原

表 6-1　インタビュー結果の概要

		元頭取 A 氏	コンサル B 氏	社外取締役 C 氏	金融庁 D 氏
(1)	取締役会の実態	戦略議論の時間が不足	事前協議済案件を承認する場	執行を議論する場	戦略議論不足の問題は認識
(2)	前項の改善策	頭取と腹心の部下とで戦略検討	戦略を議論する土壌がなくトップが推進	社外取締役のコミットメント	社外取締役の推進を目指す
(3)	ビジネスモデル改革機能	頭取のリーダーシップ	頭取のリーダーシップ	頭取との信頼関係構築	社外取締役が改革主導
(4)	社外取締役の専門性	銀行業務	求める専門性を明らかにすること	金融知識・経済知識	米国型社外取締役専門性

出所：筆者作成

因に関して，次のような見解が得られた。

　元頭取 A 氏は，「金融庁から取締役会決議を求められる事項の過多」に原因があるという見解を示した。地域銀行取締役会は，金融庁から求められる決議事項の処理に追われて執行レベルの議案が中心になり，「戦略を議論するような時間が取れない」という実情が浮かび上がった。金融庁は，2020 年 3 月に「地域金融機関の経営とガバナンスの向上に資する主要論点」を公表して持続的なビジネスモデルへの改革を求めている。しかし地域銀行取締役会が戦略議論の場となるためには，議案の整理および優先すべき事項を明確化する制度改善が必要となる。

　コンサル B 氏は，「議論するという土壌がない」ことに原因があるという見解を示した。地域銀行の取締役会は，経営会議等で事前協議済の案件を形式的に承認する場になっている実態を示した。また，取締役会に社外取締役が出席しても戦略議論は行われないことから，役割を果たそうにも，そもそも，そのような場面がないと述べた。すなわち，経営戦略が取締役会で議論されないこと，同時に，社外取締役が経営戦略議論に貢献する専門性を持つ，という課題を両面から解決する必要がある。

　社外取締役 C 氏は，「取締役会は経営を議論する場という理解の不足」に原因があるという見解を示した。地域銀行取締役会は，『経営』という意味の本質を理解しておらず，真の課題となる経営戦略等の重要課題を議論する場としては機能していない，という厳しい意見であった。したがって，地域銀行は，経営戦略を最重要課題と位置づけて，取締役会で議論するように改善することが必要である。

　以上，インタビュー結果からも，地域銀行取締役会は，戦略議論の場としては機能しておらず，ビジネスモデル改革に向けた取締役会での経営戦略の議論が不足している課題が分かった。これを踏まえて，取締役会がビジネスモデル改革の戦略議論をする場になるようにコーポレートガバナンス・コードの改善提案を行うものといたしたい。

⑵　取締役会で戦略議論をするための機能

　アンケートで取締役会議論を強化するためには，執行部門からの提案力に期

待しているという意見が多く，頭取のリーダーシップに期待する回答もあった。この実態を探るためにインタビューした。

　インタビューの結果，元頭取Ａ氏とコンサルＢ氏は，「代表取締役が改革議論を先導していくリーダーシップの発揮」の機能を支持した。両氏は，「リーダーシップ」という機能面を重視した見解を示している。Ｂ氏は，「改革」を推進するのはリーダーの役割であると述べている。また，Ａ氏は，「トップが改革案を腹心の部下数名と検討して経営会議で説明し，他の役員にはその内容を理解させることだ」と主張している。その理由を，Ａ氏は，役員に対して，意見を出せと言っても出ないことにあると述べた。しかし，取締役会の場で，意見が出るように議論を活性化させることも取締役会をリードするものとしての役割ではなかろうか。意見が出ないから，取締役会で議論せずに一部の部下と進めることは取締役会機能の否定になる。また，取締役会の合意形成を経ない独走に繋がることも懸念される。すなわち，このようなＡ氏とＢ氏の意見は，もはや取締役会には期待せずに，その代替策を求めた意見となっている。

　一方，取締役会で戦略議論を行う改善策は，「社外取締役の外部からの視点からの貢献」であることを社外取締役Ｃ氏は支持した。Ｃ氏は，複数の地域銀行の社外取締役という立場で取締役会改革を実践してきた実績から，「社外取締役による改革の推進は有効である」という見解を示している。しかし，Ｃ氏の見解に対して，コンサルＢ氏および金融庁Ｄ氏は，社外取締役の役割の有用性は認めるが，短期的な拡大は期待できないという意見であった。その具体的な理由をＢ氏は，全国の地域銀行を見渡して社外取締役が改革を促進している例はあるが，「その数は5行にも及ばない」と述べた。よって，社外取締役の機能強化が短期間に進むことは現実的に困難という見解を示した。また，Ｄ氏は，地域銀行の取締役会に戦略議論の不在を認識した上で，一方で，「社外取締役が中心となり改革に動き出した具体的な銀行がある」として，具体的な銀行名を上げた。さらに，その銀行の社外取締役は，具体的に，「取締役は経営者として戦略議論をしろと繰り返し指摘している」という実例を紹介した。しかし，残念ながら，そのような考えを持った社外取締役は，現段階では，極めて少ないのが現状であると指摘した。

　以上，インタビュー結果から，少数ながら社外取締役が取締役会でビジネス

モデル改革を推進する動きは始まっていることが分かった。このような動きが広がるように，社外取締役が役割を果たせる制度改善が必要である。

(3)　社外取締役の外部からの視点からの貢献

　アンケートでは，社外取締役が議論に積極的に参加する外部視点の期待もあった。社外取締役は，積極的に，どのような視点で貢献できるかを社外取締役Ｃ氏へのインタビューを基に考察する。

　Ｃ氏は，社外取締役が議論に積極的に参加していくためのカギを，銀行業務の専門性とコミットメントの2点示した。銀行ビジネスに関して実質的な議論が可能な専門性である。また，コミットメントは，取締役会での発言が有益と認められて採用されるまで，頭取との間に信頼関係を構築するプロセスに強い意志が必要となる。

　そして，Ｃ氏は，取締役会で銀行業務の専門性とコミットメントが求められる場面を，店舗のあり方に関する頭取との議論で示した。この例でＣ氏は，自身の発言が頭取に受け入れられるまでに，4つの段階があると説明した。第1段階は，社外取締役をお客様や株主様と扱う段階である。社外取締役の発言に対して，頭取は，「貴重なご意見を有難うございました。今後の参考にします」と回答する。第2段階は，社外取締役の発言に頭取が反論する段階である。頭取は，社外取締役に対して，「銀行業務が分かっていない。銀行業務を勉強して欲しい」と述べて，発言を受け容れず処理する。第3段階は，社外取締役の発言に頭取が異なる意見を示して対立する段階である。社外取締役が銀行には店舗が本当に必要なのか問題提起した際に，頭取は，店舗は絶対に必要と主張する。社外取締役の趣旨は，従来の銀行業の固定観念を払った上で，ビジネスモデル改革の選択肢を広げる狙いである。しかし頭取は，自分の方が知っていると述べて，意見を受け容れようとしない。第4段階は，対立段階を経て，信頼関係を構築する段階である。頭取は，ようやく社外取締役の意見を本気で聞こうとする。このように，5年程度の長期スパンで信頼関係を構築する必要があると示した。

　Ｃ氏が信頼関係を構築できた要因は，専門的知見に裏づけられた見解をもって頭取と深い議論ができたからであろう。地域銀行の社外取締役には，銀行業

の知見を備えて，ビジネスモデル改革の課題を深く理解する専門性が必要になるのである。

(4)　社外取締役に求められる専門性

　ところがアンケートでは，社外取締役に求める機能は，経験等に基づいた多様な発想とする回答が多かった。専門性に基づいた助言やリスク判断とする回答は少数であり，インタビューで追加調査した。

　インタビューの結果，元頭取 A 氏，社外取締役 C 氏および金融庁 D 氏は「社外取締役の専門性に基づいた助言」とする見解を示し，社外取締役には銀行業務の専門性が必須と指摘している。

　元頭取 A 氏は，銀行の取締役会は一般企業と異なり特殊な分野であることを理由とする。たとえば，「不良債権処理や決算見込みを睨みながら損切りの議論等銀行実務が分かっていないと議論に参加出来ない」と説明した。また，C 氏は，取締役会で頭取と真剣勝負で議論するためには，「金融に関する知識が必須である」との見解を示している。さらに D 氏は，「米国型の専門家が経営を推進する体制が始まっている」と紹介し，取締役会は，「経営課題に応じた専門性を有する社外取締役を構成するべきである」という米国型取締役会のあり方を示した。

　なお，A 氏は，銀行業務の理解を前提に，社外取締役に経営経験に裏打ちされ，厳しい指摘を行う能力を求めている。社外取締役は，専門性を有するだけでは効果がなく，さらに社外取締役の行動のあり方を示した。社外取締役は，「取締役会で厳しいことを言わずに過ごすのは容易だが，それでは社外取締役を設置している効果はない」と述べている。また，B 氏は，社外取締役に「最低限の金融知識は必要である」とした上で，さらに重要なことは，「社外取締役が取締役会の意思決定に影響を与えたかどうか」であるという見解を示した。

　このような意見を踏まえて，スルガ銀行事件に照らせば，社外取締役には，やはり，専門性を有し，専門性に裏打ちされた厳しい意見を取締役会で提示する役割が求められていたのである。

3　総括：取締役会での戦略議論と社外取締役に求められる専門性

　今回のインタビューにより，地域銀行取締役会には，以下の2点の課題があることが判明した。

　第1は，取締役会は，やはり，経営戦略の議論の場としては機能していないことである。

　地域銀行の経営戦略は，経営会議で協議されている。この原因がどこにあるのかをインタビューしたところ，頭取経験者からビジネスモデル改革は経営トップが推進すべきという考えが示された。しかし，取締役会は，重要な業務執行に関する会社の意思を決定する会社法制度上の必要的機関である。これは，法制度が求める趣旨として，取締役会には，取締役相互の協議によって真に妥当な結論に到達すべきことが期待されているからである[14]。

　すなわち会社法362条2項1号が取締役会で業務執行の決定を求めている趣旨は，取締役全員の議論によって組織で最適な意思決定を導き出すことである。よって，コーポレートガバナンス・コード原則は，原則4-1の取締役会の役割・責務（1）にて，「取締役会は，会社の目指すところ（経営理念等）を確立し，戦略的な方向付けを行うことを主要な役割・責務の一つと捉え，具体的な経営戦略や経営計画等について建設的な議論を行うべきであり，重要な業務執行の決定を行う場合には，上記の戦略的な方向付けを踏まえるべきである」と定めているのである。

　なお，取締役会で戦略議論をする意義は，かつて取締役会制度導入間もない時期に大隅健一郎が，組織体の最善の知恵は協議と意見交換から生じることから，取締役の叡智と知恵と事業上の予測の結集を図ることにあると示しているのである[15]。

　第2は，社外取締役の銀行業務を含めた戦略議論を任う専門性である。元頭取はなぜ社外取締役に期待しないのであろうか。それは，社外取締役が最善の知恵を提供せず，意見交換が成立しないからではなかろうか。

　その為には，インタビューで社外取締役が述べたように，銀行に店舗は本当に必要なのかを問い，従来の常識を疑う新たな視点や視座を提供する専門性が必要である。社外取締役の職責は，最終的には，「意思決定に影響を与えたか

どうか」がカギとなる。社外取締役に求められるのは，銀行業務の特殊性を理解し，課題を的確に捉えて戦略議論に参加し，最適な意思決定に有益な貢献をする能力である。すなわち，地域銀行の置かれた経営環境を理解して，実行可能で有益なビジネスモデル改革の戦略を提案し，議論する能力を有する専門性が求められることが今回の調査で確認された。

第3節　検討：なぜ取締役会で経営戦略が議論されないのか

1　改善メカニズム検討：取締役会と社外取締役の実態を踏まえた同時解決策

　アンケートおよびインタビューにより，地域銀行の取締役会は，大きな課題があることが明らかになった。アンケートから取締役会は，経営戦略の実質的な議論が行われていないことであり，インタビューからも同様の課題が確認された。つまり，地域銀行取締役会は，経営戦略の実質的な議論の場としは機能しておらず，承認する場になっている。

　本書は，この課題に着目して，その解決策を検討するものである。元頭取は，地域銀行のビジネスモデル改革の推進は，頭取のリーダーシップに期待するしかないという見解を示した。しかし，このような意見は，第3章の英国のコーポレート・ガバナンス改革や第4章でのエンロン事件後の制度改革から得られた知見を踏まえれば，正しい方向にはならない。英国は取締役会が経営をリードし，米国は取締役の専門性を強化して，取締役会中心の経営を目指している。また，わが国の会社法やコーポレートガバナンス・コードも取締役会の機能強化を目指している。このような英米やわが国の方向性に対して，地域銀行は取締役会以外の場での経営戦略を議論している。すなわち，取締役会で経営戦略を議論するような改革が必要になっている。

　1990年代に相次いで破綻し，近年，ビジネスモデル改革が求められる地域銀行の問題の本質は，取締役会を戦略議論の場としない姿勢にこそあると言えるのではなかろうか。。地域銀行は，なぜ取締役会で経営戦略を議論しないのか。この問いに対して元頭取は，社外取締役が銀行業務を理解していないこと

から取締役会では議論が成り立たないと答えた。社外取締役が参画する取締役会では有益な議論ができず，それゆえ，取締役会以外の場で議論するという負のスパイラルが生じている。この意見に対して，取締役会で有益な議論は可能だが，そのためには社外取締役が銀行業務の専門性を有することが必要であるという見解が示された。これら両意見を吟味すると，社外取締役が銀行業務の専門性を有することが負のスパイラルを断ち切るカギとなることが導き出される。これを制度システム全体の最適化の視点で論じれば，地域銀行には取締役会で経営戦略を議論するよう改善させ，同時に，社外取締役には有益な議論が可能となる専門性を持たせる，という両面からの同時改革が必要と言えるであろう。

2　会社法問題点検討：取締役会に求めるのは形式承認なのか実質的議論なのか

　アンケートの戦略議論の仕組みや会議体に対する回答結果は，地域銀行が経営会議や常務会等の場で経営戦略を議論している実態を如実に示した。

　この実態に関しては，上場会社に対する取締役会決議事項に関するアンケートからも同様の課題が確認されている。商事法務の調査では，経営戦略策定を取締役会での決議事項とする会社の割合は57.4％であり，新規事業進出の決議事項は63.6％に留まっている[16]。

　会社法は，第362条第2項1号で，取締役会は，業務執行の決定を行うことを定めている。同条第4項は，取締役会は「その他の重要な業務執行の決定」を取締役に委任できないと定めている[17]。したがって，経営の基本方針や経営計画などの重要事項は，取締役会で決議すべき事項となる[18]。

　ところが，今回明らかになった地域銀行取締役会の実態を踏まえて，会社法が求めている規定には，以下の2つの問題がある。

　第1は，取締役会の付議事項の過多により実質的な議論がなされていないことである。現在の取締役会運営実務は，会社法に違反しないように保守的に付議基準を設定して副作用を生じさせている[19]。これは，元頭取A氏が金融庁から求められる決議や報告事項が多く，実質的な経営戦略の議論の時間が取れないという指摘でもある。この問題に対して，付議基準自体を取締役会の決議事

項と位置づけて，取締役会で付議要否を決定する案があり，この考えを上場規則で示すよう提案されている[20]。さらに，取締役会が監視機能を果たしている場合は，上程事項を減らし，経営戦略や経営計画等の重要な決定に限定すべきという提案もある[21]。加えて，取締役会に上程が強制される範囲は，社外取締役を含めて議論する必要がある意思決定事項に限られるべきとの提言もある[22]。これらの提案を踏まえて，取締役会で決議すべき事項は，ビジネスモデル改革など最優先事項に限定する必要がある。つまり，金融庁から適宜求められる報告事項などは，執行取締役に委任する事項と位置づけて，取締役会付議事項からの除外が考えられる。

　第2は，会社法は重要な業務執行の決定を求めているが，決定にいたるまでの十分な議論を求めるものではないことである。したがって，地域銀行は，議案内容は事前に会社内部で議論を済ませた上で，会社法の規定に従い，決定のみを取締役会で形式的に行う実態になっている。すなわち，会社法の問題点は，重要な業務執行の決定を取締役に委任してはならないとするが，実質的議論を業務執行取締役で行わせていることである。

　それでは，重要な業務の意思決定の実質的議論をするために，地域銀行社外取締役に求められる専門性とはどのような姿なのか。これに関して，地域銀行社外取締役の助言機能，リスク管理機能，不良債権管理および利害調整・監視機能に関して，具体的な場面を想定して，次項で検討する。

3　専門性検討：社外取締役4機能における専門性からの貢献

(1)　助言機能に求められる社外取締役の専門性

　まず，助言機能を発揮するため社外取締役に求められる専門性を考察する。これは，アンケートでのビジネスモデル改革の方向性として選択肢を示した「選択と集中」と「コンサルティング収入拡大」の戦略議論を想定して検討する。

　第1は，「選択と集中を進めていく方向」に関する戦略議論に求められる専門性である。社外取締役は，戦略エリアとなる地域や地場産業に関する知識や専門性が求められる。米国の地域銀行では，取締役が地域に関する知識を有

し，地場の産業や戦略的業種の特性に応じた専門性を有している。

　近年，地域銀行には，多くの選択肢を提供する方向で業務範囲規制の緩和が進められている。2018 年 3 月の金融監督指針で人材紹介業務[23] を追加し，2019 年 10 月の監督指針では銀行業高度化等会社[24] に地域商社[25] を明記して業務範囲を拡大し，持株会社設立の規制緩和も行っている。このような規制緩和を契機に地域に合ったユニークなビジネスモデル改革を進めることが期待されている[26]。

　したがって，社外取締役は，規制緩和により用意された選択肢の中から最適な決定を目指して，関連知識や専門的な見地から取締役会での議論への貢献が求められている。

　また近年，地域銀行は東京や大阪等の大都市に支店を設置し，大都市での貸出増加によって金利をさらに低下させる問題も指摘されている[27]。このような姿勢に対して，地域の成長企業に貸出すことで地域企業が成長し，成長に伴い貸出が増加するビジネスモデルが求められる。この場合は，地域の成長企業の発掘とリスクを適正に評価するコーポレート・ガバナンスが重要になる。また，昨今の店舗統廃合に対して[28]，米国では貸出先企業と店舗が近い程，定性的情報を多く蓄積することで審査が高度化し競争力を高めるという研究もある[29]。このように地域に密着したリレーションバンク[30] を目指すビジネスモデルでは，リスクの評価ならびに店舗資産の活用を含めたコーポレート・ガバナンスが重要になる。その意味で，米国地域銀行は，地域に密着し地域戦略上の課題と社外取締役の専門性が一致しているのである。

　第 2 は，「コンサルティング収入の拡大」に関する戦略議論に求められる助言機能である。社外取締役が取締役会での議論に求められる専門性を以下の 2点の戦略的議論で検討する。

　1 点目はコンサルティングの提供価値の具体化に関する専門性である。貸出金利低下の背景には中小企業の収益性低下がある。よって，提供価値の具体化なくして中小企業からコンサルティング収入を得ることは困難である。中小企業の事業承継問題や相続対策，経営改善等提供価値の明確化が必要である。2点目は競合企業との差別化に関する専門性である。コンサルティング業界は，大手企業には外資系コンサルティングファームが地盤を築いている。中小零細

企業には，顧問税理士がアドバイザーとなり，無償で相談業務を担うケースも多い。一方，地域銀行は，貸出増加を目的にコンサルティングは無償で提供してきた。したがって，地域銀行は，大手コンサルティングファームと税理士という競争相手に挟まれる市場にあり，無償で提供してきた業務に，どのように対価を得るかの市場戦略や商品戦略議論が必要になる。

　ところで，社外取締役の「コーチング機能」という考え方がある。これは，米国で求められる oversight には，良い質問を発するコーチング機能が含まれることから，複数のオプションの中で最適な意思決定を引き出す役割であると説明される[31]。そしてこの提案の背景として，武井（2021）は，わが国で言われる「監督」では上司部下の指揮命令関係になっていることを指摘している[32]。

　以上のような戦略議論に関して，取締役会の最適な意思決定に貢献する専門性が求められているのである。

⑵　リスク管理機能に求められる社外取締役の専門性

　次に，社外取締役のリスク管理機能を検討する。地域銀行は，金利低下や優良貸出先の減少という厳しい経営環境に直面し，これに対して，どのようなビジネスモデル改革を進めるのか戦略議論が重要になっている。たとえば，大企業は資金余剰にあることから，貸出競争が激しく貸出金利は低下する。一方で，リスクの高い貸出先に対しては，リスクを適正に判断して貸出しを行うことが重要になる。すなわち，低金利環境下のビジネスモデル改革は，リスクを適正に把握しコントロールする機能がカギとなる。

　これを踏まえて，地域銀行取締役会は，リスクコントロール機能に関する経営戦略議論が重要になる。スルガ銀行は，リスクを積極的に負担して収益性向上を目指す高リスクのビジネスモデルを志向しながら，取締役会がそのような役割を果たさなかった。地域銀行の社外取締役は，このようなスルガ銀行の事例を教訓にして，リスクコントロール機能を構築する役割が求められている。リスクを拡大するのであれば，それに伴って生じるリスクを経営組織がコントロールする[33]，その役割を社外取締役が担う。また，どのような審査体制でどの程度のリスクを負担しているかを取締役会で議論する役割が社外取締役に求

められる[34]。なお，ミドルリスク・ミドルリターンの市場規模はわずかで，貸出先の金利をリスクに見合った水準に引上げて採算を確保することの方が重要との指摘もある。このような指摘も当然把握して，戦略議論を深めていく役割が求められよう[35]。

このように，社外取締役は，ビジネスモデルの中での収益の源泉とリスクの所在を問い，そのリスクをコントロールする議論を深める専門性が重要な課題となっている。

(3)　不良債権管理に求められる社外取締役の専門性

さらに，地域銀行社外取締役が不良債権管理に求められる専門性をスルガ銀行事件の例で考察する。

スルガ銀行の不良債権比率は，第5章で確認したとおり，事件発覚前の2017年3月期0.9％から事件発覚後の2019年3月期には12.7％へ急増し，不良債権管理に問題があった。また，同行の事件発覚後の2018年3月期有価証券報告書における「事業等のリスク」の記載は簡易な記述であり，不良債権の対処方針も十分ではない。これに対して不良債権比率の高い他の地域銀行は，不良債権の状況やその要因および今後の取組方針を詳細に説明しているのである[36]。このように，スルガ銀行は不良債権に関する開示内容からも，当時の取締役会がリスクを把握してコントロールする役割を十分に果たさなかったと言えよう。

地域銀行の社外取締役に求められる専門性は，リスク管理に関して十分な議論を可能とする専門性である。スルガ銀行は，事件後もミドルリスク・ミドルリターンのビジネスモデルを標榜していた。このようなリスクテイクには，社外取締役がリスクに関する適切な専門性を有し，リスク管理の高度化が重要になる。また，ミドルリスクの標榜に伴い拡大するリスクコントロールの役割や[37]経営理念との整合性からの反対意見が求められる[38]。特に，スルガ銀行の不良債権比率は[39]，ミドルを越えてハイリスクと言え，社外取締役には，さらに高度なリスク管理の専門性が求められよう。さらに，同行の投資用不動産融資の与信期間は30年から35年の長期で家賃収入や借入人の年収からの返済が困難なことを認識しながらコントロールしなかったが[40]，このようなリスクを

定量化して議論する専門性が必要である。すなわち，社外取締役には，詳細な
リスク状況の報告を求め，リスク量を定量化して取締役会で議論する専門性が
求められる。裏返せば，社外取締役がこのようなリスク管理の専門性を有しな
いことには，取締役会で，有益な議論が行われないのである。

(4) 利害調整と監視機能に求められる社外取締役の専門性

　加えて，利害調整および経営監視機能として求められる社外取締役の専門性
を検討する。

　アンケート「ビジネスモデル改革が困難な理由」に対する回答は，公共性に
配慮する必要があることであった。地域銀行取締役会は，公共性への配慮の課
題に対して，どのような議論をしていくべきで，社外取締役はどのような専門
性からの貢献が求められるのであろうか。

　北海道拓殖銀行の元頭取が特別背任罪に対する実刑判決を受けた事件[41]で，
元頭取は，地域経済に与える影響に配慮したことを根拠にした融資であると主
張した。しかし，地域への配慮を理由とするこの主張は認められず，過大な不
良債権を招いたことは取締役の善管注意義務違反にあたると認定された。つま
り，公共性に配慮したことが免責事由にはならず，地域銀行の社外取締役は，
取締役会で最善の経営判断がなされているかを監視する役割が求められると言
えよう。

　すなわち，アンケート結果にある公共性に配慮することは，株式会社の中長
期的価値創造の議論を退けるものにはならない。公共性に配慮しながらも，社
外取締役は企業価値向上の観点で最適な決定を行う議論がされているか監視す
る役割が求められる。なお，公共性の概念は不確定の概念であり，その意味は
はっきりしないマジックワードで，銀行経営者は株主および預金者に対して義
務を負うべきとされる[42]。そもそも地域銀行には，地域に福祉をもたらすよう
な事業経営は困難であるとの指摘もある[43]。

　したがって，公共性に配慮したビジネスモデル改革に対して社外取締役は，
地域性に配慮しながらも企業価値向上を目的とした検討がされているか，その
ような視点から経営戦略議論を正しい方向に導く役割が求められるのである。

第4節　提言：経営戦略議論の場とする改革に向けて

1　提言趣旨：取締役会を重要な意思決定の場とするために

　アンケートにより，取締役会は，経営戦略の議論の場とし機能していない実態が明らかになった。また，社外取締役もビジネスモデル改革に十分な役割を果たしていないことが分かり，さらに個別インタビューによって，取締役会の実態や社外取締役が機能しない原因を確認した。

　これらを踏まえて，取締役会が経営戦略の議論の場となり，社外取締役が経営戦略議論に積極的な役割を果たすためには，制度的な改善が必要となることから，制度改善を提言する。

　具体的な提案は，コーポレートガバナンス・コード原則4-1の改訂である。同原則4-1取締役会の役割・責務（1）は，「取締役会は，会社の目指すところ（経営理念等）を確立し，戦略的な方向付けを行うことを主要な役割・責務の一つと捉え，具体的な経営戦略や経営計画等について建設的な議論を行うべきであり，重要な業務執行の決定を行う場合には，上記の戦略的な方向付けを踏まえるべきである」とする。この原則の目的は，取締役会で経営戦略や経営計画等に関して，建設的な議論が十分に行われていないことへの対処である。ところが，原則の目的に照らして，記述されている内容は，「重要な業務執行の決定を行う場合には，上記の戦略的な方向付けを踏まえるべきである」という要請に留まっている。

　すなわち，「戦略的な方向付けを踏まえるべき」との記述に留まらず，取締役会で十分な経営戦略議論を行うことを求めるべきである。さらに，取締役会の戦略議論に社外取締役が関与する仕組みの記載を求める改正案を下記に示す。

2　改正案：コーポレートガバナンス・コード4－1

改正案

取締役会は，会社法第362条第2項1号に定められた重要な意思決定を行うにあたり，会社の事業の内容を理解し専門性を有する社外取締役と共に，会社の基本方針を確立し，戦略的な方向付けおよび具体的な経営戦略や経営計画等を最優先事項とするよう取締役会付議事項を見直し，その内容を開示すべきである。経営戦略や経営計画等の最優先事項を取締役会で建設的で十分な議論を行った上で，議論の経過を含めた議論の要旨を開示すべきである。なお，経営会議等で予め議論された内容がある場合も，経営戦略に関する議論は社外取締役の知見や専門性を交えて取締役会で議論の初期段階から改めて組み立てて，社外取締役を交えて議論を積み上げていくべきである。

3　提言趣旨：意思決定議論に求められる社外取締役専門性を求めて

現在，取締役会議論の活性化に向けて，会社法改正やコーポレートガバナンス・コード制定および改訂などが進められている。ところが，アンケートの結果から，ビジネスモデル改革には，取締役会への期待よりも，執行部門への期待が高いことが分かった。

本来，取締役会は，執行部門からの提案を踏まえながら，ビジネスモデル改革を議論し，審議する機能を果たすことが求められている。ゆえに，取締役会議論の活性化に向けて，会社法改訂やコーポレートガバナンス・コード制定が行われているのである。

したがって，コーポレートガバナンス・コード原則4-7独立社外取締役の役割・責務は，「（ⅰ）経営の方針や経営改善について，自らの知見に基づき，会社の持続的な成長を促し中長期的な企業価値の向上を図る，との観点からの助言を行うこと」と要請している。しかし，この原則が示している助言機能を発揮するために社外取締役は，事業の内容やビジネスモデルを十分に理解することが必要になる。また，この助言という機能には，ビジネスモデル上にあるリスクを発見して評価し，適切なコントロールをする機能が含まれていることを

明らかにする改正案を示す。

4　改正案：コーポレートガバナンス・コード 4 − 7（ⅰ）

改正案

（ⅰ）社外取締役が助言機能を発揮するためには，会社の事業の内容やビジネスモデルを十分に理解して，ビジネスモデルの課題や改革の方向性を自ら考え，有益な助言をする知見や専門性を有するべきである。その上で，中長期的な企業価値の向上を図る観点から，助言にはビジネスモデル上にあるリスクを発見して評価し適切なコントロールをする機能が含まれていることを理解し，取締役会でのビジネスモデル改革の議論に主体的に関与して意思決定に効果を及ぼすことで貢献し実践すべきである。

［注］
1　銀行の役職は，わが国に初めて誕生した国立銀行の第一銀行創業当初から，頭取という役職名を用いていた。現在は，頭取職を廃止して社長とする地域銀行も増加しているが，頭取職を継続する銀行と混在している。アンケート対象先の役職名に応じた宛名を表記してアンケートを送付した。なお，アンケート質問項目の中で代表取締役社長の地位にある役職者の役割に関する質問項目は，「頭取」に統一して質問した。
2　アンケートの事務代行を受託する会社からも，銀行に対するアンケートは回答ゼロの可能性も十分にあり得るとの助言があった。
3　家森信善・相澤朋子・海野晋悟・小川光・尾崎泰文・近藤万峰・高久賢也・冨村圭・播磨谷浩三・柳原光芳（2017）「地方創生に対する地域金融機関の営業現場の取り組みの現状と課題―2017年・RIETI 支店長アンケートの結果概要」RIETI Discussion Paper Series 17-J-044，経済産業研究所，pp. 1-87。
4　法人向け貸出利息収入および個人向けの住宅ローン貸出利息収入が主になる。法人向けでは，近年，幹事銀行がシンジケート団を組成した協調融資が増加している。
5　送金手数料をはじめとした内国為替，海外送金や貿易代金取立て等の外国為替が銀行業務の伝統的な役務収益であり，近年では，投資信託や保険の銀行窓口販売代理店手数料収入が増加している。
6　銀行法第 10 条 2 項但し書きとして，その他の銀行業に付随業務とされ，銀行法施行規則第 13 条の 2 の 5 第 1 号で認められている業務である。
7　1992 年 2 月に日本銀行は，短期金利の指標である「無担保コール翌日物」の金利を史上最低の 0.15％に政策的に誘導することを決定した。日本銀行の当時の総裁が，「ゼロでも良い」と発言したことを踏まえて，「ゼロ金利政策」と言われるようになった。ゼロ金利政策は一時的な措置として 2008 年に一時期解除されたが，2016 年 1 月 29 日に「マイナス金利付き量的・質的金融緩和政策（マイナス金利政策）」を発表した。
8　多胡秀人（2018）「社外取締役はアクセルを踏み込む役割も重要」『金融財政事情』2018 年 4 月 2

日，p. 13。
9　2020 年 7 月 30 日元頭取が現在勤務する都内事務所でインタビューした。
10　2020 年 9 月 23 日都内でインタビューした。
11　2020 年 9 月 16 日社外取締役の都内弁護士事務所でインタビューした。
12　2020 年 7 月 31 日金融庁会議室でインタビューした。
13　任意のインタビューに応じて頂いたものであり，回答内容は個人的な意見や考え方を含み金融庁の公式見解ではない。
14　鈴木（1997），p. 186。
15　大隅（1950），p. 5。
16　別冊商事法務編集部編（2009）『会社法下における取締役会の運営実態』商事法務研究会，p. 82，図表 56。
17　神田（2019），p. 217。
18　落合誠一（2009）『会社法コンメンタール＜ 8 ＞機関（2）』商事法務研究会，pp. 216-217；山田和彦・倉橋雄作・中島正裕編（2016）『取締役会付議事項の実務〔第 2 版〕』商事法務研究会，p. 2。
19　加藤貴仁（2017）「監査役設置会社における取締役の役割・責務と決議事項の関係について」神作裕之責任編集／資本市場研究会編『企業法制の将来展望－資本市場制度の改革への提言―2018年度版』財経詳報社，pp. 283-284。
20　大杉謙一（2016）「取締役会の法定決議事項（専決事項）」丸山秀平・中島弘雅・南保勝美・福島洋尚編『企業法学の論理と体系：永井和之先生古稀記念論文集』中央経済社，pp. 204-206。
21　経済産業省（2015）コーポレート・ガバナンス・システムの在り方に関する研究会「コーポレート・ガバナンスの実践～企業価値向上に向けたインセンティブと改革～」2015 年 7 月 24 日，pp. 6-7。
22　経済産業省（2016）コーポレート・ガバナンス・システムの在り方に関する研究会報告書別紙 3「法的論点に関する解釈指針」2016 年 3 月 18 日，p. 4。
23　金融庁中小・地域金融機関向け監督指針Ⅲ -4-2（1）によって認められた。
24　情報通信技術その他の技術を活用した銀行業の高度化もしくは当該銀行の利用者の利便性の向上に資する業務または資すると見込まれる業務を営む会社をいう。
25　金融庁中小監督指針Ⅲ -4-7-4-（4）で認められた。
26　翁百合（2020）「行政が促すビジネスモデルの転換　鍵は規制緩和と経営者の自主性にあり」『金融ジャーナル』2020 年 1 月，pp. 70-71。
27　尾崎道高・今野逐人・廣山晴彦・土屋宰貴（2019）「地域銀行の越境貸出の動向」『日銀レビュー』2019 年 5 月，日本銀行，pp. 1-8。
28　杉山敏啓（2020）によれば，銀行店舗数は 1994 年頃をピークとし，2019 年を比較すると大手銀行で 51％，地域銀行で 23％減少している（「やさしい経済学」『日本経済新聞』2020 年 5 月 14 日朝刊）。
29　Summit, Agarwal, & Hauswald, Robert (2010), "Distance and Private Information in lending," *Review of Financial Studies*, 23 (7), pp. 2757-2788.
30　2002 年 10 月の金融再生プログラムで地域銀行に求められた機能である。地域銀行は，顧客との密接な関係を構築し維持することで公開情報や財務情報では得られない顧客の信用情報を得ることができることから，銀行貸出の審査コストが低減し，顧客の事業再生支援が可能になることを目指すモデルである。
31　武井一浩（2021）「社外取締役のコーチング機能―2021 年度施行の会社法改正と CG コード改訂を踏まえて」『法律時報』93 巻 9 号，p. 50。
32　武井（2021）の指摘に加えて，例えば山本圭（2020）がピエール・ロザンヴァロン『良き統治』

の書評（「現代思想」青土社 48-11p.193）で述べているとおり，マックス・ウェーバーの民主主義と指導者の議論を受けたカール・シュミットが規範と恣意の禁止により被監督者を支配する「監督」という概念を提示し，その後にロザンヴァロンが「良き統治」として再び指導の概念を探求している。民主主義を大切にするわが国において，「CEO を監督すべき」という論を提示する前に，民主主義社会の中での組織統治における「監督」という概念に込められた本質を探究してみる必要があり，これも今後の重要な研究課題であろう。

33　金融庁（2018a），p. 10。

34　金融庁（2018a），p. 6。

35　益田安良（2006）「ミドルリスク市場は中小企業全体の 0.5％に過ぎない」『金融財政事情』2006 年 2 月 13 日，pp. 38-41。

36　例えば 2020 年 3 月期の不良債権比率が 5.6％でスルガ銀行に次いで高い南日本銀行は，2020 年 3 月期有価証券報告書にて，貸出資産の特性及びリスクの特徴を，「鹿児島県を中心に九州地区を営業基盤としており，また業種別貸出状況は卸・小売業及び不動産業の貸出金の割合が高いことから，地域経済の景気動向や特定業種の経営状況の悪化等によっては不良債権額や与信関連費用が増加して業績に影響を及ぼす可能性がある」と説明している。

37　金融庁（2018b），p. 10。

38　金融庁（2018a），p. 6。

39　2020 年 3 月期の業界平均の不良債権比率は 1.9％（地方銀行協会「地方銀行の決算」より）であることに対して，スルガ銀行の不良債権比率は 13.9％（スルガ銀行 2020 年 3 月期有価証券報告書）となっている。

40　スルガ銀行第三者委員会報告書（2018），p. 152。

41　最高裁平成 21 年 11 月 9 日第三決『判例タイムズ』1317 号，p. 142；『判例時報』2069 号，p. 156。

42　落合誠一（2009）西村高等法務研究所責任編集／落合誠一・五味廣文・鬼頭季郎・武井一浩編著『金融危機の教訓　行政と司法の役割分担と処方箋』商事法務研究会，pp. 28-31，落合誠一発言部分。

43　原司郎（1990）『地域金融と制度改革』東洋経済新報社，p. 123。

補　論

調査：その後スキル・マトリックスは浸透し役立っているのか

1　スキル・マトリックス開示動向と課題

　近年，わが国では，取締役会のスキル構成の一覧表である「スキル・マトリックス」の開示が急速に進んでいる。この動向を受けて補論では，スキル・マトリックスを利用して，近年の社外取締役の専門性の状況を調査する。

　このスキル・マトリックス開示は，2016 年頃から始まった[1]。2019 年の経済産業省による上場会社（東証 1 部・2 部）へのアンケート（回答数 868 社／回答率 33.0%）によれば，全体の 4.2%が開示している。また 2021 年 3 月時点の東証 1 部上場で社外取締役 3 名以上が選任されている株式会社を対象とした調査では，11.1%（1,212 社の内，135 社）が開示している[2]。

　わが国でスキル・マトリックス開示が始まった契機は，経済産業省からの実務指針である。2017 年 3 月 31 日（2018 年 9 月 28 日改訂）経済産業省コーポレート・ガバナンス・システムに関する実務指針は，取締役会に求める役割および取組事例という位置づけでスキル・マトリックスを紹介した[3]。すなわち同指針は，取締役会に求める役割を検討することを目的としてスキル・マトリックスを示した。ところが，その後にこの目的が見失われて，一覧表開示のみが普及しているという課題がある。したがって，スキル・マトリックスは，目的が曖昧であると批判されている[4]。

　わが国は，このように一覧表という表示面のみが着目される状況に対して，米国の改革を参考にして戦略と整合性から社外取締役に求められる専門性を問うことが必要になっている。

2　スキル・マトリックス調査の目的と方法

⑴　スキル・マトリックス調査の目的

　本補論は，スキル・マトリックスで開示された地域銀行社外取締役のスキルの内容，米国地域銀行との比較によるわが国の特徴および各銀行の戦略から求められるスキルとの整合を考察する[5]。なお，このスキル・マトリックスの開示には，明確なルールがないことから課題も多い。したがって，本補論は，スキル・マトリックス開示に生じている課題を捉えながら，地域銀行社外取締役のスキルと戦略との関係性を考察するものとする。

⑵　スキル・マトリックス調査対象と方法

　スキル・マトリックス調査の対象先は，証券取引所に株式を上場している地域銀行および地域銀行を傘下にする銀行持株会社である。調査の対象となる資料は，2022 年 6 月に開催された株主総会に対する招集通知に添付された取締役選任議案の参考書類である。調査方法は，議案参考書類に記載されたスキル・マトリックスを基に，社外取締役[6]のスキル項目および関連する説明内容の分析である。なお 2022 年 6 月に株主総会を開催したのは，銀行持株会社 18 社，地方銀行 35 社および第二地方銀行 23 社，合計 76 社である。

3　スキル・マトリックス調査結果

⑴　地域銀行のスキル・マトリックス導入状況

　まず，地域銀行のスキル・マトリックス開示は，進んでいるのであろうか。2022 年 6 月総会では，対象先 76 社の内の 65 社，全体の割合で 86％が開示されている。対象 76 社の前年 2021 年 6 月総会での開示は，わずか 9 社，全体の 12％に留まっていた。したがって，2022 年 6 月総会から急速に開示が広がっていることが確認された。

　また銀行持株会社，地方銀行および第二地方銀行で開示状況が異なるのか。この点は，銀行持株会社が 100％，地方銀行が 94％であるが，第二地方銀行は 61％に留まり，すなわち進捗に差異があることも分かった。

(2)　社外取締役の選任とスキルの概要

　調査にあたり，次に社外取締役の選任状況を確認した。銀行持株会社は平均4.5人，地方銀行は平均4.3人の社外取締役を選任している。これに対して，第二地方銀行は平均3.4人の社外取締役を選任している。2018年6月に改定されたコーポレートガバナンス・コードは，2名以上の社外取締役選任を求めており，何れも同コードの要請を満たしていることが確認された。

　スキル・マトリックスは，設定するスキル項目の内容，項目数の基準もなく，各社の判断による。よって，スキルの概要を調査した結果，スキル項目数は，平均すると銀行持株会社で5.7個，地方銀行および第二地方銀行で5.6個であった。さらに，社外取締役一人あたりのスキル数を調査した。その結果，銀行持株会社および地方銀行は一人あたり2.4個，第二地方銀行は3.2個のスキルを有すると開示されている。すなわち，第二地方銀行は，少ない社外取締役数に対して，一人あたりのスキル数を多く表記している傾向が読み取れる。

　スキル項目の多い会社は，銀行持株会社で池田泉州HDが4.3個，地方銀行で大垣共立が4.3個，第二地方銀行で東和が5.3個であった。池田泉州は，2名の社外取締役が5個のスキルを有する。企業経営に財務会計，リスク管理および人事のスキルの4項目に加えて，1名はサステナビリティ，1名はマーケティングのスキルを有する。大垣共立の1名は元官僚が6つのスキルを有する。企業経営に加えて，財務会計，リスク管理および人事のスキルの4項目，さらに市場運用やグローバルに関するスキルも有する。東和は企業経営，リスク管理及び人事のスキルに加えて，営業，ITおよびサステナビリティの3項目のスキルも有すると開示している。

表補-1　スキル・マトリックスの開示状況

	上場会社数	2021年開示	開示割合	2022年開示	開示割合
持株会社	18社	4社	22%	18社	100%
地銀	35社	5社	14%	33社	94%
第二地銀	23社	0社	0%	14社	61%
合計	76社	9社	12%	65社	86%

出所：各社の株主総会招集通知参考書類を基にして筆者作成

表補 -2　スキル項目数および一人あたりのスキル数

	開示会社	社取締役総数	平均社外	スキル項目数	一人平均スキル数	一人最大スキル数	最大スキルの会社名
持株会社	18 社	81 人	4.5 人	5.7	2.4	4.3	池田泉州
地銀	33 社	143 人	4.3 人	5.6	2.4	4.3	大垣共立
第二地銀	14 社	47 人	3.4 人	5.6	3.2	5.3	東和

出所：各社の株主総会招集通知参考書類を基にして筆者作成

　これらから，大きく３つの課題が抽出される。第１は，スキル項目数の適正化である。山口および長野は，特に強みのある分野および特に期待する分野を最大３項目，八十二は一人３項目，岩手は最大４項目と明確にしている。他の地域銀行もこのような事例を参考にすべきである。第２は，スキルレベルの明確化である。池田泉州 HD のマーケティングの基準は，支店長を含めた営業部門の経験を掲げ，IT・デジタルは，システム部門，IT 戦略の企画立案部門での経験と高い見識とする[7]。このように関連部門の経験を基準としており，すなわち，執行レベルになっていることが懸念される。第3は，スキルを必要とする説明である。たとえば，大垣共立は，グローバルのスキルに対して，海外駐在員事務所を２か所設置しているという記載の他はグローバルなスキルを必要とする理由は必ずしも明らかではでない。

(3)　地域銀行の主要なスキル

　地域銀行のスキル項目の特徴は何か。地域銀行のスキル項目を全量調査して合計したところ，企業経営のスキルが最も多い。続いて，法務，財務会計，銀行金融およびリスク管理を加えた５項目が中心になっていることが分かった。銀行持株会社は 18 社の合計スキル項目数は 219 であるが，これらの５項目の合計は 124 であり，全体の 57% を占めている。同様に地方銀行で 56%，第二地方銀行で 55% を占める。したがって，地方銀行の平均的な社外取締役は，企業経営，法務，財務会計，銀行金融およびリスク管理のスキルと開示されていることが分かった。しかし，最大の企業経営や法務に関するスキルは，他の一般企業と同様に求められるスキルと言えよう。よって，米国地域銀行取締役のスキルとの比較分析を次に行うこととする。

表補 -3　主なスキル項目およびその占有率

	企業経営	法務	財務会計	銀行金融	リスク管理	占有率	スキル項目の合計
持株会社	40	31	30	14	9	56.6%	219
地銀	72	26	33	30	25	56.4%	330
第二地銀	29	18	20	6	5	55.3%	141

出所：各社の株主総会招集通知参考書類を基にして筆者作成

(4)　日米地域銀行取締役専門性の比較

　米国地域銀行のスキル（営業地域，銀行・金融，ファイナンス・会計，リスク管理，金融業界規制およびコーポレート・ガバナンス）に対するわが国のスキル状況は表補-4 である。米国地域銀行の専門性 6 項目を基準にした場合のわが国地域銀行のスキルの充足状況は，銀行持株会社が 34.7%，地方銀行が 39.7%，第二地方銀行は 34.0% である。スキル項目別にみると，金融規制に関する専門性が不足していること，また銀行持株会社および第二地方銀行ではリスク管理に関する専門性，さらに第二地方銀行では，銀行・金融やガバナンスに関する専門性が不足している課題が導き出された。

　米国地域銀行のスキル 6 項目とわが国の特徴である企業経営および法務の 2 項目を加えた 8 項目とした場合の占有率を表補-5 に表した。日米計 8 項目とした場合の全体占有率は銀行持株会社で 67.1%，地方銀行 69.4%，第二地方銀行で 67.4% となる。これは，銀行業界特有に求められるスキルの不足を企業経営や法務という一般的な経営に関するスキルで補完していることを示す。ま

表補 -4　米国地域銀行のスキルに対するわが国地域銀行のスキルの対応状況

	営業地域	銀行金融	財務・会計	リスク管理	金融規制	ガバナンス	占有率	合計
持株会社	11	14	30	9	2	10	34.7%	219
地銀	28	30	33	25	7	8	39.7%	330
第二地銀	14	6	20	5	3	0	34.0%	141

出所：各社の株主総会招集通知参考書類を基にして筆者作成

た，銀行規制に関するスキルの不足は，わが国では法務全般スキルで補完していると言えよう。しかし，わが国に多い企業経営は，たとえば富山が企業経営をスキルとせずに「経験」と表示して他のスキルと区分して表記しているように[8]，本来はスキルではなく，経験を表していると言うべきものであろう。

表補 -5　米国地域銀行スキル 6 項目とわが国 2 項目加算の 8 項目での占有率

	米銀 6 項目	企業経営	法務	日米 8 項目	占有率	残り
持株会社	76	40	31	147	67.1%	32.9%
地銀	131	72	26	229	69.4%	30.6%
第二地銀	48	29	18	95	67.4%	32.6%

出所：各社の株主総会招集通知参考書類を基にして筆者作成

(5)　わが国地域銀行のスキルの特徴

　わが国地域銀行の社外取締役のスキルの特徴は何か。日米比較により判明した 8 項目で占有率が約 2/3 程度になることを確認したが，残る 1/3 はどのようなスキルで構成されているのか。地域銀行の社外取締役のスキルの特徴は，次の 2 点が抽出される。1 点目は，サステナビリティ（環境や ESG 等を含む）である。近年，サステナビリティ経営や ESG 等の潮流を受けて，取締役も企業経営を担うためにこれらのスキルが重要になっている。一般企業でも 35 社でサステナビリティ関連のスキルの記載が確認されている[9]。地域銀行でも重要性が高まっていることが分かった。2 点目は，ダイバーシティ・人事（人財育成等を含む）である。近年ダイバーシティの要請が高まり，人財という経営資源の活用が重要になっている。特に，ビジネスモデル改革を求められる地域銀行は，新たなビジネスモデルに取り組む上で人財投資が重要な意思決定事項になる。一方で，課題も抽出される。営業やマーケティングは，取締役会で議論すべき戦略やビジネスモデル改革に関するレベルであるのか，執行部門レベルなのではないか。また，グローバルな視点はもちろん有益ではあるが，戦略上から海外展開を検討する上での進出地域の知見なのか，一般的な知識を示しているのかが明らかではない。これらの課題を踏まえて，戦略上からどのような社外取締役のスキルをどのような理由から求めているのかを明らかにするこ

表補 -6　地域銀行の特徴的なスキル項目

	営業・マーケティング	人事・ダイバーシティ	環境・サステナビリティ	市場運用	グローバル	計	占有率
持株会社	7	12	13	10	7	49	22.4%
地銀	10	24	12	6	15	67	20.3%
第二地銀	10	8	10	6	2	36	25.5%

出所：各社の株主総会招集通知参考書類を基にして筆者作成

とが重要であり，この点を次に検討する。

4　課題：スキル選定理由と戦略との整合性

(1)　スキル選任理由の開示と課題

　スキル選定理由の開示状況と課題を考察する。取締役の選任基準を記載している会社は，持株会社で5社（第四北越 HD，ふくおか HD，山口 HD，池田泉州 HD，じもと HD），地方銀行で3社（静岡，百十四，伊予），第二地銀で1社（愛媛）の計9社であり，全体の11.8%であった。第四北越 HD は，「当社が社外取締役候補者に特に期待する分野」と記載し[10]，ふくおか HD は，「当社取締役会が備えるべき知識・経験・能力等」を記載している[11]。静岡は，「社会・経済」の中で社会変化への対応に，イノベーション，環境および IT のスキル項目を記載している[12]。百十四は，金融スキルを選定した理由を，「金融業界で事業価値拡大に資するためには，業界についての知見・経験が必要であるため」とする[13]。愛媛は，「地方創生・地域金融」のスキル選定理由を「当行の経営理念にある『ふるさとの発展に役立つ銀行』を永続的に実践していく上で各地域の特性を生かした金融仲介業を展開する知識・経験が必要であるため」と説明している。また「船舶・海運」スキルの選定理由は，「世界に誇る愛媛の海運・造船産業を永続的な発展に貢献していくために専門的な知識・経験が必要であるため」とする[14]。

　以上のように，スキル選定理由の記載には，各社の経営方針や経営課題を踏まえた考え方が示されており，単にスキル・マトリックスのみ開示される場合と比較して，相当に説明力が高まっていると評価されよう。

一方で，スキル選定理由開示の調査により，その課題も浮かび上がる。伊予は，銀行特有のスキルに，「市場運用」および「企業審査」を掲げている。具体的に「市場運用」は，「有価証券運用や国際業務に関する知識・経験を有し，適正な判断ができる」スキルとし，「企業審査」は，「企業審査に関する知識・経験を有し，適正な与信判断を実施することができる」スキルとする。ところが，これらのスキルに対応している社外取締役は，「市場運用」では不在であり，「企業審査」はわずか1名である[15]。このようにスキルマトリックスは，求めるスキルと社外取締役の対応状況の関係を株主に明らかにする。これに関しては，さらに検討を加える。

(2) 経営戦略とスキルの整合性

地域銀行の経営戦略と社外取締役のスキルとの整合性を考察する。整合性を考察する上で特徴的な会社を持株会社の中から抽出し，経営戦略，社外取締役のスキルおよび経歴を表補-7 にまとめた。

山口 HD は，中期経営計画での重点施策と社内取締役のスキル項目との関係を明確にしている[16]。自社の成長と地域価値向上の連動性を高める戦略に対するスキルを「地域経済／行政」とし，これを地元大企業経営者および地域ブランド価値向上に取組む経営者が有する。またライフプランニング強化に求められる金融スキルは，良質な金融を育てる会の代表を務める社外取締役がスキルを有する。このように整合性を見ることができる。きらぼし HD は，独自性のある金融サービスによるビジネスモデルの構築を標榜している。これに対する社外取締役の企業経営および DX のスキルは，ベンチャー協議会役員のスキルが整合している。また，事業承継等法人取引強化の経営課題に対して，地域経済・行政のスキルを地元商工会議所役員が有している[17]。じもと HD は，宮城と山形を繋ぎ本業支援による地域の発展という方針に対して，企業経営スキルを地元大企業の経営者，行政スキルを元官僚で地方創生企業役員，また地域産業のスキルを自治体機関の委員も務める地元弁護士が有して整合性が確認される[18]。ふくおか HD は，必要な金融サービスを必要なタイミングで提供するバンク・アズ・ア・サービスというスキームを展開する方針を示している。これには高度な金融および IT に関する戦略議論に貢献するスキルが求められる。

表補 -7　経営戦略と社外取締役のスキルの整合性

持株会社名	経営戦略	スキル				社外取締役の経歴
		企業経営	戦略	銀行金融	地域	
山口HD	地域共創モデル ライフプランニング			金融	地域行政	地元大企業経営者・地域ブランド経営者・金融関連団体代表
きらぼしHD	独自性のある金融サービス 事業承継等法人取引強化	企業経営			地域経済	ニュービジネス協議会役員 地元商工会議所役員
じもとHD	宮城と山形を繋ぎ本業支援 地域の発展	企業経営		行政	地域産業	地元企業経営者・地方創生企業役員，地元弁護士
ふくおかHD	みんなの銀行（バンク・アズ・ア・サービス）	企業経営	コンサル			外資系コンサルタント 外資マネジメント経験者
コンコルディアHD	コンサル営業・海外拠点ソリューション強化・戦略提携	企業経営	海外戦略分析			商社 外資系アナリスト
池田泉州HD	最適なソリューション提供	企業経営	マーケティング			造船・電鉄等大企業経営者
めぶきHD	地域経済活性化 高齢化への対応		コンサル			財務およびリスク管理経験者

出所：各社の株主総会招集通知参考書類を基にして筆者作成

これに対して，外資系コンサルタントおよびグローバル企業経験者を選任し，銀行コンサルティングや外資系マネジメント経験からのスキルが確保されている[19]。コンコルディア HD は，コンサルティング営業および海外拠点を活用したソリューション・ビジネスの強化を重視し，商社および外資系アナリストのスキルが整合している[20]。一方で，整合性に課題があると思われる事例も見られる。池田泉州 HD は，最適なソリューション提供方針を示しているが，造船および電鉄等大企業経営者の社外取締役のどのようなスキルが整合するのかの説明が必要である[21]。また，めぶき HD は，地域経済活性化および高齢化対応戦略に，財務およびリスク管理経験者を選任している。これをどのような基準や根拠でコンサルティングスキルと表記し，戦略に対応させているのかの説明が必要である[22]。

　ところで，地域銀行の戦略に応じた専門性とはどのようなものであろうか。

これに関して，山口 HD は地域共創モデルやライフプランニング強化，きらぼし HD は独自性のある金融サービス，ふくおか HD はバンク・アズ・ア・サービスという戦略に対して，社外取締役にはこのような新たな金融サービスの戦略議論に貢献する専門性が今後ますます重要になるのであろう。

5　現状と改善：スキル選定理由開示の重要性と提言の理由

　本補論の検討により，以下の点が示された。

　地域銀行のスキル・マトリックス開示が全体の 86％まで進んでいる。スキルの羅列を懸念したが，一人平均 2 ～ 3 個，各社合計スキルは 6 個程度であり，一般企業の調査結果[23] より少なかった。しかし，一人で 5 個・6 個を有する社外取締役も存在する。これは経験等に基づいていると考えられ，スキル選定や判定基準に課題がある。たとえば営業・マーケティングなどは執行レベルのスキルであると言えよう。

　次に，内容面でのわが国の特徴は，企業経営，法務，財務会計，銀行金融およびリスク管理である。これを米国と比較すると，金融規制，リスク管理，銀行金融やコーポレート・ガバナンスのスキル不足が示された。この不足をわが国は，企業経営と法務で補っていると言える。一方で，わが国には，サステナビリティおよびダイバーシティのスキルが多い。これは米国には見られないわが国の特徴と位置づけられる。

　また，スキル選定理由を開示している会社は 12％に留まっていた。ここに，わが国の大きな課題が見出される。

　さらに，分析の結果，戦略や経営課題に照らして，社外取締役のスキルが整合している会社がある一方で，整合性に課題がある会社も見られた。その原因の一つは，新たなスキル・マトリックス開示が，従来の戦略説明との間で整合性が図られていないことにある。なお，これを逆に言えば，戦略とスキルの整合性に課題がある実態が浮き彫りになったと言えよう。

　特にスキル選定理由開示が少数に留まる点は，わが国の大きな課題であり，これを解決していく必要がある。スキル選定理由の記載は，経営方針や経営課題を踏まえた考え方を株主に示すことになる。そして，これは，経営課題に対

応したスキルを取締役が有するかの判断材料を求める[24]株主の要請に応える
ものとなる。さらに選定理由の開示により，スキル詳細の明確化にも繋がるの
である。

　そのために，本書は，取締役選任議案の記載内容を定めた会社法施行規則
74条4項において，会社が取締役候補者に求める専門性を明らかにする改正
案を提案した。また，コーポレートガバナンス・コード原則4-9において，候
補者の専門性の詳細を含めた選任理由を十分に説明する改正案を提案したので
ある。

[注]
1　遠山幸世・濱崎加奈子（2019）「取締役スキル開示の日米比較と日本企業への改善提言」『研究所
　　レポート』第13号，プロネクサス総合研究所，p. 9によれば，わが国での開示は2016年度に三菱
　　UFJフィナンシャルグループ，日本取引所グループ，荏原製作所の3社から始まったとしている
　　が，三菱UFJフィナンシャルグループは2017年6月株主総会，日本取引所グループは2016年6
　　月株主総会，荏原製作所は2016年6月株主総会での各招集通知に記載があることを確認した。
2　円谷昭一（2021）「スキル・マトリックス作成の目的・現状・留意点―コーポレートガバナンス・
　　コード改訂を見据えながら」『会報』第831号，東京株式懇話会，p. 136。
3　経済産業省（2018）「コーポレート・ガバナンス・システムに関する実務指針（CGSガイドライ
　　ン）」pp. 14-15。
4　山田英司（2021）『ボード・サクセッション　持続性のある取締役会の提言』中央経済社，p. 99。
5　本補論は，長谷川浩司（2023）「地域銀行のスキル・マトリックスの開示状況と社外取締役のス
　　キルに関する一考察」『日本経営倫理学会誌』第30号，pp. 157-170を基に加筆，修正した。
6　監査等委員会設置会社では，監査委員である社外取締役を含める。
7　池田泉州フィナンシャルグループ第13期定時株主総会招集ご通知，p. 27。
8　富山銀行第96回定時株主総会招集ご通知，p. 17。
9　高山与志子・鈴木紀子・宮地真紀子（2021）「サステナビリティ経営と取締役会〔下〕―サステ
　　ナビリティ・ボードの時代へ―」『商事法務』No. 2268，pp. 41-48。
10　第四北越フィナンシャルグループ第4期定時株主総会招集ご通知，p. 28。
11　ふくおかフィナンシャルグループ第15期定時株主総会招集ご通知，p. 17。
12　静岡銀行第116期定時株主総会招集ご通知，pp. 13-18。
13　百十四銀行第153期定時株主総会招集ご通知，p. 18。
14　愛媛銀行第118期定時株主総会招集ご通知，p. 43。
15　伊予銀行第119期定時株主総会招集ご通知，p. 19。
16　山口フィナンシャルグループ第16期定時株主総会招集ご通知，p. 27。
17　きらぼしフィナンシャルグループ第8期定時株主総会招集ご通知，p. 25。
18　じもとホールディングス第10期定時株主総会招集ご通知，p. 27。
19　ふくおかフィナンシャルグループ第15期定時株主総会招集ご通知，p. 17。
20　コンコルディア・フィナンシャルグループ第6期定時株主総会招集ご通知，p. 18。
21　池田泉州フィナンシャルグループ第13期定時株主総会招集ご通知，p. 27。
22　めぶきフィナンシャルグループ第6期定時株主総会招集ご通知，p. 19。

262

23　新見麻里子（2021）「3月決算企業の株主総会招集通知におけるスキル・マトリックスの記載傾向」『ビジネス法務』2021年10月，p. 56。
24　松田千恵子（2021）「スキルマトリックス　スキル自慢の表ではない」『Nikkei ESG』2021年10月，pp. 96-97。

終　章

本書の総括：社外取締役の新たな役割を求めて

第1節　研究課題の考察結果

1　本書の目的と検討結果

　地域銀行は，わが国地域経済の活性化と安全・安心な社会の構築のために重要な役割を果たしている。地域銀行の不祥事は，地域社会に多大な影響を与えることから，地域銀行のコーポレート・ガバナンスはわが国にとって重要な課題である。収益性が低下する地域銀行は，ビジネスモデル改革が求められている。地域銀行が持続的ビジネスモデルへ改革を進めていくためには，社外取締役を含めた取締役会を主体とするコーポレート・ガバナンスの構築が重要になる。本来，コーポレート・ガバナンスとは，「監督」という用語で表される不祥事防止機能を意味するのではない。そもそも米国では，監督という言葉は用いられていない。英米の取締役会は，長期的な成功をもたらすビジネスモデル改革を推進する価値創造機能である。そして，取締役会の中心となり，取締役会を牽引することが社外取締役の新たな役割であり，その新たな姿を提示することが本書の目的である。

　本書は，この社外取締役の新たな役割を論理的に導き出すために，地域銀行のビジネスモデル改革を進めるコーポレート・ガバナンス機能に着目して，取締役会と社外取締役による経営の姿を検討した。具体的に本書は，3つの課題を設定した。その課題に対する結論は，以下のとおりである。

2 ビジネスモデル改革とコーポレート・ガバナンスの関係の考察

　課題1は，ビジネスモデル改革とコーポレート・ガバナンスの関係の考察であった。地域銀行がビジネスモデル改革を進める上で，コーポレート・ガバナンスとどのような関係にあるのかを確認した。その結果，表終-1に概要を示したとおり4つの示唆が得られた。

　第1は，第1章の1990年代に相次いだ地域銀行の破綻原因の考察からの示唆である。破綻した地域銀行のビジネスモデルは，不動産担保融資に偏重していた。地域銀行は，1927年3月に勃発した昭和金融恐慌の教訓が生かされず，バブル経済崩壊まで改善されなかった。英国流サウンド・バンキングという経営を標榜しながら，これをビジネスモデルに定着させることに成功していない。この原因は，ビジネスモデルがコーポレート・ガバナンスと一体であるという視点が欠けていることである。地域銀行のビジネスモデルの源泉は，適正なリスクを負担し，そのリスク量に相応する収益を得ることである。ところが，コーポレート・ガバナンスの視点が欠けた不動産担保融資偏重の収益モデルは，リスク評価を疎かにした。その結果，ビジネスモデルの根幹を弱体化させることになった。すなわち，地域銀行の破綻原因からの示唆は，ビジネスモデルとリスクをコントロールするコーポレート・ガバナンスが不可分の関係に

表終-1　課題1の全体像

	ビジネスモデル	コーポレート・ガバナンス	
課題1	関係の考察		
破綻した地域銀行	不動産担保融資偏重	リスクコントロール機能不全 経営理念からの逸脱	
大和銀行	積極的な海外展開	経営理念からの逸脱 海外経営資源及び法規制対応の機能不全	
日本の改革	低収益からの改革を目指す	社外取締役によるリスクテイクによって収益改革の促進を期待	
英国の会社	野心ある経営者による積極的事業拡大	経営監視機能の不全 会計不正リスク監視の専門性不在	
課題1回答	ビジネスモデル改革とコーポレート・ガバナンスは不可分の関係		

出所：筆者作成

あることである。

　第2は，第2章の大和銀行事件から得られた示唆である。この事件は，現地嘱託行員の権限逸脱行為が直接原因であり，管理体制や事件発生後の対応にも問題があった。しかし，本質的な問題は，大阪という地域に根差した銀行が，経営理念から逸脱して大規模な海外展開を行ったことにある。本来であれば，地域性を持った同行のビジネスモデル改革の妥当性を取締役会で議論する必要があった。さにありながら，それが欠けていたのである。コーポレート・ガバナンスは，経営理念からの逸脱やリスクをコントロールする機能である。ビジネスモデルは，経営理念に基づいて，事業を持続的に発展させていく仕組みである。したがって，同行の事例から得られた示唆は，取締役会には，経営理念に基づいてビジネスモデル改革を十分に議論する役割が求められていることである。

　第3は，同第2章の政府のコーポレート・ガバナンス改革の考察から得られた示唆である。政府は，コーポレート・ガバナンス改革の目的を収益力回復としている。そのために，ビジネスモデル改革を推進させ，収益性低下を改善するリスクテイクを求めている。そして，積極的なリスクテイクを推進する役割を期待して社外取締役制度強化を進めている。つまり，わが国のコーポレート・ガバナンス改革の考察から得られた示唆は，社外取締役がビジネスモデル改革と積極的なリスクテイクを促進する機能が求められることである。

　第4は，第3章の英国コーポレート・ガバナンスの発展経緯の考察から得られた示唆である。世界の先駆けとなった英国のコーポレート・ガバナンス改革を考察した結果，英国の目的は，わが国とは異なっていた。英国のコーポレート・ガバナンス改革は，1990年代に相次いだ大規模な不正事件が端緒になった。さにありながら，経営者の企業家精神を抑制しないよう配慮している。この配慮から英国は，法令等での強制や義務化ではなく，自主行動規範たるコーポレートガバナンス・コードを選択した。すなわち，英国コーポレート・ガバナンス改革の考察から得られた示唆は，コーポレート・ガバナンスは自主規範として，ビジネスモデル改革の促進を尊重していることである。

　以上，ビジネスモデル改革とコーポレート・ガバナンスは不可分の関係にあり，コーポレート・ガバナンスがビジネスモデル改革を促進する機能を担い，

同時に，ビジネスモデル改革から生じるリスクをコントロールする経営監視機能も担うという回答が得られた。

3　ビジネスモデル改革推進に取締役会及び社外取締役が果たすべき役割の考察

(1)　日英米の研究からの考察

　課題2は，ビジネスモデル改革を推進するために取締役会および社外取締役が果たすべき役割の考察であった。地域銀行取締役会は，価値創造と経営監視の両面でのコーポレート・ガバナンスの機能が求められる。これを踏まえて，具体的には，表終-2に概要を示したとおり，4つの示唆が得られた。

　第1は，前述の課題1で得られた知見に基づいた示唆である。政府の改革は，コーポレート・ガバナンスをビジネスモデル改革推進のための，積極的リスクテイク促進機能とする。ゆえに，地域銀行社外取締役は，ビジネスモデル改革に伴って生じるリスクを理解し，コントロールする役割が重要になる。

表終-2　課題2の全体像（日英米研究より）

	コーポレート・ガバナンス	取締役会	社外取締役
研究課題2		果たすべき役割	
日本の改革	低収益からの改革を目指す	積極的なリスクテイクで改革の促進を期待	社外取締役がリスクテイクを促進することを期待
英国の改革	取締役会の主体的な企業価値創造	戦略的・建設的な議論の場	取締役会をリードする
		↓	↓
エンロン社	投資銀行のリスクコントロール不全	投資銀行のリスク評価の議論	投資銀行業務の専門性
		↓	↓
米国制度改革	ビジネスモデルとコーポレート・ガバナンスの関係の確認	専門性を有する取締役会を構成する	取締役候補者の専門性開示
課題2回答		専門性のある取締役で構成されて有益な議論を行う	専門性を有する社外取締役が選任されて有益な議論を行う

出所：筆者作成

　第2は，第3章の英国のコーポレートガバナンス・コードの研究で得られた示唆である。英国コーポレートガバナンス・コードの特徴は，名宛人を取締役会にしていることであった。つまり，取締役会が経営をリードすることを前提とする。そして，その取締役会の中心になる社外取締役は，主体的で自律的なコーポレート・ガバナンスを構築する役割が求められる。さにあれば，コーポレート・ガバナンス改革が成功するカギは，社外取締役を中心とした取締役会の実効性にある。これを踏まえて，英国の研究で得られた示唆は，地域銀行取締役会がコーポレート・ガバナンスを主体的に担うことであり，社外取締役は取締役会の中で，その機能を牽引していく役割である。

　第3は，第4章のエンロン社の事例から得られた示唆である。エンロン事件は，取締役会の実態に原因があった。したがって，会社がどのようなビジネスモデル改革を進めているかの理解なしには，取締役会や社外取締役の役割を果たさない。エンロン社は，急激なビジネスモデル改革によって，エネルギー関連事業や投資銀行のビジネスモデルに変化した。ところが，取締役会は，投資銀行のビジネスモデル改革に対応できず，牽制機能を果たさなかった。英国コーポレートガバナンス・コードは，取締役会が経営をリードすることを期待している。しかし，エンロン社の大幅なビジネスモデル改革は，CEOやCFO等の業務執行取締役にリードされたものであった。この原因は，社外取締役には投資銀行業務の内容を理解する専門性が欠けていたことである。すなわち，エンロン事件からの示唆は，取締役会や社外取締役には新たな事業を理解する専門性が求められることである。

　第4は，米国制度改革の調査から得られた示唆である。米国は，エンロン事件後に，社外取締役の専門性欠如の問題に迅速に対応して制度改革を進めた。ビジネスモデル改革を推進する専門性を取締役が有するか，その専門性を詳細に開示させる制度改革を行っている。エンロン社のビジネスモデル改革で十分に機能しなかった取締役を選任したのは，果たして株主である。しかしながら，株主は候補者の十分な情報がないことから判断ができなかった。したがって，米国の制度改革は，取締役候補者の専門性に関する十分な情報を株主に開示させ，株主の適切な判断を促進する改革である。このように，問題の本質を捉えて対処する米国の改革からの示唆は，取締役選任の議決権行使をとおし

て，株主がビジネスモデル改革とコーポレート・ガバナンスの関係を確認することである。

　以上を踏まえ，取締役会が果たすべき役割は，ビジネスモデル改革に関する実効性のある有益な議論を行うことである。また，社外取締役は，ビジネスモデルの内容を理解する専門性を有して，有益で実効的な議論を行う役割である。

(2)　実証研究からの考察

　地域銀行取締役会は，具体的にどのような役割を果たすべきか。事例研究の結果，表終 -3 に概要を示したとおり，4つの示唆が得られた。

　第1は，第四銀行の事例研究からの示唆である。同行のビジネスモデルの特徴は，創業から今日まで堅実経営が徹底されてきたことである。堅実経営の承継を可能にした取締役会のコーポレート・ガバナンスの特徴は，社外取締役中心の構成，頭取と議長の分離，監査役会の設置，取締役および監査役が監査を行う体制等にあった。同行からの示唆は，堅実経営というビジネスモデルが，コーポレート・ガバナンスと有機的に結びついていることである。取締役会は，堅実経営という経営理念と一体となったビジネスモデルを堅持する仕組み作りに主体的に関与し，より良い制度に見直していく役割を果たしている。

　第2は，スルガ銀行の事例研究からの示唆である。この事例研究からは，創業者の経営と創業者退任後の経営の両方から示唆が得られた。まず，創業期の経営からの示唆である。創業期のコーポレート・ガバナンスの特徴は，第四銀行と同様に，取締役会の監視機能が構築されていたことである。創業者は，地場有力者を支店長に起用して支店進出の原動力とするビジネスモデルを構築した。加えて，有力者や地場の大企業トップを社外取締役や社外監査役に選任して取締役会を構成していた。このように，地場の有力者の監視の目が取締役会に入ることが地域の信頼に繋がっていたと考えられる。地場の有力者を活用するビジネスモデルの推進面と有力者の監視機能という相互作用が導き出される。すなわち，創業期の経営からの示唆は，取締役会がビジネスモデルおよびビジネスモデルを支えて牽制機能を働かせるコーポレート・ガバナンスを連動させる仕組みを構築することである。

表終 -3　課題2の全体像（実証研究より）

	コーポレート・ガバナンス	取締役会	社外取締役
課題2		果たすべき役割	
第四銀行	堅実経営の理念を踏襲するシステム	堅実経営の理念からの議論 堅実経営を維持する自律的なコーポレート・ガバナンスの構築	堅実経営の理念を継承する経営監視機能
スルガ銀行創業者	進出地域で信頼を得る地域の有力者の監視機能	地域有力者の参画する取締役会構成	地域の有力者による監視
スルガ銀行後継者	ビジネスモデルとコーポレート・ガバナンスの仕組みを一体として継承	新たなビジネスモデル改革に適応するコーポレート・ガバナンスの仕組みの構築	新たに傾斜するビジネスモデル改革に関する実効的な監視機能
米国地銀	戦略の方向性を踏まえた取締役会を株主から信任を得る仕組み	自ら最適な取締役会構成に改善していく自律的なシステム	事業特性や戦略を踏まえた専門性からの経営をリード
課題2回答		自律的にコーポレート・ガバナンスを構築し，改善していく仕組み	ビジネスモデルに適応した監視機能と戦略を踏まえた専門性から経営をリード

出所：筆者作成

　第3は，創業者退任後の経営からの示唆である。創業者退任後の経営の特徴は，創業者が築いたビジネスモデル改革とコーポレート・ガバナンスの関係の崩壊にある。後継者は，創業者が築いた地域性を有するビジネスモデルから離脱し，地域の有力者が監視するコーポレート・ガバナンスの仕組みを崩壊させ，その上で，新たなビジネスモデルを推進した。また，取締役会の構成を大幅に変化させ，新たな社外取締役を選任した。しかし，就任した社外取締役は，同行が傾注していた投資用不動産融資分野の専門性を十分に有していたとは言い難かった。ゆえに，創業者退任後の経営からの示唆は，ビジネスモデルとコーポレート・ガバナンスの仕組みを一体で継承することの重要性である。一方で，ビジネスモデル改革を行うのであれば，取締役会は，新たなビジネスモデル改革に適応するコーポレート・ガバナンスの仕組みを構築する役割が求められる。

　第4は，第四銀行の事例と米国地域銀行からの示唆である。これは，どちら

も取締役会が自律的にコーポレート・ガバナンスの仕組みを構築し，改善して
いく役割を果たしていることである。第四銀行取締役会は，明治期に取締役会
議長と頭取を分離し，取締役会を毎週開催することでコーポレート・ガバナン
スの仕組みを構築していた。その後に，取締役会議長が新潟市長に就任したこ
とで毎週の開催は困難になり月1回に改めた。この補完策に同行は，新たに監
査役会を設置して，監査機能を強化したのである。米国地域銀行は，各銀行の
事業の特性や戦略の方向性を踏まえて，どのような専門性を有する社外取締役
を求めるのかを明らかにしている。さらに，最適と考える取締役会構成を株主
に提示して，株主からの信認を確認している。すなわち，取締役会が自ら，よ
り最適な取締役会構成に改善していく自律的なシステムが確立されていると評
価される。

　以上を踏まえた課題2の回答となる，取締役会が果たすべき役割は，ビジネ
スモデルを支えるコーポレート・ガバナンスを連動させる仕組みを構築するこ
とである。また取締役会は，新たなビジネスモデルから生じるリスクに対応す
るコーポレート・ガバナンスを構築する必要がある。さらに，取締役会には，
経営理念と一体となったビジネスモデルに主体的に関与し，より良い制度に見
直していく自律的なシステムを構築することが求められている。その中で社外
取締役が果たすべき役割は，ビジネスモデル改革に適応した実効的な監視機能
および戦略の方向性を踏まえた専門性から経営をリードすることである。

4　社外取締役に求められる専門性の考察

　課題3は，社外取締役に求められる専門性の考察であった。価値創造と経営
監視の両面のコーポレート・ガバナンスで，地域銀行の社外取締役には，どの
ような専門性が求められるのか検討した。検討の結果，4つの専門性が確認さ
れた。

　第1は，第4章の米国地域銀行の専門性調査結果から導き出された専門性で
ある。米国地域銀行4行の取締役には，共通する専門性があった。顧客視点，
銀行・金融に関する専門性，ファイナンス・会計に関する専門性およびリスク
管理に関する専門性を有している。SVBの例では，クレジットリスク審査や

リスク管理に関する専門性を有し，リスク委員会は委員長を含めてすべて社外取締役で構成されている。米国地域銀行の多くの委員会は，このように委員が社外取締役で構成されている。つまり，社外取締役がリスク管理等各役割に責任を持つ体制になっている。

　第2は，第5章のスルガ銀行事件を踏まえた専門性である。同行のコーポレート・ガバナンスの問題には，社外取締役の専門性欠如があった。社外取締役には，投資用不動産融資というビジネスモデルの中で，実効的なリスク管理を議論する専門性が求められていた。たとえば，顧客となる個人投資家の信用，返済能力の評価，入居率や家賃収入，与信期間や担保掛目などのリスクを評価する上で必要になる専門性である。さらに，評価されたリスクに対して適正金利の設定および延滞等の不良債権の状況を踏まえた引当金や償却方針等のリスク管理に関する専門性である。

　第3は，第6章のインタビュー結果からの専門性である。インタビューの結果，社外取締役がビジネスモデル改革に積極的に関与することが可能であるが，その条件に専門性が必要になるという見解が示された。銀行の店舗は本当に必要なのか，店舗を置かない戦略もあるのではというテーマで頭取と意見を戦わせた場面で，ビジネスモデルに関する実質的な議論が可能な専門性が必要になることを示した。これをスルガ銀行に照らせば，社外取締役には，同行が傾倒しているリスクの高い投資用不動産融資に関して，そのリスクをどのように把握して，コントロールしているのかという観点で，頭取と議論を戦わせることが可能な専門性が求められていた。

　第4は，アンケート結果から得られた専門性である。アンケートから，社外取締役には営業地域に関する知見や経験および異業種に関する経験や実績を求められている。また地域銀行は，地域経済を担う責任や公共性と利益追求のバランスという地域への配慮の課題から，社外取締役には地域に関する知見や経験が求められる。つまり，米国地域銀行調査でも確認されたとおり，各銀行の営業地域や顧客業種等の戦略に応じた専門性が求められているのである。

　以上の考察を踏まえて，社外取締役に求められる専門性は，地域銀行のビジネスモデルを理解し，ビジネスモデルから生じるリスクをコントロールするために必要な知識や経験からの専門性であることが明らかになった。

第2節　提言と結論

1　本書からの提言

　本書の考察を踏まえて，わが国の制度改革を提案する。本書でこれまで示してきた提案の全体像を表終-4にまとめた。米国は，エンロン事件と取締役専門性不在の問題を契機にして，取締役専門性を開示させる制度改革を迅速に進めている。スルガ銀行事件では，社外取締役に投資用不動産融資のリスク管理の専門性が欠如していた。また，アンケートおよびインタビューによって，社外取締役の専門性が欠如していることから取締役会で実質的な議論ができていない実態が確認されている。しかし，わが国では，社外取締役の専門性を開示する制度改革には至っていない。このようなわが国の課題に対して，第4章および第6章で示したとおり，会社法施行規則およびコーポレートガバナンス・コードの改正案を提案した。

　第1は，取締役候補者が専門性を有するかの開示を充実させる制度改革である。わが国も，専門性のある取締役を選任することが重要であり，専門性のある取締役候補者かを株主が評価する会社法施行規則の改定が必要である。したがって，第4章で示したとおり，会社法施行規則第74条4項及びコーポレートガバナンス・コード原則4-9を改定し，取締役候補者の専門性を開示させる制度改革を提案する。

　第2は，取締役会を経営戦略の議論の場とする制度改革である。地域銀行取締役会は，経営戦略の議論の場では機能不全という課題がある。会社法は重要な業務執行の決定を取締役に委任してはならないとすることから，取締役会で形式的な決議を行う。ところが，議案の検討自体は実質的に業務執行取締役に委任されている実態に問題がある。他方，コーポレートガバナンス・コードは，基本原則4で企業戦略の大きな方向性を描くことを取締役会の責務とする。したがって，コードは取締役会で十分な経営戦略の議論を踏まえた適切な意思決定を行うことを期待しているのである。ゆえに，第6章で示したとお

表終 -4　課題からの制度改定提案の全体像

米国の課題と制度改善プロセス			
改革の端緒	問題点	改善策	現在の状況
エンロン社社外取締役	ビジネスモデルの専門性欠如	取締役候補者の専門性を詳細に開示させる制度改革	米国地銀の社外取締役はリスク管理の専門性を有する。
わが国の課題と制度改定の提案			
改革の端緒	現状／課題	制度改定の提案	制度改定の趣旨
スルガ銀行不正事件	リスク管理の専門性欠如	会社法施行規則74条4項の改定	・取締役候補者に求める専門性／期待する役割／求める専門性が充足していると判断した専門性の詳細を開示させる。
アンケートインタビュー	専門性がないことから実質的な議論に参画出来ない	コーポレートガバナンス・コード4-9の改定	会社が求める専門性を備える人物を社外取締役に選任する／選任理由として候補者の専門性の詳細を選任議案で十分な説明をする。
	取締役会で戦略議論が行われていない	コーポレートガバナンス・コード4-1の改定	・経営戦略や経営計画を取締役会の最優先事項に，専門性を有する社外取締役と共に，取締役会で経営戦略の十分な議論を行って，その内容の開示を求める。
		コード4-7の改定	・社外取締役がビジネスモデルを理解して，改革の方向性を議論し，リスクコントロール可能な知見や専門性を有することを求める。

出所：筆者作成

り，取締役会を戦略議論の場とするための制度改定を提案する。

2　結論と展望

　本書は，地域銀行がビジネスモデル改革を進める上での価値創造と経営監視というコーポレート・ガバナンスの2つの機能から，取締役会と社外取締役による経営のあるべき姿を検討した。序章で設定した3つの課題の検討結果か

ら，取締役会と社外取締役のあるべき姿を以下に示す。

　課題1は，ビジネスモデル改革とコーポレート・ガバナンスの関係の考察であった。ビジネスモデル改革を求められる地域銀行は，ビジネスモデル改革と不可分の関係にあるコーポレート・ガバナンスに着目して，ビジネスモデル改革を推進し，経営を監視する機能を構築することである。

　課題2は，ビジネスモデル改革を推進するために取締役会及び社外取締役が果たすべき役割の考察であった。地域銀行取締役会のあるべき姿は，リスク管理の専門性を有する社外取締役を選任し，社外取締役が取締役会の中心となり，価値創造とリスク管理の両面から経営戦略議論を深めることでビジネスモデル改革を推進する機能である。

　課題3は，社外取締役に求められる専門性の考察であった。社外取締役のあるべき姿は，ビジネスモデル改革に伴うリスクを適切にコントロールして，地域銀行のビジネスモデル改革を価値創造面と経営監視の両面からの推進役を担う専門性を備えた舵取人である。

　今日，多くの企業が収益性低下に直面し，ビジネスモデル改革が求められている。ビジネスモデル改革は，取締役会が主体的に議論すべき高度な経営課題である。重要なのは，専門性を有した社外取締役が経営環境を適切に捉えて取締役会で十分に議論し，最適なビジネスモデル改革を推進する仕組みを構築することである。これが，筆者の提示したビジネスモデル改革を推進するコーポレート・ガバナンスの姿である。これは，わが国が1899年に制定した商法の上で1950年に導入して70年が経過しながら，いまだ課題の多い取締役会制度を効果的な制度に改善する取組みである。

　すなわち企業は，専門性のある適切な社外取締役を選任して，実効性の高い取締役会を構築し，取締役会制度を最大限に活用することで，変化の激しい新たな時代に適応するビジネスモデル改革を推進する。

　この推進が，現代の社外取締役の新たな役割なのである。

文献目録

朝倉孝吉（1961）『明治前期日本金融構造史』岩波書店

朝倉孝吉（1978）『銀行経営の系譜』日本経済新聞社

朝倉孝吉（1982）「『経済発展と金融―私の研究遍歴―」編者代表逸見謙三『経済発展と金融』創文社

朝倉孝吉（1994）「戦前・戦後をつなぐかけはし」地方金融史研究会編　加藤幸三郎・進藤寛・西村はつ編集幹事『戦後地方銀行史〔Ⅰ〕成長の軌跡』東洋経済新報社

浅野俊光（1988）「第２次大戦後の政治経済」川辺信雄編『アメリカ経営史』ミネルヴァ書房

安達精司，ラーラ・ダハティ（1992）「英国におけるコーポレイト・ガバナンスをめぐる議論〔上〕〔下〕『商事法務』1300号，1301号

安部悦生（2019）『経営史学の方法―ポスト・チャンドラー・モデルを求めて―』ミネルヴァ書房

家森信善・相澤朋子・海野晋悟・小川光・尾崎泰文・近藤万峰・高久賢也・冨村圭・播磨谷浩三・柳原光芳（2017）「地方創生に対する地域金融機関の営業現場の取り組みの現状と課題―2017年・RIETI支店長アンケートの結果概要」経済産業研究所RIETI Discussion Paper Series 17-J-044

池尾和人・永田貴洋（2000）「銀行：規模に隠された非効率」大蔵省財政金融研究所　日本経済の効率性と回復策に関する研究会『日本経済の効率性と回復策―なぜ日本は米国に遅れたのか』

石井寛治・杉山和雄編（2001）『金融危機と地方銀行　戦間期の分析』東京大学出版会

石井照久・大住達雄・伍堂輝雄・鈴木竹雄・松田二郎・松本烝治（1950）「改正会社法の諸論点」『法律時報』第22巻第3号

石山琢磨（2001）「英国の株式会社をめぐるコーポレート・ガバナンス論の展開」『現代企業法の新展開―小島康裕教授退官記念―』信山社出版

伊勢田道仁（2018）『関西学院大学研究叢書第198編　内部統制と会社役員の法的責任』中央経済グループパブリッシング

伊藤邦雄（1994）「コーポレート・ガバナンスの多面的検討」『企業会計』Vol. 46 No.2

伊藤邦雄（2021）経済産業省『社外取締役の実像―15人の思想と実践―』金融財政事情研究会

井上久志（2008）「道民は誓う『拓銀よ，汝の破たんを無駄にしないぞ』と。」北海道新聞社編『検証　拓銀破たん10年』北海道新聞社

伊牟田敏充（1968）「岩下清周と北浜銀行―明治・大正期における『機関銀行』に関する覚書―」大塚久雄他編『資本主義の形成と発展』東京大学出版会

岩原紳作（2000）「大和銀行代表訴訟事件一審判決と代表訴訟制度改正問題〔下〕」『商事法務』1577号

岩原紳作（2016）「コーポレート・ガバナンス」『資本市場』No.375

上田慧（1985）『転換期のアメリカ企業』同文館出版

碓井慎一（2004）「社外取締役の仕事と処遇」中谷巌監修全国社外取締役ネットワーク編著『＜社外取締役＞のすべて』東洋経済新報社

内田賢一（2001）「北海道における銀行合同」石井寛治・杉山和雄編『金融危機と地方銀行 – 戦間期の分析 –』東京大学出版会

内田交謹（2009）「取締役会構成変化の決定要因と企業パフォーマンスへの影響」『商事法務』1874 号

江頭憲治郎（2014）「会社法改正によって日本の会社は変わらない」『法律時報』86 巻 11 号

江頭憲治郎（2021）『株式会社法 第 8 版』有斐閣

遠藤俊英（2018）「転換期の金融行政をどう進めていくのか？」『財界』2018 年 12 月 4 日

大杉謙一（2011）「取締役の監督機能の強化［上］」『商事法務』1941 号

大杉謙一（2016）「取締役会の法定決議事項（専決事項）」丸山秀平・中島弘雅・南保勝美・福島洋尚編『企業法学の論理と体系：永井和之先生古稀記念論文集』中央経済社

大隅健一郎（1950）「商法改正案における取締役会制度」京都大学法学会『法学論叢』第 57 巻 1 号

大隅健一郎（1950）「アメリカ會社法における取締役會」大隅健一郎・大森忠夫編『商法改正案における取締役会制度』京都大学法学会

太田順司（2013）「わが国の企業統治と監査役制度の課題」『商事法務』2009 号

小方信幸（2014）「社会的責任投資における投資哲学とパフォーマンス」青山学院大学大学院博士学位論文

岡野喜太郎（1958）『私の履歴書第 5 集』日本経済新聞社

岡野光喜（2001）「コンシェルジュ・バンクをめざす　時空を超えた金融ビジネスが台頭」『金融ジャーナル』2001 年 1 月

翁百合（2020）「行政が促すビジネスモデルの転換 鍵は規制緩和と経営者の自主性にあり」『金融ジャーナル』2020 年 1 月

尾崎道高・今野逐人・廣山晴彦・土屋宰貴（2019）「地域銀行の越境貸出の動向」『日銀レビュー』日本銀行 2019 年 5 月

小澤隆（2015）「成長戦略の経緯と論点」国立国会図書館　調査と情報 –ISSUE BRIEF– No.863

落合誠一（2009）『会社法コンメンタール＜ 8 ＞機関（ 2 ）』商事法務研究会

落合誠一（2009）西村高等法務研究所責任編集　落合誠一・五味廣文・鬼頭季郎・武井一浩編著『金融危機の教訓　行政と司法の役割分担と処方箋』商事法務研究会

海外事業活動関連協議会（1995）『米国のコーポレート・ガバナンスの潮流』商事法務研究会

加護野忠男（1992）「企業のガバナンスについて」『税経通信』1992 年 6 月号

加藤貴仁（2017）「監査役設置会社における取締役の役割・責務と決議事項の関係について」神作裕之責任編集・資本市場研究会編『企業法制の将来展望 – 資本市場制度の改革への提言 –2018 年度版』財経詳報社

加藤俊彦（1970）『日本の銀行家　大銀行の性格とその指導者』中公新書

門多丈（2019）「経営における『社外の目』の活用　貢献を促すために必要な視点」『金融

ジャーナル』2019 年 12 月

神吉正三（2018）「金融機関の経営の健全性と取締役会が果たすべき役割―マネジメント・モデルの取締役会を前提としてー」『龍谷法学』No.51-4

川口（尾崎）幸美（2001）「コンプライアンスの整備・運用と取締役の注意義務」長崎大学『経営と経済』第 80 巻第 4 号

川濱昇（1997）「取締役の監督機能」森本滋・川濱昇・前田雅弘編著『企業の健全性確保と取締役の責任』有斐閣

川本裕子（2015）『金融機関マネジメント』東洋経済新報社

神崎克郎（1981）『取締役制度論―義務と責任の法的研究』中央経済社

神作裕之（2009）「取締役会の実態とコーポレート・ガバナンスのあり方」『商事法務』1873号

神作裕之（2012）「取締役会の監督機能の強化」『ジュリスト』1439 号

神作裕之（2015）「グローバルな資本市場におけるソフトローと日本法への影響」長谷部恭男・佐伯仁志・荒木尚志・道垣内弘人・大村敦志・亀本洋編『現代法の動態』岩波書店

菅野和太郎（1966）『日本会社企業発生史の研究』経済評論社

神田秀樹（2019）『会社法〔第 21 版〕』弘文堂

橘川武郎（2014）「経営史からの企業家研究」宮本又郎編『企業家学のすすめ』有斐閣

金榮愨・深尾京司・牧野達治（2010）「『失われた 20 年』の構造的要因　一橋大学経済研究所編『経済研究』Vol.61.No.3 July 2010　岩波書店

國友順一（2018）「経営判断原則に関する一考察」『大阪経大論集』第 68 巻 6 号

久保克行・内ヶ崎茂・鈴木啓介・山内浩嗣・瀬古進（2019）「英国企業の取締役会およびトップマネジメントチームにおける多様性〔下〕－日本企業のコーポレート・ガバナンス改革への示唆－」『商事法務』2211 号

久保克行・内ヶ崎茂・村澤竜一・山内浩嗣・瀬古進・霧生拓也（2021）「取締役スキルの現状分析と取締役会スキル・マトリックスのあり方」『商事法務』2254 号

熊谷優克（2006）「成功した英銀のリテール戦略事例評価と邦銀のリテール戦略に示唆するもの」『日本大学大学院総合社会研究科紀要』No.7

倉沢康一郎（1985）「監査機構」竹内昭夫・瀧田節編『現代企業法講座 3 巻　企業運営』東京大学出版会

倉沢康一郎（1996）「昭和 25 年商法改正-監督制度を中心として」倉沢康一郎・奥島孝康編『昭和商法学史』日本評論社

倉澤康一郎（2007）『株式会社監査機構のあり方』慶應義塾大学出版会

黒澤隆文・久野愛（2019）「経営史研究の方法・課題・存在意義　英語文献における研究動向と論争（下）」『経営史学』第 53 巻第 3 号

小谷野薫（1992）「米国のコーポレート・ガバナンス」『財界観測』1992 年 5 月 1 日

小林善光（2021）経済産業省『社外取締役の実像―15 人の思想と実践―』金融財政事情研究会

近藤光男（2016）『株主と会社役員をめぐる法的課題』有斐閣

斎藤惇（2021）経済産業省『社外取締役の実像―15 人の思想と実践―』金融財政事情研究会

齋藤卓爾（2015）「取締役会構成と監査役会構成の決定要因」『フィナンシャル・レビュー』No.121

齋藤卓爾（2020）「社外取締役が企業業績に与える影響」『監査役』No.710

佐賀貞雄（1999）『証券経営のフロンティア』資本市場研究会編　清文社

佐賀貞雄（2000）『証券経営の新ビジネスモデル』資本市場研究会編　清文社

酒巻俊雄（1994）「社外取締役と社外監査役の機能」『ジュリスト』1050号

佐藤政則（2019）「駿河（スルガ）銀行と岡野喜太郎」伊藤正直・佐藤政則・杉山和雄編『戦後日本の地域金融―バンカーたちの挑戦』日本経済評論社

塩崎恭久（2012）「成長戦略として世界水準のガバナンス構築が急務」『金融財政事情』2012年1月30日

宍戸善一（1998）「銀行株式会社のコーポレート・ガバナンス」『成蹊法学』47号

島袋鉄男（2001）「商法266条1項5号にいう『法令』の意義ほか」『琉球法学』第65号

清水誠（2019）「経験者の専門家はどう考えているか　社外取締役の現状と今後の役割」『経理情報』No.1533

渋沢栄一述／小貫修一郎編著　高橋重治編纂『青淵回顧録』青淵回顧録刊行会

白鳥圭志（2012）「書評」『経営史学』第47巻第2号

進藤寛（1977）「大正後期・昭和初期における地方銀行の不動産担保貸出」『金融経済』No.165・166

杉浦康之（2012）「取締役構成の規模および属性と企業価値に関する一考察」『NFIリサーチ・レビュー』2012年11月

杉山和雄（1970）「明治後期・大正初期における預金銀行の工業金融形態―三十四銀行を素材として―」『地方金融史研究』No.3

杉山和雄（1982）「『地方的銀行合同』の人的側面―専門経営者の台頭」編者代表逸見謙三『経済発展と金融』創文社

杉山和雄編（2001）『戦後日本の地域金融―バンカーたちの挑戦』日本経済評論社

鈴木佳代子（1997）「書面投票制度の問題点とその展望」『法学研究』70巻1号

鈴木竹雄（1994）『新版会社法 全訂第5版』弘文堂

関孝哉（2001）「エイドリアン・キャドバリー卿に聞く」日本コーポレート・ガバナンス・フォーラム編『コーポレート・ガバナンス―英国の企業改革―』商事法務研究会

関雄太（2002）「上場規制の見直し―コーポレートガバナンス改革」淵田康之・大崎貞和編『検証　アメリカの資本市場改革』日本経済新聞社

高嶋雅明（1997）「大阪における銀行業の発展と銀行経営者」『近代大阪の企業者活動』思文閣出版

高田晴仁（2009）「ロエスレル商法草案『諸言』」慶應義塾大学『法學研究』Vol. 82 No.12

龍田節（1994）「序説-コーポレート・ガバナンスと法」証券取引法研究会国際部会訳編『コーポレート・ガバナンス―アメリカ法律協会「コーポレート・ガバナンスの原理：分析と勧告」の研究-』日本証券経済研究所

高野一彦（2008）『情報法コンプライアンスと内部統制 - 企業法学からみた経営者の責務』第2版ファーストプレス

高山与志子・鈴木紀子・宮地真紀子（2021）「サステナビリティ経営と取締役会〔下〕―サ

ステナビリティ・ボードの時代へ―」『商事法務』No.2268

武井一浩（2021）「社外取締役のコーチング機能 -2021 年度施行の会社法改正と CG コード改訂を踏まえて」『法律時報』93 巻 9 号

竹内昭夫（1983）「企業と法」『新版　基本法学 7- 企業』岩波書店

武田克巳・西谷公孝（2014）「独立社外取締役やその属性別選任と株主価値」『証券アナリストジャーナル』2014 年 5 月

多胡秀人（2018）「社外取締役はアクセルを踏み込む役割も重要」『金融財政事情』2018 年 4 月 2 日

田中亘（2016）「企業統治と法制度の役割」東京大学社会科学研究所　大沢真理・佐藤岩夫編著『ガバナンスを問い直す 1　越境する理論のゆくえ』東京大学出版会

谷川久（1986）「第 4 章　株式会社　第 3 節会社ノ機関前注〔会社の機関〕」上柳克郎，鴻常夫，竹内昭夫編集代表『新版注釈会社法（5）株式会社の機関（1）』有斐閣

千草秀夫（2003）「日本分化論とコーポレート・ガバナンス」『取締役の法務』No.106

通商産業省産業政策局編（1998）『創造・革新型コーポレート・システム』東洋経済新報社

円谷昭一（2021）「スキル・マトリックス作成の目的・現状・留意点―コーポレートガバナンス・コード改訂を見据えながら」東京株式懇話会『会報』第 831 号

寺田一彦（2002）『実録 大和銀行株主代表訴訟の闘い』中経出版

寺田昌弘（2019）「スルガ銀行不正融資問題に係る第三者委員会報告書の分析と企業対応」『ビジネス法務』2019 年 3 月

姚俊（2016）「ビジネスモデルと企業報告」『同志社商学』第 67 巻第 4 号

富永誠一（2009）『独立社外取締役』商事法務研究会

富永誠一（2020）「取締役会の多様性を促進するスキルマトリックスー TOPIX100 企業の現状と分析―」資料版商事法務 439 号

冨村圭（2009）「銀行における取締役会による企業統治」『金融経済研究』No.28

冨山和彦（2018）「社外取締役はアクセルを踏み込む役割も重要」『金融財政事情』2018 年 4 月 2 日

中村直人（2018）「なぜ内部監査は機能しなかったのか」『金融ジャーナル』2018 年 12 月

内藤隆夫（2019）「第四銀行と藤田耕二」伊藤正直・佐藤政則・杉山和雄編『戦後日本の地域金融―バンカーたちの挑戦』日本経済評論社

南隅昇（1980）『現代株式会社の機関構造』白桃書房

新見麻里子（2021）「3 月決算企業の株主総会招集通知におけるスキル・マトリックスの記載傾向」『ビジネス法務』2021.10 p.56

沼上幹（1999）『液晶ディスプレイの技術革新史 ─ 行為連鎖システムとしての技術』白桃書房

沼上幹（2000）『行為の経営学 ─ 経営学における意図せざる結果の探求』白桃書房

西村吉正（2010）「証言　西村吉正氏　ペイオフ凍結から住専破綻処理へ」『金融財政事情創刊 60 周年特別号自由化行政苦闘の軌跡－大蔵省銀行局長証言』金融財政事情研究会

野田秋雄（1999）『アメリカの鉄道政策』中央経済社

野村敦子（2014）「欧米の主要総合金融機関におけるビジネスモデルの方向性」『JP レビュー』2014 Vo.7.No.17

橋本求（1952）『岡野喜太郎伝：人とその事業』大日本雄弁会講談社編纂　岡野喜太郎翁寿像建設会

長谷川浩司（2019）「ESG 及び SDGs 時代の経営者に求められるガバナンス概念の研究」『サステナブルマネジメント』環境経営学会 No.18

長谷川浩司（2019）「持続可能な社会における経営者のガバナンスのあり方の一考察」『日本経営倫理学会誌』No.26

長谷川浩司（2022）「米国の取締役専門性開示改革を踏まえたわが国の地域銀行の取締役専門性に関する一考察」『日本経営倫理学会誌』No.29

長谷川浩司（2023）「地域銀行のスキル・マトリックスの開示状況と社外取締役のスキルに関する一考察」『日本経営倫理学会誌』No.30

浜田道代（1986）「委任状と書面投票」瀧田節・神崎克郎編『証券取引法大系』商事法務研究会

林順一（2013）「社外取締役と IR, 株主還元の関係分析に関する一考察」青山学院大学大学院博士論文

原司郎（1990）『地域金融と制度改革』東洋経済新報社

樋口晴彦（2021）「スルガ銀行不正融資事件の事例研究（Ⅱ）」『千葉商大論叢』第 58 巻第 3 号

平木多賀人（1997）『日本の金融市場とコーポレート・ガバナンス』中央経済社

平田光弘（2000）「英国における企業統治改革の実践」菊池敏夫・平田光弘編『企業統治の国際比較』文眞堂

二上季代司（2000）『証券経営の新ビジネスモデル』資本市場研究会編　清文社

文載皓（2010）「アメリカのコーポレート・ガバナンス」佐久間信夫・水尾順一編『コーポレート・ガバナンスと企業倫理の国際比較』ミネルヴァ書房

北海道新聞編（1999）『拓銀はなぜ消滅したのか』北海道新聞社

堀越薫（2006）『取締役の義務と責任　五訂版』税務研究会

本間正明（1992）「転換期を迎えた日本型経営システム」『アスティシオン』No.23

前田重行（1974）「株主による会社経営者の支配についての一考察」鴻常夫編集代表『商事法の諸問題』有斐閣

前田重行（1983）「会社の運営機構」『岩波講座　基本法学 7- 企業』岩波書店

前田重行（1985）「株主の企業支配と監督」竹内昭夫，滝田節編著『現代企業法講座第 3 巻』東京大学出版会

前田重行（1994）「第Ⅲ編・第Ⅲ編 A　会社の構造」証券取引法研究会国際部会訳編『コーポレート・ガバナンス―アメリカ法律協会「コーポレートガバナンスの原理：分析と勧告」の研究―』日本証券経済研究所

益田安良（2006）「ミドルリスク市場は中小企業全体の 0.5% に過ぎない」『金融財政事情』2006 年 2 月 13 日

松崎正年（2021）経済産業省『社外取締役の実像―15 人の思想と実践―』金融財政事情研究会

松下憲（2015）「再考・委任状勧誘規則〔上〕―米国の Proxy Regulation を参考にして―」『商事法務』2057 号

松田千恵子（2021）「スキルマトリックス　スキル自慢の表ではない」Nikkei ESG 2021.10

松本烝治（1929）『日本会社総論』厳松堂書店

松本烝治（1950）「会社法改正要綱批判」『法律時報』第 22 巻第 3 号 日本評論社

松本守（2018）「銀行業の取締役会に関するサーベイ－取締役会のダイバーシティを中心に－」北九州私立大学『商経論集』第 53 巻第 1・2・3・4 合併号

三谷宏治（2014）「イノベーションと持続的競争優位のための戦略コンセプト　ビジネスモデル全史」『Diamond Harvard Business Review』2014 年 4 月

宮島英昭・小川亮（2012）「日本企業の取締役会構成の変化をいかに理解するか？：取締役会構成の決定要因と社外取締役の導入効果」RIETI Policy Discussion Paper Series,12-P-013 号

宮本又次（1977）『宮本又次著作集』講談社

宮本又郎（1999）『日本の近代 11 企業家たちの挑戦』中央公論新社

宮本又郎（2006）「松本重太郎―拡大路線で墓穴を掘った『西の渋沢』」日本経済新聞社編『経営に大義あり日本を創った企業家たち』日本経済新聞社

三輪晋也（2010）「日本企業の社会取締役と企業業績の関係に関する実証分析」『日本経営学会誌』No.25

村本孜（2018）「地域金融の現状と課題」『金融構造研究』No.41

森川英正（1981）『日本経営史』日経文庫

森本滋（1992）「大企業における経営チェックシステム」『ジュリスト』1000 号

森裕司（2018a）「地域銀行の取締役会構成の変化」『証券経済学会年報』No.52 別冊

森裕司（2018b）「地域銀行のコーポレート・ガバナンス― 2018 年コーポレート・ガバナンス報告書からみた現状-」『金融構造研究』No.41

矢沢惇（1950）「会社法改正案の比較法的考察」『法律時報』第 22 巻第 3 号

八田進二（2003）「会計不信一掃に向けた『企業改革法』が意味するところ」山地秀俊編『アメリカ不正会計とその分析』神戸大学経済経営研究所

山口利昭（2018）「スルガ銀行は不祥事を防ぎえたか」『金融財政事情』2018 年 10 月 8 日

山田英司（2021）『ボード・サクセッション　持続性のある取締役会の提言』中央経済社

山田和彦・倉橋雄作・中島正裕編（2016）『取締役会付議事項の実務〔第 2 版〕』商事法務研究会

山本雅道（2019）『アメリカ証券取引法入門―基礎から学べるアメリカのビジネス法―（改訂版）』第一法規

芳川雅史（2021）「役員選任議案に係る実務上の留意点―法務省令の改正点を中心に―」『商事法務』No.2254 pp.25-33

吉川満（1992）「米国のコーポレート・ガバナンス〔上〕〔中〕〔下〕」『商事法務』1299 号，1304 号，1308 号

吉川満（1994）「米国におけるコーポレート・ガバナンス」『ジュリスト』1050 号

吉澤亮二（2018）「活路がになった今，残された道は限られている」『金融財政事情』2018 年 10 月 8 日

吉田恵子（2019）「経験者の専門家はどう考えているか　社外取締役の現状と今後の役割」『経理情報』No.1533

吉原英樹（2003）「エンロンのもうひとつの衝撃」山地秀俊編『アメリカ不正会計とその分析』神戸大学経済経営研究所

吉森賢（1993）「日本型会社統治制度への展望：日米欧比較による視点」『組織科学』No.27(2)

由井常彦（1977）「日本における重役組織の変遷—明治大正期の研究—」『明治大学経営研究所経営論集』第24巻第3・4号

湯沢威（2005）「総論：経営史学の発展」経営史学会編『外国経営史の基礎知識』有斐閣

米倉誠一郎（1994）「経営史学への招待：歴史学は面白い」『一橋論叢』第111巻第4号

米山徹幸（2002）「エンロン事件の"前例"はあった いま振り返る英PPI事件」『エコノミスト』2002年2月26日

李婧・斎藤巡友・小西大（2017）「地域銀行のコーポレート・ガバナンスと業績」『一橋商学論叢』Vol.12 No.2

渡辺諭・蘭牟田泰隆・金子佳代・若林功晃（2020）「会社法施行規則等の一部を改正する省令の解説〔1—令和二年法務省令第52号」『商事法務』2250号

渡辺佐平（1966）「序編」渡辺佐平・北原道貫編『現代日本産業発達史第26巻 銀行』交詢社

渡英治（2010）「第八十五銀行のビジネス・モデル：1900〜1938年」粕谷誠・伊藤正直・斎藤憲編『金融ビジネスモデルの変遷：明治から高度成長期まで』日本経済評論社

Renée B.Adams,Ali C.Akyol & Patrick Verwijmeren（2018）"*Director skill sets*" Journal of Financial Economics. Volume 130, Issue 3

RAPHAEL AMIT&CHRISTOPH ZOTT（2001）"*VALUE CREATION IN E-BUSINESS*" Strategic Management JournalVol.22

Zotta,C. Amit. R & Massa,L（2011）"*The Business Model : Recent development and future research*" Journal of management 37（4）

Leonard. H. Axe（1942）"*Corporate Proxies*" Vol.41 No.1 Michigan Law Review

Henry Winthrop Ballantine（1946）"*Ballantin on Corporation*" REVISED EDITION. CHICAGO CALLAGHAN AND COMPANY

Jay B.Barney&William S.Hesterly（2019）"*Strategic Management and Competitive Advantage*" Six Edition Peason Education, Inc.

Adolf A. Berle & Gardiner C.Means（1932）"*The Modern Corporation and Private Property*" Transaction Publishers

Francis Bowen（1870）"*AMERICAN POLITICAL ECONOMY*" CHARLES SCRIBNER & CO. New York.

Tom Bower（1991）"*MAXWELL THE OUTSIDER*" 山岡洋一訳『海に消えた怪物』文藝春秋

Louis D. Brandeis（1914）"*Other People's Money And How the Bankers Use It*" Independently published

Adrian Cadbury（1990）"*THE COMPANY CHAIRMAN*" A Directors Book, Association with Institution of directors

Adreian Cadbury（1994）at Forward, David Clutterbuck, Peter Waine（1994）*"The Independent Board Director Selecting and Using the Best Non-Executive Directors to benefit Your Business"* McGRAW-HILL.p. vii

Adrian Cadbury（2002）*"Corporate Governance and Chairmanship: A Personal View"* Oxford University Press

Kristin Leigh Case（1996）*"RECENT DEVELOPMENTS THE DAIWA WAKE-UP CALL: THE NEED FOR INTRNATIONAL STANDARDS FOR BANKING SUPERVISON"* GA.J.INT`L & COMP.L Vol.26.1996

Ram Charan, Dennis Carey& Michael Useem（2014）*"BOARDS THAT LEAD: When to Take Change, When to Partner, and When to Stay out the Way"* Harvard Business school Publishing Corporation

Ron Chernow（1990）"THE HOUSE OF MORGAN"『モルガン家（下）金融帝国の盛衰』2005 年　青木栄一訳日経ビジネス人文庫

Alfred D. Chandler Jr.（1962）*"STRATEGY AND STRUCTURE　CAHPTERS in the HISTORY of the AMERICAN INDUSTRIAL ENTERPRISE".* MIT Press

Alfred D. Chandler Jr.（1990）*"STRATEGY AND STRUCTURE　CAHPTERS in the HISTORY of the AMERICAN INDUSTRIAL ENTERPRISE"* BeardBOOKS

David Clutterbuck&Peter Waine（1994）*"The Independent Board Director Selecting and Using the Best Non-Executive Directors to benefit Your Business"* McGRAW-HILL.

Joseph S.Davis（1965）*"Essay in the Earlier History of American Corporations"* RUSSELL &RUSSELL INC.Vol.2

Kenneth B.Davis,Jr.（2019）*"The Forgotten Derivative Suit"* 6I Vanderbilt Law Review No.387

Deloitte LLP & Society for Corporate Governance（2018）*"Board Practices Report Common threads across boardrooms"*

Richard Eells（1960）*"The meaning of modern business: An introduction to the philosophy of large corporate enterprise"*　Columbia University Press, New York 企業制度研究会訳（1974）『ビジネスの未来像－協和的企業の構想』雄松堂書店

Melvin Aron Eisenberg（1976）*"The Structure of the Corporation -A LEGAL ANALYSIS"* Little, Brown and Company

F.D.Emerson&F.C.Latcham（1954）*"Shareholder Democracy A broader outlook for corporations"* Cleveland the press of Western Reserve university

O. Faleye, Rani Hoitash& Udi Hoitash（2018）*"Industry Expertise on Corporate Boards"* Business Review of Quantitative Finance and Accounting

Peter C.Fusaro&Ross M.Miller（2002）*"WHAT WHENT WRONG AT ENRON"* 橋本硯也訳　『エンロン崩壊の真実』税務経理協会

Ronald J. Gilson & Jeffrey N. Gordon（2019）*"Board 3.0 – An Introduction,"* BUSINESS LAWYER, VOL. 74,

Mark Goergen（2012）*"International Corporate Governance"* Pearson

William.A.Groening（1981）*"The Modern Corporate Manager: Responsibility and regulation*" McGraw-Hill Inc.

Robert F.Grondine（2002）「エンロン事件に学ぶコーポレート・ガバナンスの課題」経済産業研究所『ブレイン・ストーミング最前線』2002 年 11 月号

Francis,B.,I.Hasan& Q.Wu（2015）"*Professors in the Boardroom and their Impact on Corporate Governance and Firm Performance*" Financial Management Vol.44

Edward.S.Herman（1981）"*Corporate Control, Corporate Power /A Twentieth Century Fund Study*" Cambridge University Press

Raymond K, Van Ness, Paul Miesing&Jaeyoung Kang（2010）"*BOARD OF DIRECTOR COMPOSITION AND FINANCIAL PERFORMANCE IN A SARBANES-OXLEY WORLD*"　Academy of Business and Economics Journal 10（5）

D W.Carl Kester（1993）"*JAPANESE CORPORATE GOVERNANCE:SOURCE OF EFFICIENCY OR RESTRAINT OF TRADE?*" ed Ingo Walter and Takato Hiroaki RESTRUCTURING JAPAN'S FINANCIAL MARKETS BUSINESS ONE IRWIN

Kenneth A.Kim&John R.Nofsinger（2004）"*CORPORATE GOVERNNCE*" Pearson Education Inc.

AEHYUN KIM &LAURA T.STARKS（2016）"*Gender diversity on corporate board:　Do women contribute unique skills*" American Economic Review : Paper &Proceedings2016.106（5）

Harold Koontz（1967）"*THE BOARD OF DIRECTORS AND EFECTIVE MANAGEMENT*" McGraw-Hill

Louis Loss（1983）"*Fundamentals of Securities regulation*" Little Brown and Company, 日本証券経済研究所証券取引法研究会訳（1989）『現代米国証券取引法』商事法務研究会

Myles L.Mace（1971）"*DIRECTORS : Myth and Reality*" Harvard Business School Press "Directors: Myth and Reality"

Robert. B. von Mehren &John C.McCarroll（1964）"*The Proxy Rules: A case Study in the Administrative Process*" Law and contemporary problems. 2016 Vol.29, No.3 Duke University School of Law.

D.Quinn Mills（2004）"*Principles of Management*"『アメリカ CEO の犯罪』林大幹訳シュプリンガー・フェアラーク東京

Michael E.Porter（1985）"*COMPETITIVE ADVANTAGE Creating and Sustainable Superior Performance*" First Free Press

Mark J.Roe（1994）"*STRONG MANAGERS, WEAK OWNERS: The Political Roots of American　Corporate Finance*" Princeton University Press 加藤英明監訳『コーポレートガバナンス米国にみる「企業価値」向上のための企業統治』ピアソン・エデュケーション

Beardsley Ruml（1945）"*Tomorrow's Business*" FARRAR&RINEHART,INC

Pathan, S& R.Faff　（2013）"*Does board structure in banks really affect their performance?*" Journal of banking and Finance Vol.37

Steven L.Schwarcz（2004）"*RETHINKIG THE DISCLOSURE PARADIGM IN A WORLD OF COMPLEXTY*" UNIVERSITY of ILLINOIS LAW REVIEW Vol.2004

ANDREI. SHLEIFER and ROBERT.W.VISHNY（1991）*"TAKEOVER IN THE '60s AND THE '80s: EVIDENCE AND IMPLICATIONS"* Strategic Management Journal. Vol.12

Alfred.P.Sloan Jr.（1963）*"MY YAERS WITH GENERAL MOTOTORS"* Doubeday&-Company Inc. 田中融二・狩野貞子・石川博友訳『GM とともに』ダイヤモンド社

Francis Snyder（1993）*"The Effectiveness of European Community Law: Institutions, Processes, Tools and Techniques"* Modern Law Review 56, January 1993

Jill Solomon（1978）*"Corporate Governance and Accountability"* Wiley.

Agarwal Summit &Robert Hauswald （2010）*"Distance and Private Information in lending"* Review of　Financial Studies 23（7）

The Higgs Committee（2003）*"Review of the role and effectiveness of non-executive directors Governance and Firm Performance"* Financial Management Vol.44.

G.C.Thompson& F.J.Walsh.Jr.（1965）*"Selection of Corporate Directors "* The Conference Board Record Vol.2 No.5

Wallace Timmeny（1982）*"An Overview of The FCPA "* 9 SYR.J. International & Com

Cong Wang,Fei Xie&Min Zhu（2015）*"Industry Expertise of Independent Directors and Board Monitoring"* Journal of Financial and Quantitative Analysis ,Volume 50 ,Issue 5, October 2015 ,

Robert Wearing（2005）*"Case in Corporate Governance"* SAGE Publications

Drobetz. Wolfgang ,Von Meyerinck. Felix, Oesch.David &Schmid. Markus(2018)*"Industry Expert Directors"* Journal of banking&Finance Volime92,July 2018

Robert K. Yin（1994）*"Case Study Research"* 2nd.Edition Sage Publication.Inc. 近藤公彦訳『ケース・スタディの方法 〔第 2 版〕』千倉書房

Harry S.Daley-Youg（2020）*"The Fall of Pen Central and the Rise of Conrail: Corporate Failure and the Politics of deregulation and Nationalization in the 1970s"* The University of Iowa's Institutional Repository Spring 2020

あとがき

　本書は，関西大学大学院に提出した博士学位論文「地域銀行のビジネスモデル改革を推進する社外取締役の役割の検討—現代の日本企業におけるコーポレート・ガバナンスの新課題」（2022）を基に加筆・修正し，地域銀行のスキル・マトリックスに関する最新研究を加えた論考である。

　この書は，地域銀行のビジネスモデル改革をコーポレート・ガバナンスの問題と捉え，法学研究および経営学研究の複合的研究から多角的アプローチを行っていることに特徴がある。

　まず法学研究の視座は，コーポレート・ガバナンスのクロノロジー研究および英米比較法研究によって，わが国の取締役会制度および社外取締役の役割の発展を捉えた示唆の探求を試みた。

　また，経営学研究の視座は，ビジネスモデル改革という経営戦略に対して，経営史研究アプローチから地域銀行経営史の事例研究ならびにアンケート・インタビューによる実証研究によって，地域銀行取締役会の経営実態に接近した。

　以上により，本書は，法制度に基づいて設置される取締役会という経営機構を，法制度の想定と経営現場の実態の乖離を解明し，効果的な経営機構へと発展するよう制度改革提言を行った。

　本書の成果は，ビジネスモデル改革を果たす専門性を有する社外取締役を選任し，専門性のある社外取締役を中心に，取締役会で活発な経営戦略の議論が行なわれるコーポレート・ガバナンスの実現であり，これを実際に実践する社外取締役の新たな役割を明らかにしたことである。

　なお，本書は，巷間の書籍に述べられる著者の個人的関係や情緒的感情からの謝辞は一切省略する。なぜなら，著者が本来，謝辞を記すべきは，本書を手に取られた読者だからである。このような大書を手に取られた読者の皆様に改

めて感謝を申し上げたい。

　むすびとして，このような大書を最後まで通読された読者のコーポレート・ガバナンスや社外取締役の新たな役割の実践ならびに研究に少しでも役立つことを筆者は心から願う。

　2024 年天の川

長谷川浩司

事項索引

法人名索引

【ワ行】

[著者紹介]

長谷川浩司 （はせがわ　こうじ）

関西大学博士（学術）
専門：企業統治，コーポレート・ガバナンス，サステナビリティ経営
主な論文：「経営戦略リスクマネジメントを担う地域銀行社外取締役のコーポ
レート・ガバナンス」日本リスクマネジメント学会誌（2024 年 5 月），「持続可
能性概念から企業に求められるサステナビリティ経営の本質とメカニズム」日本
経営倫理学会誌（2024 年 3 月），「地域銀行のスキル・マトリックスの開示状況
と社外取締役のスキルに関する一考察」日本経営倫理学会誌（2023 年 3 月），
「ESG 及び SDGs 時代の経営者に求められるガバナンス概念の研究」環境経営学
会誌（2019 年 3 月）および「持続可能な社会における経営者のガバナンスのあ
り方の一考察」日本経営倫理学会誌（2019 年 2 月）など多数
主な著書：『広岡浅子に学ぶ「九転十起」の経営』第 11 章同友館（近刊），『SDGs
推進の 6 つのポイント：未来デザイン 脱プラ 中小企業の取組み ESG 投資 気候
変動 コンプライアンス（第 4 回）ESG 投資と SDGs：2030 年，2050 年の世界を
拓く』アイソス（2022 年 7 月）『統合思考と ESG 投資：長期的な企業価値創出
メカニズムを求めて』第 3 章文眞堂（2018 年 3 月）
主な経歴：1990 年株式会社大和銀行入行。財団法人国際開発センター出向，米
国大学院留学，国際金融機関専門家課程などを経て香港に駐在。香港現地銀行に
おいて審査，企業再生およびセントラル，チムシャツイ，モンコックなどの拠点
マネジメント業務に従事。
帰国後，スポーツ振興くじ株式会社に出向し，出資母体からの派遣取締役で構成
される取締役会運営をはじめとした企業統治に従事。
2014 年株式会社ランドコンピュータ入社。経営企画部長兼株式上場準備責任者，
取締役経営管理本部長および取締役関西支社長などを歴任。その間，クラウド
サービス新事業の立ち上げを行う。
現在は，コンサルティング会社にてサステナビリティ経営支援やサステナビリ
ティ取締役研修などを担いながら研究活動を行う。
SDGs 関連スタートアップ企業社外取締役を務めた他，日本能率協会講師，長野
県環境保全協会，メガバンク等金融機関，東京観光財団などでの講演多数
環境経営学会理事，日本経営倫理学会，日本リスクマネジメント学会，日本
LCA 学会所属
中小企業診断士・MBA・開発エコノミスト
環境経営学会最優秀賞受賞（2017 年）

社外取締役の新たな役割

―ビジネスモデル改革を推進する社外取締役を求めて―

2024 年 7 月 31 日　第 1 版第 1 刷発行　　　　　　　　検印省略

著　者　　長 谷 川 浩 司

発行者　　前　　野　　　　隆

発行所　　^{株式}_{会社}　文　眞　堂

東京都新宿区早稲田鶴巻町 533
電　話　03（3202）8480
Ｆ Ａ Ｘ　03（3203）2638
http://www.bunshin-do.co.jp
郵便番号(¹⁶²⁻₀₀₄₁)振替00120-2-96437